本书为上海外国语大学校级一般科研项目
“美国华裔的异族婚姻”（项目编号KX171068）成果之一

华裔美国人的异族婚姻

——美国加州华裔与白人的婚姻实例调查

黄　霜◎著

Wedding

知识产权出版社
全国百佳图书出版单位

图书在版编目（CIP）数据

华裔美国人的异族婚姻：美国加州华裔与白人的婚姻实例调查/黄霜著．—北京：知识产权出版社，2015. 1

ISBN 978 - 7 - 5130 - 3071 - 7

Ⅰ. ①华… Ⅱ. ①黄… Ⅲ. ①婚姻问题—研究—美国 Ⅳ. ①D771. 281

中国版本图书馆 CIP 数据核字（2014）第 234943 号

内容提要

本书运用新同化理论和社会结构论的原理，比较详细地分析了社会、文化、历史以及家庭等因素在中美异族婚姻中发挥的不同作用。本书在分析相关数据和材料的基础上指出，中美异族婚姻是以上主观、客观条件同时作用的结果。一方面，异族婚姻折射出特定历史时期社会的接纳程度，并受到族裔人口数量、性别和教育水平等社会条件的制约；另一方面，异族婚姻的产生体现了婚姻主体的主观愿望和行为，即少数族裔与主流社会成员互相认同、接受和适应对方的文化，使彼此间的社会距离缩短，为亲密接触创造机会。本书特别强调，族裔文化差异非但没有使异族间产生排斥，反而增加了双方的吸引力。此外，异族之间的文化相通性使双方拥有诸多共同语言，为异族男女的交往奠定了精神基础。

责任编辑：兰　涛　　　　**责任校对**：董志英

封面设计：张　冀　　　　**责任出版**：孙婷婷

华裔美国人的异族婚姻——美国加州华裔与白人的婚姻实例调查

黄　霜　著

出版发行：知识产权出版社有限责任公司　　网　址：http：//www. ipph. cn

社　址：北京市海淀区马甸南村 1 号　　邮　编：100088

责编电话：010 - 82000860 转 8325　　责编邮箱：lantao@ cnipr. com

发行电话：010 - 82000860 转 8101/8102　　发行传真：010 - 82000893/82005070/82000270

印　刷：北京中献拓方科技发展有限公司　　经　销：各大网上书店、新华书店及相关专业书店

开　本：787mm × 1092mm　1/16　　印　张：16

版　次：2015 年 1 月第 1 版　　印　次：2015 年 1 月第 1 次印刷

字　数：286 千字　　定　价：49. 00 元

ISBN 978 - 7 - 5130 - 3071 - 7

目　录

图表目录

导　论

第一节　选题缘由和意义

在人类各种文化中，爱与被爱大多被看作个人的隐私，似乎不应该作为公共的话题来讨论或者研究。然而人类的欲望和激情的形成并不仅仅是个人行为，它们是特定社会和文化的产物，在一定程度上折射出个人对自我的认知、对社会认同的追求，乃至对某种社会和文化权利的渴望。亲密关系和婚姻是人们塑造自我、建立社会身份的工具。它帮助人们了解特定社会和文化内部不同群体间关系的构造和变化。传统的婚姻如此，异族婚姻也不例外。实际上，后者所承载的社会和文化意义较前者更为重大，因为它是不同种族、文化、性别互动的结果，反映出更为复杂的人际关系。本文所关注的美籍华裔与白人的异族婚姻显然也不例外。罗伯特·麦克拉马拉（Robert P. McNamara）等学者指出，异族婚姻在美国是一种相当具有代表性的社会关系，因为它既象征着美国社会最本质的特征，即多元化，又同时暴露出社会阴暗面，即种族主义和种族歧视。（McNamara，Tempenis and Walton，1999：42）

纵观美国社会，异族婚姻已不鲜见。早在1967年，电影《猜猜谁来赴晚餐》（*Guess Who's Coming to Dinner*）就打破世俗陈规，讲述了约翰（非裔）与乔伊（白人）（分别由西德尼·波迪埃与凯瑟琳·霍克顿饰）的异族恋情，标志着美国电影界对异族关系态度的"戏剧性"转变。当今，描写异族恋情故事的电影已司空见惯，比如在《明日帝国》（*Die Another Day*）里，哈莉·贝瑞（非裔）饰演的间谍与007（皮尔斯·布鲁斯南饰）坠入爱河；在奥斯卡获奖片《死囚之舞》（*Monster's Ball*）中，贝瑞又饰演了一位死囚的妻子，与死囚监狱狱长汉克（比利·鲍勃·松顿饰）相拥相恋。如今的电视节目对异族恋情也毫不避讳。在一度脍炙人口的肥皂剧《实习医生格雷》（*Gray's Anatomy*）

里，亚裔实习生克里斯蒂娜·杨（桑德拉·欧饰）与以赛亚·华盛顿（非裔）饰演的医生曾展开过一段浪漫的异族恋情。近期出版的畅销书，兰德尔·肯尼迪（Randall Kennedy）与瑞秋·莫朗（Rachel Moran）的同名作品《异族恋爱》（*Interracial Intimacies/Intimacy*）都是以异族关系为主题。以此为主题的文章还经常见诸报端，例如2005年《纽约时报》的头版新闻“黑白之恋”（*Black, White and Love*）以及2007年《华盛顿邮报》登载的关于“美国异族婚姻潮”（*Interracial Marriages Surge Across U. S.*）的报道。（Crary，2007：ii）此外，我们所熟知的美国总统奥巴马（Barrack Obama）、高尔夫球星泰格·伍茨（Tiger Woods）和棒球高手德瑞克·吉特（Derek Jeter）也都是来自异族婚姻家庭。

显然，异族婚姻已经引发了越来越多的关注。但是，大众传媒多聚焦于非裔与白人之间的通婚状况，关于其他族裔的通婚的报道还略显不足。如果稍加注意，我们不难发现，前文提及的三位名人之中，泰格·伍茨其实拥有更多的亚裔而非非裔血统。他有四分之一华裔、四分之一泰裔、四分之一美国非裔、八分之一印第安和八分之一荷兰血统。换言之，许多传媒的报道忽略了1965年之后涌入的新移民，包括亚洲移民对于美国异族婚姻模式的影响，美国最新统计数据显示，在所有异族夫妻中，非裔与白人夫妻仅占8%，其余均为亚裔或拉丁裔移民与美国白人。1990～2000年间，白人与非裔通婚率的波动幅度较小，而亚裔和西班牙裔跨族通婚率却在这十年间呈现明显增长趋势。其中，亚裔通婚率的增长幅度为所有少数族裔之冠。（Lee and Edmonton，2005：15）

长期以来，学术界对异族婚姻都表现出浓厚的兴趣。学者们就异族婚姻的前因后果提出了多种见解。以罗伯特·帕克（Robert Park）和米尔顿·戈登（Milton Gordon）为代表的经典同化论者认为，异族婚姻是文化同化的结果。通过文化同化，少数族裔逐渐趋同于主流社会，最终被后者接受。对此，新同化论者持不同观点。他们提出异族婚姻是异族双方“求同存异”的结果，这种特殊的婚姻关系不但不会消弭种族差异，反而使异族文化相互渗透，形成新的文化形态。以彼得·布劳（Peter Blau）为代表的结构论者则又另辟蹊径，指出社会结构及经济因素在异族婚姻中扮演的角色更为重要。多年来，与此相关的理论研究论文和著作可谓汗牛充栋，其中也不乏以案例分析为主的著作。例如宋瑞芳（Betty Lee Sung）的《中美异族婚姻》（*Chinese American Intermarriage*）（Sung，1990）、保罗·斯皮卡尔德（Paul Spickard）的《混血儿》（*Mixed Blood: Intermarriage and Ethnic Idenity in Twentieth - Century America*）

（Spickard，1991）和比较近期的根本久子（Kumiko Nemoto）的专著《浪漫异族恋》（*Racing Romance：Love，Power，and Desire Among Asian American/White Couples*）（Nemoto，2009）。

总而言之，过去的数十年间，随着新移民潮的涌入，异族婚姻在美国已成为一种相当常见的社会现象。它不仅吸引了越来越多的公众的注意力，而且还引发了社会各阶层的热烈讨论，并且直至今日仍在继续。从这个意义上讲，异族婚姻是如何产生的，无疑是一个值得探讨的问题。因此，本书选择异族婚姻作为研究对象，具有学术层面和现实层面的双重意义。从学术角度看，本书将进一步推动相关领域研究的发展。一方面，本书在批判继承前人成果的基础上，补充和扩展了旧的、经典的理论的内容和框架，为探讨异族婚姻关系的产生、发展等问题提供了新的思路，有助于加强关于美国华裔异族婚姻的客观认识；另一方面，本书在美国加州采集的一手数据将进一步更新和丰富相关案例研究的数据库，有助于全面深化研究美国华裔异族婚姻的现实状况。由于相关主题尚未在国内引起足够的关注，所以本书不啻为一项创新。从现实的角度看，由于异族婚姻对美国社会意义重大，选择这一主题作为研究对象无疑颇具社会价值。关于异族婚姻的意义，本书的一位访谈人曾概括说："异族婚姻可能比传统婚姻面临更多的挑战，但是仍然值得一试，因为我们是一个移民国家，所以我们必须要学会去适应不同的文化。只有这样，我们的国家才能够健康地成长。"其次，本书从一个侧面反映了海外华人的生活状态，有助于人们更加客观全面地了解美国的种族文化和关系。当然，异族婚姻并不是美国独有的社会现象。随着我国的开放和经济发展，进入我国的外籍人口数量在逐年增加，他们与当地人通婚将不再罕见。那么通过解析在美华裔跨族通婚的背景、成因以及影响因素等，对探讨发生在我国的通婚现象，也必然具有重要的借鉴和参考意义。

本书试图回答三个方面的问题：

第一，华裔与美国白人的异族通婚是如何产生的？相关研究表明，异族婚姻是文化同化的产物，即少数族裔的移民通过接受文化同化，获得更多与主流社会成员接触的机会，使通婚成为可能。（Alba and Nee，2003；Gordon，1964）那么，美国加州的华裔与白人的异族婚姻是否反映了同样的模式？除文化同化的作用外，是否还有其他的因素作用其中？

第二，促使加州华裔与美国白人通婚的历史和社会因素是什么？美国历史上曾经实施过反异族通婚法，人们对与异族婚姻存在许多偏见。那么这类带有歧视性的法律对异族婚姻产生了何种影响？它们是如何演变的？还有其他社会及历史的因素在发挥作用吗？

第三，从20世纪70年代至今，加州华裔与美国白人通婚的趋势如何？20世纪60年代，美国全面废除了实施多年的《反异族通婚法》（*Miscegenation Law*）。（Qian，1997）近半个世纪以后，华裔跨族通婚率是否发生变化？如果有，发生了怎样的变化？如上文所提及，20世纪的最后十年间，亚裔与白人的通婚率呈下降趋势。导致通婚率下降的原因是什么？从长远看，通婚率是否将保持这一下降的趋势？

第二节　概念界定和说明

本书的研究对象为中美异族婚姻。书中提及的“中”是指加州的华裔美国人，包括第一代移居美国的华裔（first – generation immigrants）以及他们的子女，即第二代华裔美国人（second – generation Chinese Americans）。第一代华裔移民主要指出生在中国大陆、中国台湾或香港地区的华人，他们中有的幼年时随父母迁居美国，但大多数独自一人离开家乡赴美接受并完成高等教育以后留居美国。第二代华裔指出生和成长在美国本土的华人。由于成长环境截然不同，他们比第一代移民的文化同化程度更高，对美国文化的认同感也更强。本书之所以包括两代华裔移民，正是因为考虑到两者之间存在诸多差异，而且这些差异恰恰能够凸显出文化同化所产生的不同程度的影响。题目及行文中出现的“美”专指美国的白人。笔者之所以聚焦华裔与白人的异族婚姻，主要原因是华裔与白人（文中有时称主流社会成员）的异族婚姻是华裔跨族通婚中最常见的婚姻模式，是比较具有代表性的社会现象。（Passel，2010：23）

本书使用的“异族婚姻”、“跨族婚姻”和“跨族通婚”（intermarriage，interracial marriage，mixed – race marriage）等表述方式具有基本相同的内涵，笔者将视行文需要交替使用。“族”通常具有狭义和广义之分。狭义的“族”可以单指“种族”（race）或“民族”（ethnicity）；广义的“族”则两者兼而有之，它既包括“种族”又包括“民族”。本书在行文过程中除特别说明之处，使用的均为“族”的狭义概念。准确地说，本书之“族”均指“种族”而非“民族”。跨种族婚姻（interracial marriage）指不同种族成员间的婚姻关系，例如华裔与白人通婚；跨民族婚姻（interethnic marriage）描述的主要是同种族但不同民族成员间的婚姻关系，譬如华人与韩国人或者日本人的结合。由于后者属于完全不同的研究领域，所以不在本书讨论范畴内。

此外，本书讨论的“中美跨族婚姻”不是“中美跨国婚姻”（international marriage）。两者的区别在于，前者是在美国本土缔结的婚姻，而且婚姻的主体是美国白人和在美国生活过相当长时间的华人。这些研究对象之间虽然存在族裔文化差异，但都对美国文化有比较直观的了解和体会，因此符合参与此项研究的基本条件。后者中的华人是指出生并长期生活在中国各个地区的中国人，他们在与美国人缔结婚姻关系之前没有在美国生活的经历，不具有美国国籍。这样的婚姻模式包括今天已蔚然成风的“国际网络婚姻”，即双方通过网络婚介或其他社交软件结识后步入婚姻殿堂的一种婚姻关系。“国际网络婚姻”产生的原因和背景更为复杂，涉及的研究方法也不尽相同，因此也不在本书讨论范畴内。

最后，本书论述过程中反复出现的“文化同化”一词是新同化理论中的“新”同化，是在多元文化的环境下发生的同化，与多元文化或文化多元主义并不矛盾。“新同化理论”强调文化的多元及多元文化的相互交融，或相互同化，即同化不是一种文化对另一种文化的投靠，而是彼此吸收、相互融合，因此，每一种文化都取得了保留了自我的空间，都在新文化的创造中发挥了作用。

根据新同化理论的观点，文化同化在多元文化主义的环境里依旧会发生，但它的“实质发生了变化”（Jacoby，2004：62），已不同于传统的（或经典的）同化论了。随着移民不断涌入和多族裔人口的诞生，新的同化行为不可能是“零和模式”[1]的，而是具有不同方式和路线的。多元化主义的出现并未完全否定或阻碍这一同化的进程，相反，宽松的环境可以为移民提供更多的机会，有助于他们的融合过程。（姬虹，2008：64）

此节界定以上概念，旨在明确本书的主要研究对象和范围，清除个别相似或容易混淆的概念，以突出本书主题，使本书能够紧紧围绕这一限定的概念展开，确保本书的观点更加清晰、客观和具有说服力。

---

[1] “零和模式”的同化指逐步用美国文化替代原来的族裔文化，直至后者基本消失。（转引自姬虹，2008：67）

第三节　文献综述

美国学术界对跨族婚姻的关注早已有之，并形成了几种不同的理论流派。社会学方面的建树可以追溯到20世纪前半期。当时最经典的理论是戴维斯（Davis）和莫尔顿（Merton）提出的“交换理论”（exchange theory）。他们认为，少数族裔与主流社会成员通婚，是利用自己优越的社会经济地位来换取后者“高等”社会或种族地位。（Davis，1941；Merton，1941）根据这一逻辑分析，跨族通婚的少数族裔（往往是男性）在受教育程度和职业状况方面优于他们的配偶。（Wirth and Goldhamer，1944；Monahan，1976；Heer，1974；Schoen and Wooldredge，1989）这一理论在针对非裔美国人和白人通婚的一系列研究中得到了证实。论证这一理论的前提条件是男性理所当然比女性的上升空间（在社会经济地位方面）更大，所以只有非裔男性才有获得“上嫁”的机会。然而，这一前提条件很快失去了时效性。第二次世界大战以后，非裔女性的社会经济地位不仅大为改善，而且还超过了同族男性。在这种情况下，莫尔顿的理论就显得有些捉襟见肘。其次，莫尔顿对“上嫁”这个概念的定义也比较片面，完全是站在主流社会成员的角度去诠释“社会阶层”的意义。如果我们从少数族裔的角度来诠释的话，“上”和“下”的定义就可以完全不一样。再者，这一理论模式的研究主体是非裔美国人，它显然不宜于用来诠释其他族裔美国人的异族通婚现象。（Kitano，1982；Sung，1990；Wong，1989）

第二种被广为接受的是“同化理论”。这一理论最早形成于20世纪20年代。芝加哥大学东方问题（oriental problem）研究中心以罗伯特·帕克（Robert Park）为代表的学者对亚裔异族通婚的现象产生了浓厚的兴趣。他们认为，异族婚姻是所有种族关系的核心，它不仅是两种不同文化的亲密接触，而且是社会种族关系的完整缩影。他们乐观地相信，通过探索异族婚姻可以找到两种不同文化和种族的共存之机，甚至断言这种亲密的异族接触将是“文化同化成功的终点”，是消除种族歧视的有效途径。Park还提出了“社会距离”（social distance）这个概念，并将之量化之后用于衡量主流社会对少数族裔的接受程度以及后者实现文化同化的程度。（Park，1924）同一时代还出现了一批宣传亚裔异族通婚的基督教传教士。他们基本赞同芝加哥学派的同化理论，但其目标是实现他们所谓的“基督教美国化”。由于当时美国大多数州都实行了

《反异族通婚法》，所以这些研究始终只能是纸上谈兵。消除种族歧视不过是某些学者的空想而已，无法付诸实施。芝加哥学派和传教士将目光转向亚裔的通婚，初衷是希望利用人们对异族性关系的好奇心，激发他们对东方问题研究的兴趣，以此筹集研究经费。（Yu，2001：34－36）这一时期的研究和理论无非是白人从自身利益出发，希望通过“大熔炉”（melting pot）的作用解决东方问题的一种尝试。

虽然继芝加哥学派之后曾经出现过其他的理论模式，但它们都始终无法超越同化理论的地位和影响力。事实上，后者在很长一段时间里主导了相关研究的动向。肯尼（Kenney）在1944年运用同化理论诠释了纽黑文（康尼蒂克州）市白人异族通婚的现象。她指出，异族通婚是文化同化程度的指标，同时也是加速其进程的手段之一。（Kenny，1944）马尔科逊（Marcson）进一步论证了肯尼的“指标”一说，认为如果异族婚姻与文化同化相互关联，那么移民时间长的少数族裔比时间短的通婚率高。他总结了几个跨族通婚的条件，其中包括“高教育程度、中产阶级、中等收入、专业职业、第二或三代移民和近郊非农业住宅”（Marcson，1950）。普莱斯（Price）和卢布里兹斯基（Zubrzycki）批驳马尔科逊在论证过程中没有区别融合（integration）和同化（acculturation）的概念。从字面上讲，融合是同化的要素之一，而广义的同化应该包括通过跨族通婚发生的生理结合、经济互补和社会同化。（Price and Zubrzycki，1962）1967年，帕科曼（Parkman）和索亚（Sawyer）在夏威夷的异族婚姻研究也没有脱离同化理论的基本框架。（Parkman and Sawyer，1967）同化理论的强大影响力催生了一代同化论学者，但同时也在学术界形成了不健康的“垄断”，给后继者，尤其是在六七十年代出现的一批亚裔学者的相关研究设置了难以逾越的障碍。

然而，真正将同化理论推向高潮的是米尔顿·戈登（Milton Gordon）。在1964年出版的《美国人生活中的同化》一书中，戈登系统地归纳了同化论的概念，并进一步扩展了其核心内容。根据他的阐述，移民和移民国家间的文化和社会地位存在差异，这些差异最初可能妨碍两者间的近距离交流，但是如果前者克服困难、跨越障碍，那么差异将逐步减少或弱化。同化的过程因群体差异而异，往往需要经过几年甚至是几代人的努力才能够完成。同化的第一步是文化适应（acculturation），即少数族裔学习和接受主流社会群体的文化模式，进入第二阶段的结构同化，即获得与主流社会成员相当的社会经济地位。第二阶段完成之后，少数族裔的身份和存在不再显得突兀不自然。这时，跨族婚姻就会自然而然地出现。同化“一方面削弱了族群内部的关系，另一方面增加了不同族群的适婚人群间的接触，使跨族择偶成为可能”（Gordon，1941：80）。换言之，文化同化是异族婚姻产生的先决条件之一，而后者又是少数族裔通向完全同化（即种族特征完全消失）的必经之路。

当年戈登的追随者众，他们比较有代表性的学术论文和著作不少，其中包括“美国异族婚姻的模式”（*Patterns of Ethnic Marriage in the United States*）（Alba and Golden，1986）、《千丝万缕：当代美国的民族和种族群体（20世纪80年代美国的人口特征）》（*From Many Strands：Ethnic and Racial Groups in Contemporary America*）（Lieberson and Waters，1990）、“亚裔异族夫妻的后代的身份认证”（*Persistence and Change in Asian Identity among Children of Intermarried Couples*）（Saenz，Hwang and Aguirre，1995）。然而，其中关注亚裔跨族通婚的却不多。在现有的以亚裔为研究对象的论著中，我们也很难找到对亚裔异族婚姻问题作出较为完整和全面论述的。（Kitano，Yeung，Chai and Hatanaka，1984；Lee and Yamanaka，1990；Wong，1989）

戈登的同化理论被广泛运用，其影响力远胜于其创建人芝加哥学派。但它也有许多的弱点。首先，这一理论宣扬种族中心主义，带有浓厚的种族色彩。它将美国白人中产阶级的文化模式作为一种恒定的标准，用以评价少数族裔的行为，迫使他们发生改变。其次，它对少数族裔的文化价值及其可持续发展性视而不见，并大肆宣扬白人文化的优越性。对于戈登等同化论者来说，“少数族裔会像蝉子蜕皮一样心甘情愿地‘蜕掉’自己源文化的外壳，去接受昂格鲁－撒克逊的文化”（Alba，1990：2）。就少数民族而言，同化是不可避免要发生的，这是少数族裔融入美国社会唯一的手段。如果这一理论是合理的，那么几百年来生生世世生活在美国的黑人应该是最容易被主流社会接受的少数族裔。然而，事实恰恰相反。在几百年后的今天，黑人仍然被看作是“不完全同化”（Alba，1990：2）的族裔，仍然在遭受种族主义和种族歧视的压迫。他们并没有表现出同化论者们期待的那种接受完全同化的渴望，反而一直努力维护本族的文化个性，建立和强化独特的族裔身份。所以，从这一角度看，戈登的同化论是片面和不完善的。

经典同化理论的片面性还表现在它对文化同化过程的表述。同化论者认为，文化同化是一个单向的变化过程。在这一过程中，只有少数族裔主动向主流文化（社会）靠近，而主流群体则可以保持静止的状态，等待前者的“投怀送抱”。如果这一假设成立，美国应该永远是一个拥有单一文化的社会。然而，事实并非如此。受女权和黑人民权运动的启发，美国其他少数族裔，尤其是亚裔美国人，早在20世纪70年代就已经觉醒，他们不仅逐步认识到自身文化的独特魅力，还迫使主流社会渐渐意识到美国文化从来都不是单元的，而是多元的。简言之，多元文化才是美国文化最根本的特征。（Wei，1993）当戈登等经典同化论者以同化论阐释少数族裔与白人的异族婚姻时，他们提出，异族男女之所以互相吸引，主要原因是少数族裔一方愿意按照主流文化的标准“打造形象”，“内外兼修”以期成为白人的理想伴侣。然而，婚姻不仅是种族关系，而且还是一种社会关系，是建立在“你情我愿”、双方互相肯定和接纳的基础之上的。单方面的努力不可能使双方都擦出爱情的火花。所以，戈登的同化论未必可以完全用来解释少数族裔与白人的异族婚姻。准确地说，它更符合20世纪六七十年代的时代特征，却与当今的美国社会格格不入。此外，它过度夸大种族关系在婚姻中的作用，忽略了一个事实，即异族文化间具有许多相通之处。这些相通之处在异族婚姻关系中也发挥了积极的作用。

20世纪70年代，彼得·布劳（Peter Blau）另辟蹊径，提出第三种不同的理论模式，即“社会结构模式”。社会结构论者并不否定经典同化论在诠释异族婚姻时的作用，但更强调社会环境的影响。他们认为社会结构等客观因素为不同族裔间的交流创造了契机。社会结构论者所谓的客观条件包括1）少数族裔的群体的大小，2）外族族群中适婚人口的多少，3）少数族裔群体居住环境的多元性，4）不同族裔间社会和物理距离的远近。（Blau，1977；Blau and Schwartz，1984；Lieberson，1961；Fitzpatrick and Hwang，1992；South and Messner，1986）具体而言，布劳等认为，人口数量较小的族群成员建立跨族关系的可能性更大，因为本族群内部可供成员交流的资源少，即不同性别的成员数量有限。反之跨族交往的可能性则较小。此外，一个居住在多元化社区的成员与居住区人口单一的成员相比，其跨族交往的机会比后者更多。当然，如果两个族裔间共同语言越多，跨族交往的可能性就越大。至于社会和物理距离在社会结构论中主要指社会经济条件的差异和居住区的隔离程度。以经济条件为例，如果少数族裔与主流社会成员的工资收入差异大，两者间的社会距离越远；反之则越近，异族交往的可能性越大。

人口数量和社区人口多元化无疑是社会结构理论中比较核心的因素。这一理论的有效性已经在针对亚裔跨族通婚的研究中得到了证实。（Hwang，1994；Hwang，1997）但如果仔细推敲，我们就不难发现布劳在阐述两者的关系时，忽略了它们的相互作用对异族婚姻产生的影响。布劳等提出，在多元化的社区居住的居民跨族交往的机率高。那么提高某社区的多元化程度势必使居民的跨族交往更加频繁。一般情况下，增加人口的数量是增加多元性的重要途径。既然如此，人口数量应该与异族婚姻的数量成正比，为什么布劳等的研究证实人口数量与跨族交往频率呈反比呢？人口数量与多元化程度究竟是什么的关系，它们对跨族交往或异族婚姻究竟产生了何种影响？这显然是一个很有趣的悖论。布劳等论证的缺憾是，只看到两个因素对跨族婚姻分别产生的影响，而完全忽略了它们之间的相互作用可能引发的后果。

如果戈登认为文化同化使参与主体产生发展异族婚姻的主观愿望，那么布劳则强调客观环境对于婚姻关系的制约和影响。两者各据其理，但又都在论述异族婚姻的原因时失之偏颇。20 世纪 80 年代以后，相关领域的学者对这两种理论既有批判又有继承，其中不少人倾向于走中间路线，即用经典文化同化论和社会结构论相结合的方法来剖析异族通婚产生的原因。（Fong and Yung，1995；Hirshman and Wong，1981；Hwang，1994；Kitano and Yeung，1982；Kitano，Yeung，Chai and Hatanaka，1984）他们发展和充实了前人的两大理论，并为后继研究者提供了良好的理论基础。然而，他们始终没有脱离前人理论框架之约束。他们的研究明显的不足是缺乏创新、数据单一，研究内容始终停留在婚姻之外，缺乏对具体案例的分析。

20 世纪七八十年代，美国少数族裔开始重视发展本族裔的个性，多元文化主义初显端倪。应运而生的是理查德·阿尔巴（Richard Alba）和维克多·倪（Victor Nee）的“新同化理论”（Alba，1999；Alba and Golden，1986；Alba and Nee，2005）。在《重塑美国主流文化》（*Remaking American Mainstream：Assimilation and Contemporary Immigration*）一书中，阿尔巴和倪尖锐地批判了经典同化论的观点，对它的各种理论进行重构，并融合了相关领域的最新研究成果，提出了颇为独到的观点和看法。他们赞同多元文化主义的主张，指出不同的少数族裔融入美国社会的程度不尽相同。对于戈登的理论，阿尔巴和倪并未全盘否定。他们认同后者关于文化同化和社会距离的说法，但特别强调这个过程不是一条“单行道”，而是一个“双向的”过程（two - way process）。在这一过程中，不仅少数族裔有接受同化的要求，而且主流群体也表现出向前者“靠近”的愿望，希望接受有同化要求的人。种族是一个由社会架构的界限，它可以随着时间的推移被“跨越”（crossed）、被“模糊化”（blurred）、或者被“移动”（shifted）。（Alba and Nee，2005）阿尔巴等还指出，接受同化并不一定是少数族裔和移民的有意识行为，而可能是他们为了成功适应新环境，不得不作出的一些比较现实的调整。以移民与教育的关系为例，接受高等教育是移民提升其社会地位的有效途径之一。教育程度越高，择业的范围越广，社会地位获得提升的机会越多。于是，少数族裔移民能够接触到更多处于适婚年龄的白人伴侣。最后，阿尔巴等重申了多元文化存在的意义。他们指出，只有多族裔和平相处，又各具特色，才能使美国文化更加丰富多彩，使美国社会获得长足发展的动力。（Qian and Lichter，2007：93）

同一时期，在心理学领域还出现了类似的作品，譬如大卫·山姆（David L. Sam）与约翰·贝利（John W. Berry）在2006年编缉出版的论文集《剑桥文化同化心理学研究手册》（*Cambridge Handbook of Acculturation Psychology*）。两人在书中分别撰文阐述了他们对移民的文化同化的理解，并对英文中的“同化”（assimilation）及“文化同化”（acculturation）等词语作了详尽的解析。从心理学的角度看，贝利与山姆更倾向于用“文化同化”一词描述移民在客居国家经历的各种变化。他们指出，经典同化理论是“一维的”（uni - dimensional）（Sam，2006：17）。它具有一定的时效性，更适用于解释早期移民的经历。而新移民所经历的同化应该是“两维的”（bidimensional）（Sam，2006：17）。换言之，他们既能够融入客居国家文化并获得认同，又能够成功地保留本族的文化个性。这一观点显然与阿尔巴与倪的很接近，只是表述方式有所不同。该书创新之处在于，两人提出，在当今社会中，文化同化不再只是两种（譬如少数族裔与主流）文化的交融，还可能是许多不同文化（譬如不同少数族裔文化）进行交流的结果。（Berry，Sam and Rogers，2006：525 - 526）这一结论既可用于诠释美国的社会文化现象，又可以被推而广之，运用于其他移民国家的相关研究。

除理论研究以外，现存文献中结合实际案例进行分析和研究的作品数量也不少。例如，学术界对黑白异族婚姻的研究就已经非常成熟了，比较经典的学术专著包括《跨族姻缘》（*Interracial Bonds*）（1979）、《跨越种族界限的婚姻》（*Marriage Across the Color Line*）（1965）、《穿越界限：南方的异族夫妻》（*Crossing the Line：Interracial Couples in the South*）（1999）以及《多种族夫妻：黑人与白人的心声》（*Multiracial Couples：Black and White Voices*）（1995）。关于华裔或亚裔的异族婚姻，斯皮卡尔德的《混血儿》和宋瑞芳的《中美异族婚姻》都有超越了前人研究的表现。他们透过婚姻实例，更全面深入地对婚姻的前因后果进行了分析和论证。《混血儿》是一部时间跨度极大的史书性著作。在书中，斯皮卡尔德独具匠心地运用历史学和人类学（民族学）的研究方法，对美国三种不同种族（日、犹太和非裔）的异族通婚史进行了回顾和横向比较。不仅如此，他还纵向深入剖析了每个族裔的跨族婚姻状况。在剖析异族婚姻产生的条件时，斯皮卡尔德运用了“二合一”的理论模式，即异族婚姻的形成离不开社会结构因素（诸如通婚族裔的阶级、年龄以及生活区域内本族裔人口密度等）以及许多文化因素的共同作用。他将文化因素定义为“一个群体对另一个群体的主观印象”（Spickard，1991：9）。相对于前人的研究，《混血儿》的第二大突破是它还展示了异族婚姻不同层面的内容，包括异族夫妻在不同时期遭受的家庭、社会阻力，混血后代的身份认知和成长经历等等，使人们得以更为全面地了解到美国日、非、犹太裔异族夫妻的家庭生活。最后，斯皮卡尔德还发现，他的研究对象在选择异族伴侣的时候也会厚此薄彼，即对某些种族比较偏爱，譬如，日裔美国人的首选恋爱对象是白人，其次是中国人、韩国人；非裔异族择偶却倾向于肤色较深的种族。

《混血儿》无疑是研究异族婚姻的一部力作。然而，作品中并非全无缺憾。第一，虽然斯皮卡尔德意识到，戈登的同化论是带有白人优越感的，“大熔炉”的概念实质上也表达了主流群体对少数族裔个性特征不屑一顾的态度。但遗憾的是，他并没有提出更有建设性的理论框架，而且在分析异族婚姻的主观动因时还是沿用了经典同化论的思路。第二，在《混血儿》中，斯皮卡尔德以日裔为代表来研究亚裔的异族婚姻，忽略了其他亚裔，尤其是华裔美国人这一群体。华裔在美人口数量和移民历史并不亚于日裔美国人，华裔的异族婚姻在历史上也不鲜见，其研究价值毋庸置疑，然而，斯皮卡尔德对此群体省略不表，实为一大遗憾。此外，亚裔文化本身就具有多元性的特征，用日裔的经历来诠释整个亚裔群体，难免有以偏概全之嫌。在《混血儿》中他批判了“大熔炉”的概念，而在处理日裔与亚裔的关系时却又没能够摆脱“大熔炉”似的惯性思维方式。

《中美异族婚姻》（以下简称为《中美》）之所以引人瞩目，有如下几方面的原因：首先，宋瑞芳是美国学术界专注于美国华裔与白人的异族婚姻研究的第一人。其次，宋的研究方法在当年的学术界是一种创新。她以非结构型访谈的形式接触了大量的案例，并结合社会学定性与定量的研究方法进行数据分析。第三，宋用于定量分析的数据来源相当多样化，与访谈的材料互相呼应，说服力强。这些研究数据包括纽约市婚姻证书登记材料、美国国家人口普查数据等等。最后，她大胆地触及了学术界一直好奇却尽量回避的话题，即异族婚姻的质量和异族夫妻的生活状况。她对被访谈夫妻分别进行采访，使数据比较真实和准确。在婚姻质量方面，她的结论是异族夫妻的婚姻并不一定会因为文化的差异而面临更多的挑战，他们之间产生争端的原因与所有普通夫妻一样，主要来源于生活的琐事而非文化差异。这无疑是一个比较具有新意的观点，与普通大众对异族婚姻的看法不尽相同。

《中美》为帮助我们了解纽约华裔异族婚姻的现状及其历史变迁提供了相当翔实和全面的素材，令人颇受启发。然而，宋的数据采集仅局限于纽约地区，因而其研究结果无法完全用于解读其他地区，包括加州的华裔通婚的状况。再者，《中美》的成书年代距今天已有近二十年之差，数据难免陈旧，缺乏时效性。第三，笔者的理论框架构建比较薄弱。从该书行文中，我们大致可以看出，笔者支持经典同化论，但却没有完整阐述经典同化论的观点，因而表现得对理论的把握不扎实，使该书有些许堆砌事实之嫌。

《混血儿》和《中美》之后，针对亚裔或华裔异族婚姻的研究作品横向或纵向跨度相对较小，笔者大多采用定性（以访谈为主）和定量相结合的研究方法收集和分析素材，从某一特定的视角切入异族婚姻生活，颇具新意。摩根（Morgan）重点研究来自亚洲和拉美的移民潮对异族婚姻的影响。不同于以往的学者，他不仅关注移民的跨种族（interracial）婚姻关系，还涉及跨民族（interethnic）婚姻关系。他的研究对象选择范围相当广泛，除已婚夫妻以外，还包括恋人和同居者。摩根在研究中依然没有脱离戈登的同化理论的框架，但他提出两种不同族裔或民族的跨族婚姻完成同化的路径，一个是直线型的（straight - line path），一个是多项分层型（segmented path）。他的研究时间和空间的跨度虽然不大，但是涉及概念和研究对象的种类过多，各种关系和数据交叉繁复，因此在结论部分显得有些顾此失彼，留下的问题多于被解答的问题。20 世纪 70 年代以后，戈登的同化理论就一直备受质疑，摩根却并没有在论证过程中对其进行批判地运用。（Morgan，2009）

根本久子主要研究性别、种族和阶级与婚姻、爱情的关系，以及国家、家庭、多元文化主义等话语对性别、种族模式的形成的影响。她讨论了美国主流社会对亚裔男、女性的刻板印象，并结合实际揭示了这些带有种族偏见的形象与亚裔的异族婚姻间的关系。（Nemoto，2009）她的论述解答了许多使我们困惑的问题，譬如，为什么亚裔美国男性比女性跨族择偶的机率更小？异族婚姻的数量增加是否说明多元文化主义的话语已经主宰现实？鲁特（Root）的切入点与根本久子有些相似，但他更侧重于以黑白异族夫妻，研究他们的家庭对异族婚姻态度，及其所折射的社会种族、性别关系。（Root，2001）还有一些近期的相关研究不再局限于婚姻本身，而是延伸到律法、历史等领域，比如兰德尔·肯尼迪（Randall Kennedy）关注州立法对异族婚姻的制约和影响；（Kennedy，2003）瑞秋·莫兰（Rachel F. Moran）探讨的是与异族婚姻相关的立法的历史变迁；（Moran，2001）裘安·南格尔（Joan Nagel）回顾了反异族婚姻法、私刑、阉割及网络负面宣传等对异族恋爱及性关系的压制。（Nagel，2003）

国内学术界关于美国异族婚姻的研究不多。姬虹的《美国移民跨种族婚姻的历史和现状研究》一文是比较突出的作品。她在文中探讨了现代美国异族婚姻的现状、影响异族婚姻的因素以及异族婚姻的社会意义。她认为，现代移民的异族婚姻是多种复杂因素的综合体，既有社会层面（如法律政策、种族关系等）的，也有个人层面（出生地、受教程度等）以及文化层面（社会宽容度、少数族裔形象等）的影响。姬虹的阐述言简意赅，文字表达也极其精宕，令人颇受启发。但是她的研究没有针对某一个群体，只是将异族婚姻作为一种社会现象泛泛而谈。

综上所述，笔者认为，没有一种理论足以客观、全面、透彻地解析美国异族婚姻。要解析这种婚姻关系的产生和形成，采用两种甚至三种理论更加合理。主要原因是，经典同化论已随着时代的变迁显得不合时宜。再者，由于缔结婚姻关系的主体及其个性特征已经发生了改变，如果还坚持运用原来的理论开展研究，其结果必然缺乏时效性和说服力。笔者在美国加州做访问学者期间（2009 年至 2010 年），通过研读文献和对当地二十对中美异族夫妻的采访，收集了比较充足的一手及二手资料。通过分析这些资料和数据，笔者提出，当代关于中美异族婚姻的研究，应以新同化理论与结构主义理论为共同理论基础来展开讨论，即华裔异族婚姻是主、客观条件共同作用的结果，缺一不可。一方面，异族婚姻是一种文化现象，它反映了文化同化在种族关系中发挥的作用。在文化同化这个双向的过程中，少数族裔和主流社会相互交融，为两者的亲密接触创造可能。另一方面，异族婚姻的产生折射出特定历史时期社会的接受程度，也受到社会经济结构等客观条件的制约。关于文化同化的作用，笔者在前人研究的基础上做了适当的补充：第一，文化同化是跨族婚姻产生的必要条件之一，它属于参与主体（以华裔为主）的个人主观愿望，但它不是单方面努力的结果，而是一个双向选择和适应的过程；第二，文化同化并没有抹煞族裔文化的个性差异。它们不仅存在，而且在某种程度上增加了两性间的魅力；第三，中美文化并非迥然相异，两者间存在相通相似之处，是两性间产生共鸣的基础。

第四节 研究方法和创新

研究方法

本文的主要研究方法是以社会学的定性分析为主。定性研究的数据采集来自非结构性访谈和对被访谈者的观察。访谈对象是20对居住在加州旧金山、圣地亚哥或橙县（Orange County）等地（这些访谈对象的出生和成长地遍布加州）的中美（白人）异族通婚的已婚夫妻。其中包括八对20~40岁的年轻夫妻，八对40~60岁的中年夫妻以及四对60岁左右或者以上的老年夫妻。❶这些夫妻中的华裔一方有第一代（出生在中国大陆、香港或台湾地区）移民和第二代（出生在美国）华裔美国人。美国白人一方大多出生在加州，但也有一部分是出生在加州以外的地区。所有的访谈对象都有大学本科或以上学历，大多数从事专业职业，诸如软件工程师、会计师、心理咨询师等。❷本研究选择成长环境、成长年代不同的研究对象，主要原因是两者是考察、论证社会结构论的重要参数。（Blau，1841）此外，研究对象的移民地位代表华裔在美居住时间的长短，是衡量文化同化程度重要的变量之一。（Gordon，1964）

本书之所以选择加州的华裔异族婚姻作为研究对象，主要基于以下几点考量：第一，加州具有独特的人口和文化特征。随着移民潮从世界各地（近年来主要是拉美和亚洲）的涌入，加州已成为美国人口组成最多元化的地区。❸种族和族裔多元化为当地的居民跨族交往、通婚创造了优越的物质条件。第二，持续稳定增长的亚洲移民人口为在美的亚裔群体补充了新鲜血液，使其人口数量呈上升趋势，婚姻市场结构也随之发生改变，异族通婚的机率也越来越高。根据2000年的人口普查数据，亚裔美国人的数量比20世纪70年代增长了三个百分点，是除西班牙裔以外增长最为迅速的少数族裔。（Lee and Edmonston，2005）这一人口数量的变化主要得益于1990年的移民法案。该法案对技术移民和以家庭团聚为目的的移民放宽要求，增发签证，所以吸引了大量

---

❶ 从访谈对象的年龄可以判断，本书关注的异族婚姻多缔结于20世纪60年代以后。由于本书第四章涉及影响异族婚姻的历史因素，所以研究对象的年龄及生活的时代对本书具有重要的参考价值。

❷ 详见附录2。

❸ 参见California，http：//en. wikipedia. org/wiki/California#Racial_ and_ ancestral_ makeup.

来自亚洲移民大量涌入美国，致使亚裔美国人的人口数量激增。

笔者起初以为寻找到预期数量的访谈对象是比较困难的，但却意外地在几个月时间里就联络到适合的访谈对象并完成访谈。这一方面得益于那些提供无私帮助的朋友们，另一方面也说明异族婚姻在加州不仅已经比较常见，而且是一个人们并不避讳谈论或交流的话题。笔者主要通过以下几个途径寻找访谈对象：第一，滚雪球的方式。笔者最初主要通过朋友的引荐接触到第一批访谈人。这些访谈人在接受访谈之后大多会主动为笔者介绍他们认识的朋友，如此往复，访谈人数量越积越多；第二，通过加州大学圣地亚哥分校的国际学生办公室和当地华人教会建立联系。由于笔者其时正在加州大学圣地亚哥分校做访问学者，所以就近联系了那里的国际学生办公室。他们在得知笔者的研究计划后，立即通过他们的联络网向所有可能符合条件的相关人士发出邮件，并将对方的答复转告笔者。此外，笔者在朋友的陪同下走访了几个圣地亚哥、洛杉矶和旧金山的华人教会，很幸运地在那里偶遇一些美国华裔和白人夫妻。在教会牧师的热情引荐下，其中两对夫妻欣然答应接受采访。令人意外的是，其中一对从事计算机行业的夫妻在接受采访之后，主动要求为笔者建立一个网页，将问卷发布到网络上。这是笔者尝试过的寻找访谈人的第三种方式。理论上讲，这种方法效率较高。它既能够帮助笔者接触到更多的相关人士，也可以更好地保护对方的隐私。但是由于多方面的原因，其结果却不尽如人意。虽如此，笔者认为，在充分做好准备工作的前提下，借助网络开展研究对今后国内的学者来说未尝不是一个好的选择。

当然，联络工作并非总是一帆风顺。在初次接触的时候，一些夫妻虽然对笔者的请求欣然应允，甚至留下联络方式，但却在笔者主动联络时不愿接受采访。他们中有的拒绝接听电话，有的直接在邮件中予以推辞或对笔者的邮件不予回复。还有的时候，白人配偶对访谈的态度积极，然而终究因为华裔配偶不愿配合而使前者不得不作罢。

笔者对大多数夫妻都是同时进行采访，但也有四到五对夫妻因工作时间无法协调而分别参与访谈。访谈人中只有一位白人丈夫愿意与笔者接触，[1] 但是拒绝接受采访，所以笔者只能单独采访他的中国妻子，然后通过他的朋友和其他的家人了解到他的一些情况。除这些异族夫妻以外，笔者还采访了他们的成

[1] 由于时至复活节，笔者应邀前往这对夫妻的住所与他们及其家人共进晚餐。虽然笔者不能对男方进行正式的访谈，但仍能够通过与他本人及其家人交谈了解到一些情况。

年子女，试图从不同的侧面了解异族夫妻和他们的婚姻。由于近半数的访谈人年龄都在30岁左右，所以可以接受采访的成年子女的数量比较有限。这也是笔者的研究中一个比较大的缺憾。

针对异族夫妻的访谈问题包括访谈人（夫妻双方）的童年环境经历、恋爱经历、父母和同龄群体的态度以及对其混血子女的身份认知四个方面。针对混血子女的问题相对简单，包括三个方面的内容：自我身份认知、自我身份建立和对父母婚姻的观察和评价。前者的访谈时间一般在一至两个小时之间，也有的长达三个小时。访谈的形式大多为面对面访谈，也有个别案例因为地域原因通过电话完成。笔者对混血子女的访谈形式比较随意自由，形式也更加多样化，包括面对面访谈、电话访谈以及通过电邮的方式进行交流等。这样的交流方式既能使对方感到轻松自在，又能帮助笔者与他们建立信任感。笔者在收集数据时，不仅记录了访谈的内容（主要通过电子录音笔的方式记录），还用笔录的方式及时记录下被访谈者的肢体语言、表情变化和随意插入的评论等。

为了保护访谈人的隐私，笔者在行文及论文附录部分隐去了他们的真名，代之以假名。

研究创新

关于华裔美国人与美国白人之间的异族婚姻，国内学界关注尚少，美国学界的研究却由来已久，且独树一帜。有一种观点认为异族婚姻是文化同化的结果，另一种观点认为异族婚姻更多地受到社会经济及结构等因素的制约，还有观点认为两者共同作用，为异族婚姻的产生准备了主观和客观的条件。基于对这些分歧的辨析，本书结合多种研究方法，多方面阐述了异族婚姻产生的具体原因。总的来说，本书有如下几个方面的创新：

第一，在研究方法上，本书具有跨学科的特点。本书在社会学的实证研究基础上，结合历史学和民族学的研究方法，并使用定性和定量数据分析的手法，对异族婚姻的产生进行多层面、多角度的分析，以期得出相对公正、客观的结论；

第二，在研究视角上，美国许多学者多聚焦于非裔、拉丁裔的异族通婚，或者将亚裔作为一个整体开展研究，而对数量迅速增加、社会地位逐渐提升的华裔关注不足。针对这一现状，本文以加州华裔作为切入点，分析了华裔的个体及群体特征，移民历史和家庭文化，证明华裔跨族通婚是主客观因素、内外力共同作用的结果，是美国社会发展的一种趋势，是美国特定时代的产物和缩影。

第三，在具体问题方面，即在论述文化同化与异族婚姻的关系时，本书有超越前人之处。主要表现在以下几个方面：首先，本书摒弃了原同化论者关于“大融炉”的说法，肯定华裔在参与同化的过程中仍然保持了自身族裔的文化个性。即文化同化仅使中美两种文化产生交集。虽然随着同化进程的深入，交集的面积可以无限增大，但却不会导致双方的完全重合，或者说华裔文化特征的完全消失。显然，用这一理论阐述异族婚姻的成因更为客观。在异族男女交往过程中，文化同化的程度高的华裔成员容易被主流社会成员所接纳。即便如此，他们拥有的一部分文化个性是永远不可能消失的，包括他们的外貌特征、语言习惯以及一部分价值观或思维方式等。其次，本书为文化差异“平反”。前人的研究视文化差异为“老虎”，往往谈“虎”色变。许多学者相信，文化差异是人们跨族交往最大的障碍。然而，本书认为，事实并非完全如此。文化差异可以对异族关系的建立和发展产生积极的作用。异族青年在外貌体形、性格特征以及家庭文化等方面的差异使他们独具魅力，是双方相互吸引的重要原因。当然，文化差异是一把双刃剑，它的向心力和离心力相依相伴，在异族夫妻的婚姻生活中既发挥积极的作用，又将产生一些负面的影响。最后，经典同化论与新同化论都具有一个相同的前提，即异族文化存在极大的差异。这固然不假，但本书提出，中美文化并非截然不同，两者之间其实存在许多的相似之处，而且这些相似之处在异族关系中担任了重要的角色。如果说，同化进程缩短了族裔间的社会距离，文化差异增加了双方的吸引力，文化的，或更准确地说，人性的相通性则使男女双方找到了共鸣，具备了最终确立婚姻关系的共同的基础。换言之，与传统婚姻无异，匹配的个性特征（包括对待家长的态度等）、共同的生活目标、类似的价值观和家庭观（或婚姻观）是异族男女建立恋爱关系的关键所在。

第五节　篇章结构简述

本书导论部分的核心内容包括选题缘由和意义、概念界定和说明、文献综述以及研究方法和创新的说明。“选题缘由和意义”讨论关注异族婚姻对研究美国社会现状，尤其是不同人群间关系变化的重要意义。基于客观和主观的原因，笔者选择华裔与美国白人的异族婚姻为研究对象，把制约或促使华裔通婚的各种因素作为研究主题。

“概念界定和说明”对本书运用的重要概念进行详细说明和解析，其中包括美国华裔、跨族婚姻、异族婚姻、异族通婚、文化同化与多元文化主义的关系等。本书在论述过程中力求保持表述的一致性，但在某些部分可能因重点不同或行文需要而交替使用某些概念。对此，本节作出详尽说明，以助读者更好地理解本文的思路。

在“文献综述”中，本书对美国异族婚姻的研究进行了历史性回顾并指出，自20世纪20年代以来，美国学术界就一直试图使用各种不同的理论来解释异族通婚这一现象，其中最有影响力的包括文化同化论、社会结构论、二合一理论以及最近的新同化理论。相对于理论研究和对其他族裔通婚的研究，华裔跨族通婚的婚姻实证研究起步比较晚，内容不够丰富。早期比较经典的是斯皮卡尔德的《混血儿》（1991）和宋瑞芳的《中美异族婚姻》（1990）。近期专门聚焦美国华裔的研究成果或专著数量更少。

“研究方法与创新”首先描述了本项研究的“研究方法”。本书的主要研究方法是以社会学的定性分析为主。定性研究的数据采集来自于非结构性访谈和对被访谈者的观察。由于研究对象成长的环境、成长年代以及移民地位都是研究婚姻动因和模式的重要变量，所以本书选择的访谈对象的背景、年龄、出生地等存在一定的差异。

本节还指出，相对国内外学术界同类研究，本书在研究方法、研究视角以及一些具体问题上具有一定的独特性。在研究方法上，本书具有跨学科的特点，运用了社会学、历史学和民族学的综合性研究方法。在研究视角上，本书选择了同类研究较少关注的群体，即加州华裔与白人的异族通婚作为切入点，从历史、社会、文化、家庭等几个方面分析华裔异族婚姻的产生。在具体问题方面，本书针对美国学者的某些观点进行了辨析，并提出自己的见解。

本书第一和第二章主要论述影响华裔与白人异族婚姻的主、客观因素。第一章着眼于社会因素与华裔跨族通婚的关系。并提出，华裔跨族通婚的愿望受到客观条件的制约。在第一节中，本书着重论证社区人口数量和多元性对少数族裔（华裔）发展异族关系的影响。华裔人口数量增加与多元性呈正比，但两者相互作用，对异族两性关系产生截然相反的效果。华裔人口数量上升，一方面有助于增加主流社会与少数族裔接触的机会；另一方面，可能抑制后者跨族交往的愿望。此外，华裔的性别差异也是跨族交往中比较活跃的因素。华裔女性比男性更倾向于跨族通婚，而且婚姻对象以白人男性为主。本书第二节的论述以访谈数据为主，相关图表数据为辅，揭示了这一婚姻模式形成的根本原因。本书还表明，华裔的异族通婚与当事人所受教育程度有相当大的关系。一般而言，华裔的教育程度越高，跨族通婚的机率越高。主要原因是，教育层次的提高增加了华裔接触主流社会成员的机会，使双方可以以平等身份相处，从而成为潜在的择偶对象。

客观条件制约华裔跨族通婚的愿望，文化因素却能够创造条件，增加异族通婚的可能性。本书第二章重点关注文化因素与异族通婚的关系。本章第一节论证的核心理论源于新同化论。新同化论者认为，少数族裔需要参与文化同化，才能够缩短与主流社会之间的社会距离，使其更容易被后者接受；同时，主流社会也参与了文化同化的进程，从主观上主动向少数族裔及其社会文化靠拢，从而进一步缩短两者间的距离。本章在比较丰富的定性和定量数据支持下，探讨制约华裔文化同化的要素与其接受文化同化的各种表现形式。

本章第二、三节的内容体现了这一研究的创新之处。前人的研究或着眼于文化同化对异族婚姻的“扬”，或突出文化差异在异族关系中的“抑”。而本书却提出，文化差异不仅不是发展异族两性关系的障碍，而且还是两性相吸的重要原因。本书第二节主要引用访谈人的叙述，从外貌体形、审美情趣、性格特征及家庭文化等方面展示文化差异在异族两性关系中所彰显的独特魅力。基于对访谈数据的分析分析数据的基础上，本书还指出，异族文化并非完全相异。事实上，它们之间存在着许多相通之处，而且这些相通之处也为异族关系的发展奠定了坚实的物质和精神基础。

本书第三和第四章的重点是影响异族婚姻的外界因素。第三章回答了前文提出的第二个研究问题，即关于异族婚姻的历史和社会背景。本章第一节回顾了美国历史上反异族通婚法和反移民法等法律的实施及其对华裔社会造成的负面影响。针对非裔美国人的反异族通婚法早在19世纪后半期就波及亚裔移民，使他们被主流社会隔绝和孤立。而1882年的排华移民法案颁布以后，华裔人口锐减，异族通婚失去了最根本的物质条件。本章第二节通过阐述了20世纪美国重大社会变革（比如民权运动等）给法制、社会文化及种族关系等领域带来的巨大变化，并在此基础上探讨异族通婚的制度性障碍是如何被彻底地扫除，从而使种族紧张关系得以缓解，为异族婚姻关系的产生和发展铺平道路。

本书第四章着重探讨了华裔家庭（以父母为主）在异族婚姻问题上的态度。本章以父母态度为主线，结合史料和访谈材料，分别剖析其中各种具体原因。“家庭阻力的作用与反作用”一节主要探讨华裔父母对异族婚姻持反对态度的根本原因，从种族关系、族裔文化特征及其社会舆论等方面揭示五六十年代第一代移民所面临的尴尬处境。“家庭的支持是润滑剂”一节则反映的是一种截然相反的家庭态度。社会环境和华裔社会经济地位的变化仍然是主导人们婚姻取向和态度的重要因素，但父母的一些特殊个人经历在他们观察和思考种族关系时也发挥了重要的指导作用。

本书的第五章为结论部分。本章基于前述数章的论述，总结了华裔异族通婚的成因或制约因素，并回答了本书开篇所提出的研究问题。此外，本章还讨论了异族婚姻的社会意义，并展望未来异族通婚的趋势和走向。最新的美国人口统计数据和报告显示，由于各种原因，美国的亚裔异族通婚率处于上升趋势，这一数字在未来还会持续上升。这对于美国社会的发展既是机遇，又是挑战。

最后，本章还指出此项研究的不足之处，建议今后的相关研究首先要以更大规模的采样展开调查；其次，需增大访谈对象的地域差异性；第三，应加大研究的时间跨度，使横向比较的内容更为丰富。另外，未来的研究还可以将视角转向华裔网络国际婚姻和在华中美婚姻，或更多地关注中美混血子女的成长和身份认证问题等。

第一章　社会因素

华裔异族婚姻是主客观条件同时作用的结果，缺一不可。一方面，它是婚姻主体主观愿望和行为的体现；另一方面，异族婚姻的产生折射出特定历史时期社会的接受程度，还受到社会经济结构等客观条件的制约。本书所指的社会经济结构等客观条件主要包括华裔族群的人口数量和特征、群体内部的性别与性别特征以及华裔的教育程度等。

笔者将运用布劳的结构主义理论，从三个不同的侧面，结合定性和定量的数据，详细阐述社会客观条件对异族婚姻的制约和影响，并论证其理论对于诠释当今异族婚姻的有效性。

第一节　人口数量及特征与异族婚姻

根据布劳的结构主义理论，各族裔群体主观上都倾向于与同族、同文化的成员交往，但其主观愿望还要受到客观条件，包括本族裔的人口数量和特征等因素的制约。对于人口数量较小的族群，族裔间交往的可能性大，反之则可能性较小。其原因是族内可供选择的未婚人口相对较多。同样，在一个人口比较多元化、文化融合程度较高的居住环境里，族裔间交往的机会也会相对较多。(Blau，1977)

然而，正如“文献综述”所提及的，布劳的理论忽略了两者的相互作用对族裔关系产生的影响。菲兹帕特里克等的研究结果在肯定布劳的核心理论的基础上修正了这一误差，对这一现象作出了较为客观和准确的解释。他们认为，如果少数族裔的本族人口数量小，他们跨族交往的可能性则大；反之则情况较为复杂。在人口构成多元化的社区，成员跨族交往的机率较高；少数族裔人口数量的扩大将增加社区的人口多元性。两者往往相互作用，对不同族裔产生截然不同的影响，即一方面抑制少数族裔发展跨族关系的愿望，另一方面却

将增加主流社会成员与其他族裔间交往的机会。[1]（Fitzpatrick and Hwang, 1992）

根据访谈的数据，本书得出的结论与菲兹帕特里克大体相同，即华裔的异族婚姻与其族裔的人口数量和特征有着重要的联系。首先当人口数量较小时，华裔内部可供选择的适婚人口则比较少，族裔成员更倾向于跨族择偶。

20 世纪六七十年代，由于移民政策的影响，华裔人口数量较少，[2] 所以在笔者四对老年（60～70 岁）访谈对象中，所有的华裔配偶都曾明确表示，他们之所以跨族择偶，原因之一是年轻时能够接触到的本族裔适婚青年数量不多。今年 60 岁的 Sue 就是其中最为典型的例子。在访谈过程中，她对笔者反复强调，自己年轻时一直非常希望嫁给华裔男子，只是苦于年轻时周围没有太多可选择的对象。

> “我小时候居住的社区人口倒是比较多元性的，但主要是西班牙裔和黑人家庭，华裔比较少，而且退休的老人占多数……所以后来我常常跟我妈抱怨，中国人那么少，她（跟我爸）一天到晚逼着我们嫁给中国人，实在不公平。
>
> （由于我父母的压力）我从来没有想过要跟其他族裔的男子约会。这种情况一直持续到我在圣地亚哥找到工作。那时候（20 世纪七八十年代）这里的中国人更是少得可怜。我爸妈每周打电话来问我找到中国男朋友没有，我实在没有办法，只好跟他们说圣地亚哥没有好男人……
>
> 最初，Rodney（Sue 的白人丈夫）追我的时候我一口回绝了，但是他知道我的想法以及面临的现实，所以就故意激我，说可能我一辈子都等不到穿着‘闪亮盔甲’的中国白马王子了。我这才改变了初衷，答应跟他约会。”

Milan 今年 65 岁，比 Sue 年长一些。她 1965 年从中国台湾漂洋过海来到美国的爱达荷州（Idaho）留学。那时候爱州的中国人非常少，“我到美国以后，只有 Derrik（她的丈夫）请我出去玩一玩，没有半个中国人请我出去。后

[1] Fitzpatrick, K. M., and S. S. Hwang. The Effects of Community Structure on Opportunities for Interracial Contact: Extending Blau's Macrostructural Theory [J]. *Sociological Quarterly*, 1992 (1): 51－61.

[2] 关于美国移民政策以及其对异族婚姻的影响，详见第四章第一节。

来听说有一个男生喜欢我，但是他不敢请我出去，因为我是学生会会长，而且只有我有车，怕我拒绝他”。看来在本来可选性就少的情况下，Milan 优越的经济状况和在学生中的地位更加减少了她接触华裔男子的机会。

出生于1943年的 Wes Gin 小时候住在加州一个不大的海滨城市。他说自己幼年时几乎没有接触过任何中国人，约会的女孩无一不是白人，也就难怪他前任和现任妻子都是白人。（Fong and Yung，1995：82）类似的情形对于60年代出生在纽约的 Jammie 也并不陌生。当她回忆童年岁月的时候，发现自己生活的环境里就几乎没有中国人：“我们周围都是清一色的白人。在童年里有很长一段时间，我甚至都没有意识到自己是中国人。直到9岁那年，听见有小孩对着我叫‘中国佬（chink）’，我居然还有点莫名其妙……由于这些原因，我自己从来没有想过要嫁给中国人。”

还有些华裔不是因为受到特定时代的制约，而是由于在自己的专业或兴趣领域无法找到与其有共同爱好的本族裔的对象，所以才跨族交往。虽然 Lorelei 是在华人聚居的大城市长大的，但是在她热爱的行为艺术领域却鲜有华裔男子涉足。在大学里也是一样，“我太热爱艺术了，而那些（中国）男生动不动就是学工程的，我没有兴趣跟他们交往……如果你在今天的行为艺术领域里找到一位亚裔男子，那他很可能是也是娶了一个白人太太。”（Fong and Yung，1995：83）Willa 婚前的约会对象多为白人男子，她认为这与她的教育背景大有关系：“大学时期，我上的是艺校。当时很少有华人对艺术感兴趣，所以我虽然也曾与几位华人男孩约会过，但总觉得跟他们不是一类人。”对于 Sean 来说，亚裔女性还是很有吸引力的，但是他结婚前约会的对象几乎都是白人，他认为自己是“别无选择”，因为他不愿意花太多的时间去学习，而更愿意从事运动（比如打篮球）和社交活动，然而“没有太多亚裔女孩跟我的爱好一样，她们不喜欢运动”。

根据布劳的理论，某一区域少数族裔人口数量如果增加，他们跨族交往的愿望会减少，发展族内婚姻的可能性更大。然而事实并非完全如此，正如菲兹帕特里克等所预测的，少数族裔人口数量的增加导致人口更加多元化，为生活在同一区域的主流社会成员创造了与其他族裔交往的机会，同样可能促使异族婚姻的产生。

在被访谈人中，有11位（超过半数）白人配偶从小成长在以白人人口为主的社区里，除西班牙裔或非裔以外，很少接触到其他的族裔。他们都是在就读的大学，例如加州大学洛杉矶（University of California Los Angeles）和伯克利分校（University of California Berkeley，以下简称“伯克利”）等地接触到更多不同种族的同学，并结识了现在的配偶。Jill 的家在加里福利亚的雷诺城（Reno）。当地人非常保守，主要人口是白人，还有一些是西班牙裔人口，但是互相并不来往。Jill 记得自己小时候，家乡的种族歧视还非常严重。从小到大，他的约会对象都是白人女孩。但是到伯克利读书的以后，环境就完全变了，“伯克利的学生不是白人就是亚裔。我跟 Alice（他的华裔妻子）当初只是朋友。常常和我们一起玩的一群朋友里很多人都在跨族约会。在伯克利，白人男孩与亚裔女孩约会太普遍了”。

57 岁的 Rose 小时候虽然在距离洛杉矶不远的橘子县（Orange County）长大，但是那个年代那里几乎没有中国人，白人和其他族裔间的种族隔离也还很严格。她回忆到：“1978 年到加州大学洛杉矶分校读书之前，我一个中国人都不认识，也没有接触过任何中国文化。到大学以后，我是通过我的室友跟 Paco（她的华裔丈夫）结识的。”

Smith 和 Cathy 的经历就更为典型。这一老一少年龄相差很大，但都是来自加州以外的城市或地区，家乡的人口构成都非常单纯，绝大多数的人口都是白人。古稀之年的 Cathy 出生在美国中部的明尼苏达州，[1] 从小到大周围环境中除白人蓝领工人家庭以外，没有其他的族裔。成年后到西雅图上大学的她开始结识了一批来自中国香港的学生，渐渐被他们勤奋好学的精神所吸引。

Smith 今年刚满 25 岁，幼年时居住在芝加哥城郊。那里以瑞典移民为主，还有一些德国和爱尔兰的后裔。那时候，他的朋友圈里没有华人，对中国也一点不了解。有趣的是，Smith 说自己在中学时期虽然没有跟任何女孩正式约会过，但一直都很喜欢金发碧眼的白人女孩，根本没有想过将来会娶一个华裔太太。在威斯康辛州上大学以后，他参加了学校组织的一个夏令营，在那里才第一次接触到几个来自加州大学的华裔女孩，包括他现在的妻子 Kortney。在跟 Kortney 约会之前，Smith 对夏令营中另外一个华裔美国女孩也有好感。在 Smith 的案例里，大学的夏令营是一个特殊的社区，它把来自不同学校、具有不同背景的学生集中在一起，虽然持续时间不长，成员们却必须朝夕相处。这不仅为 Smith 这种几乎没有机会接触其他族裔的白人扩大了社交圈子，而且能够帮助他在较为短暂的时间里加深对对方的了解。他从心仪白人女孩到认同华

---

[1] 明尼苏达州位于美国中北部。直至今日，该州人口仍以白人为主，占据总人口的 88%，亚裔人口只占 3.8%。

裔女孩，虽然不只是因为客观环境发生了变化（详见下一节），但其中却少不了环境的“推波助澜”。

无论是菲兹帕特里克还是布劳，都一致同意，少数族裔的人口增长会对本族成员的跨族交往产生抑制作用。换言之，如果某一特定区域华裔人口的数量较大，其内部婚姻市场则拥有丰富的人力资源，有条件保障成员在族内寻求配偶，跨族交往就变得不那么重要了。梁（Liang）在纽约的研究数据（见表1.1）为此提供了有力的佐证。（Liang，2007）

表1.1　纽约地区跨族通婚或同居的亚裔（20～64岁）人口及百分比比较（Liang，2007：886）

人口总数与比值（%）									
华裔		韩裔		印度裔		日裔		菲律宾裔	
男性	女性	男性	女性	男性	女性	男性	女性	男性	女性
6.25	10.25	2.64	12.48	9.23	4.62	12.50	28.69	8.41	26.58
2577	2692	1023	1138	1885	1795	480	589	749	933
出生于美国的亚裔人口总数与比值（%）									
华裔		韩裔		印度裔		日裔		菲律宾裔	
男性	女性	男性	女性	男性	女性	男性	女性	男性	女性
32.82	45.28	62.5	45.45	45.45	23.81	80.00	79.37	57.89	74.36
195	212	8	11	22	21	26	63	19	39
出生于美国境外的亚裔人口总数与比值（%）									
华裔		韩裔		印度裔		日裔		菲律宾裔	
男性	女性	男性	女性	男性	女性	男性	女性	男性	女性
4.07	7.26	2.17	12.16	8.8	4.40	8.59	22.62	7.12	24.50
2382	2480	1015	1127	1863	1774	454	526	730	894

根据梁的观察，纽约的华人人口居所有亚裔之冠，然而研究数据清晰地表明，华裔的通婚率不但不高，反而在所有的亚裔中属于最低的群体之一。此外，美国佩优研究中心（Pew Research Center）在2010年发布的最新报告（见图1.1）也显示，由于20世纪八九十年代亚裔、西班牙裔移民达到高潮，两个族裔异族婚姻数量都有所减少。如图1.1所示，亚裔和西班牙裔的异族通婚率自20世纪80年代经历了一个马蹄形的变化：通婚率在80年代呈显著下降趋势；而90年代走势平稳，没有明显的波动；直至21世纪初通婚率出现反弹，并逐年增长。

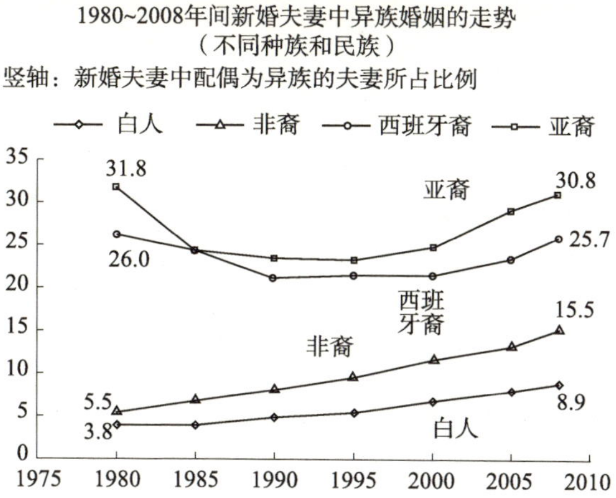

图 1.1　1980～2000 年间新婚夫妻中异族婚姻的走势

（不同种族和民族）（Passel，2010：23）

综上所述，异族婚姻的产生与否在一定程度上取决于少数族裔的人口数量和其生活区域人口的多元化程度。人口数量较小的族群，族裔间交往的可能性大。原因是族内可供选择的未婚人口相对较少。华裔的异族婚姻也同样遵循这一规律。以 20 世纪六七十年代为例，在美国移民政策的影响下，华裔人口数量较小，族内可供选择的适婚人口较少，所以促使一部分华裔发展跨族交往。还有的人不是因为受到特定时代的制约，而是由于在自己的专业或兴趣领域无法寻觅到有共同爱好或追求的本族裔的对象，所以才跨族交往。

当华裔人口数量增加以后或者在华裔人口比较集中的区域，比如在纽约等华人聚居的城市，华裔族内人力资源已经较为丰富，所以其成员无需在外族寻觅配偶。但是，华裔人口增加代表其社区环境人口多元化和文化融合程度高。根据各种材料分析，在一个人口比较多元化、文化融合程度高的社区环境里，各族裔间交往的机会相对较多，原因是这样的人口特征为居住在同一区域的主流社会成员创造了与其他族裔交往的条件和机会，同样可以促使异族婚姻的产生。

布劳以及菲兹帕特里克等在阐述“社区环境”时相当笼统，没有赋予它具体的涵义。本书需要补充的是，这里的“社区环境”除婚姻主体的生活环境外，还包括其工作和学习的环境。在现有的案例中，加州或西海岸的高等学府发挥的作用显得尤为突出。地处西海岸移民聚居之地，当地高等学府具有开放、兼容、多元化和多民族化的独特特征。在那里，人们的种族概念相对淡化，各族裔的交流频率高，这为异族恋情创造了有利条件。换言之，这类高等学府正成为酝酿异族婚姻的温床。由此看来，卡尔明（Kalmijn）提出的高等学府是“本地婚姻介绍所”（Kalmijn，1998：403）一说并非毫无道理。然而，高等学府的“婚介”功能并不仅如此。作为高等教育机构，它最重要的功能是为少数族裔，尤其是重视教育的华裔打开了一扇窗户，帮助他们了解美国社会和文化，为他们提供了提升社会地位的机会，从而缩短与主流社会的距离。本章第三节将对此展开更为深入的讨论，此处不再赘述。

第二节　性别与异族婚姻

即使本族裔具有足够的适婚年龄人口，性别差异也可能成为族内婚姻的障碍，推动华裔成员跨族通婚。大量研究表明，多年来，华裔女性比男性更倾向于异族通婚。

如表 1.2 所示，华裔在 1975 年的异族通婚率是 44.0%，1977 年是 49.7%，1979 年是 41.2%。这三年中，华裔女性的异族通婚率始终高于男性的通婚率 10 个百分点或者以上。1989 年的研究发现这一趋势在全国范围内表现更为明显（见表 1.3）：1980 年，华裔的异族婚姻中最普遍的模式是华裔与白人通婚，它占华裔所有异族婚姻的 66%；其中华裔女性与白人男性缔结的婚姻占 64%，几乎是男性跨族通婚的两倍。（Wong，1989）

表 1.2　1975 年、1977 年和 1979 年洛杉矶县华裔、日裔、韩裔异族通婚率比较❶（Kitano，1984：180）

	1975				1977				1979			
G	N	T（%）	M	F	N	T（%）	M	F	N	T（%）	M	F
华裔	569	44. 0	37. 8	62. 2	650	49. 7	43. 7	56. 3	716	41. 2	43. 7	56. 3
日裔	664	54. 8	46. 4	53. 6	756	63. 1	39. 4	60. 6	764	60. 6	47. 3	52. 7
韩裔	250	26. 0	36. 9	63. 1	232	34. 1	26. 6	73. 4	334	27. 6	20. 4	79. 6

❶ 表中 G 指民族，N 指异族婚姻的数量，T 指异族婚姻所占比例，M 指男性，F 指女性。

表 1.3　1980 年美国华裔婚姻类型及基本状况

（以配偶的性别、族裔身份分类）（Wong，1989：95）

配偶	华裔婚姻（%）	跨族通婚（%）	同组内性别比例（%）	总数
华裔	76.5	—	100	7028
白人	15.6	66.5	100	1433
男性			64.1	918
女性			35.9	515
非裔	0.7	2.9	100	62
男性	0.5	2.1	72.6	45
女性	0.2	0.8	27.4	17
西班牙裔	1.5	6.6	100	142
男性	0.7	2.9	44.4	63
女性	0.9	3.7	55.6	79
日裔	3.8	16.2	100	350
男性	1.5	6.5	40.3	141
女性	2.3	9.7	59.7	209
菲律宾裔	1	4.2	100	90
男性	0.4	1.9	45.6	41
女性	0.5	2.3	54.4	49
韩裔	0.6	2.4	100	51
男性	0.2	0.7	29.4	15
女性	0.4	1.7	70.6	36
越南裔	0.3	1.2	100	26
男性	0.1	0.4	30.8	8
女性	0.2	0.8	69.2	18
总数	100	100		9182
跨族通婚	23.5	100		2154
男性	13.4	57.1		1231
女性	10.1	42.9		923

最新数据表明，这一模式多年来保持不变。雅各布（Jacob）的研究主要针对所有亚裔群体的跨族婚姻。他发现，75.4%的跨族婚姻主体为亚裔女性，而主体为男性的却只有58.8%；此外，相对于其他族裔，亚裔更倾向于与白人通婚。他还指出，这一模式同样适用于华裔美国人。（Jacob，2002：632）

本书的实际调查也与以上研究结果毫无二致。在20位与白人通婚的华裔访谈对象中，只有3位是男性。为什么华裔男性跨族通婚的数量与女性的相差如此之大？本文认为，这既是主流文化宣传的结果，又是传统观念的影响和作用的结果。

梁和伊藤（Ito）发现，美国媒体不断将亚裔男性描述成毫无魅力的人，促使人们在脑海中形成根深蒂固的刻板印象（stereotypes）。这些负面的宣传或印象在很大程度上抑制了亚裔（尤其是华裔）男性跨族交往，从而使同族女性的异族交往显得相对突出。比如，早期好莱坞电影里的中国男人不是在餐馆打工，就是给人当佣人或者开洗衣房。“他一般五短身材、弱不禁风的样子，讲一口广东话还要结结巴巴”。（Liang and Ito，1999：886）这样的形象怎么可能与浪漫的爱情故事联系起来呢？虽然如今越来越多的亚裔接受高等教育，进入高新科技、医学等职业领域，但在媒体眼里的男性的形象仍然欠佳，准确地说，他们仍然被描绘成缺乏男性魅力的人。在电视剧《美国女孩》（*All - American Girl*）里，韩裔美国女孩玛格丽特·曹（Margaret Cho）扮演的角色可以与无数白人男孩约会，而她的弟弟（B. Wong 饰）却被塑造成一个截然相反的角色——一个从未与女孩约会过的腼腆内向的医生。大卫·村（David Mura）[1] 曾指出：“在美国的主流媒体眼里，亚裔和亚裔美国男性根本就没有男性魅力。他被刻画成一个色眯眯、带着厚厚眼镜片的书呆子，痴人做梦地想娶白人姑娘。这样的形象会有几分可爱?”（Mura，1996）无独有偶，艾斯比利图（Yen Le Espiritu）也发现，“在银屏中出现的亚裔男性都被中性化了，他们既无法吸引亚裔女性，又使白人女性退避三舍。”（Espiritu，2008：92）Alice在接受采访时是加州大学某知名分校的博士研究生，她对媒体的影响力深有感触：“我觉得我喜欢白人男孩。在美国长大，你满眼看到的都是白人。电视、电影和杂志上的帅哥都是白人。所以你在找帅哥的时候都是按照这些白人定义的标准去找。大众传媒的力量实在是太强大了。”

然而，华裔女性舍此及彼并非完全是因为审美观受到主流媒体的左右，还因为不满华人男性对女性所持的狭隘态度。在华裔家庭，尤其是第一代移民家庭中，男性往往是全家的主要经济来源，是“一家之主”。他们在家庭中的地位较高，掌握了绝对的话语权。相对而言，家庭中的女性和儿童地位则比较

[1] 大卫·村，第三代日裔美国人，作家和行为艺术家。他的著作有《变成日本人》（*Turning Japanese*，1991）和《身体与记忆相逢之地》（*Where the Body Meets Memory: An Odyssey of Race, Sexuality and Identity*，1996）。

低，多居于从属地位。如果他们的丈夫（或父亲）非常强势，那么他们必须对他言听计从，鲜有机会发表自己的意见。这种传统的父权制对于出生在美国、接触了西方文化的第二代华裔移民（尤其是女性）无疑是难以接受的。于是，华裔男性在女性眼中魅力大打折扣，令后者对他们产生了抗拒心理。本研究的一部分女性访谈人明确提到，她们异族择偶是因为不能够接受传统中国男人的大男子主义作风。其中有两位华裔女性是第二次结婚。她们的前任丈夫都是华裔男性。在对比前夫和现任丈夫的时候，Pamela 说："……我以前的丈夫从来没有这么对过我，而他（现任丈夫）把我真正地当女人。以前的丈夫要是先开门，总是自己就先进去了，根本不会理睬我。吃饭的时候也总是自己一屁股坐下去就吃起来，也不会等我什么的。而我现在的丈夫却会帮我做很多的事情。我到树上摘柠檬，他不让我去，怕我把手伤了，会不好看。"

Pamela 是 1955 年随父母从中国大陆到美国的第一代移民，今年已经 67 岁。她说她那个年代的中国男人，包括她的父亲，都有很严重的大男子主义：她的前夫在家里什么家务事都不做，而她的父亲则是家里的一家之主，对儿女管教极其严厉，不允许他们有半点自由。她觉得她离婚以后和现任的丈夫在一起才真正获得了自由，年近 70 岁的她现在常常一个人上山滑雪和开敞篷车兜风。对此，她现任丈夫不仅没有异议，反而给她买车以示支持。Tina 的年龄较 Pamela 小一些，她和前夫都是来自于中国北方。她说前夫大男子主义十分严重，不会体贴和心疼她，也从来不会说亲热的话。而她现任的丈夫却经常给她鼓励，对她说"我爱你"、"你很漂亮"等话。

除这些亲身经历以外，访谈人对家庭关系的观察也为本书的结论提供了佐证。Joana[1] 的父亲和 Pamela 是同一时代的华裔美国人，她在评论父亲和母亲（白人）的异族婚姻时告诉笔者，父亲在家里非常强势，很多的情况下都是母亲或作为儿女的她和哥哥作出让步。为了了解父亲这一代中国人，作为心理咨询师的 Joana 甚至不得不查阅了大量的关于中国传统文化的书籍。显然，父亲的父权思想和做法给 Joana 造成了极大的困惑，使她们的家庭生活受到了影响。Jammie（华裔）今年 48 岁，她觉得在自己生活的年代（七八十年代）仍然有许多男性受到男权思想的影响。因为"我知道跟我同龄的许多华裔男性都希望娶一个百依百顺的女人做妻子。我虽然没有跟华裔男子约会过，但是有的时候我到一些华裔朋友的家里，看到她们一个人在家里忙家务，而丈夫还在

[1] Joana 是访谈人 Cathy 和 Daemon 的女儿。她现任加州某大学学生心理咨询师。

一边要这要那。我自己是实在不能忍受嫁给一个把我呼来唤去的男人的”。

另一些女性访谈人却由于截然不同的原因而抗拒与华裔男性交往。与上文中的强势父亲相比，这些女性接触到的华人家庭中的男性（尤其是父亲）则走向了另一个极端。他们在生活中显得过于软弱和被动，同样引起了前者的不满。以Amie的观察为例：“在许多华裔家庭里，母亲都很强势，而父亲则比较软弱。我看得太多了，很不喜欢。我希望我的丈夫个性比我强，可以照顾我，是一个从我们大家的利益出发做决定的决策者。”Donna也在访谈中提到了这一点，“亚裔男性在生活中显得没有魄力，不擅长做决定；在处理两性关系的时候显得比较被动”。与Amie一样，她无法接受的不是男人的大男子汉主义，而是他们不会拿主意的“被动”。作为少有的几位华裔男性配偶之一的Sean在评价同胞时与女同胞们的观点不谋而合。他认为，“一个典型的华裔男孩不如同龄的美国男孩成熟。他们勤劳、聪明，智商很高，但身体条件较弱。另外，华裔男孩比起美国男孩思想更单纯，缺少历练。”

还有一部分华裔女性因为厌倦了自身家庭的教育模式而跨族择偶，以免嫁入华人家庭再受到家长制的管束。她们的决定往往受到自己成长经历的影响，将自己的父母（一位独断专制的父亲或者一位控制欲很强的母亲）的家庭模式作为在未来婚姻中尽量避免的反例。提及自己的家庭，Kortney这样评价自己父母：“控制欲很强，在很多方面，尤其是对我的职业选择有很高的期待。这使我很矛盾、苦恼，因为他们希望我做的不是我真正喜欢的事情。我多希望他们能像美国父母一样，给孩子多一些空间和鼓励……将来我有了孩子，一定会尊重他们的兴趣爱好，不以收入的高低或成功与否来强制规划他们的未来。”显而易见，Kortney对自身家庭教育的反感和抗拒不仅影响了她的择偶取向，还使她形成了比较西化的儿童教育观（她对自身家庭的反感和抗拒已在其未来的设计中不言而喻）。Amie在认识现任丈夫Mike以前，几乎所有的约会对象都是华裔男性。她曾经一度以为自己将来要嫁给一个华裔美国人，但有一天她突然醒悟自己实际上潜意识中对东方男性不甚欣赏：“（我突然意识到）如果我嫁给一个华裔美国人，我的婆婆很有可能是一个控制欲很强的人。我知道，是因为我妈妈就是一个控制欲很强的人。这是我们的家庭文化。”

Amie反复说，她在认识公婆之后跟他们相处比跟自己的父母相处更好，她说公婆那种父母才是她想要的父母。Sue虽然不是因为反抗本身家庭文化才嫁给丈夫Rodney，但是她说婚前遇到他的父母以后也非常认同他们的教育方式。相比起来，她觉得自己的父亲太专制，太沉默寡言，太不擅长与家人沟通和进行感情交流。笔者在单独采访 Rodney 时候侧面了解到，Sue 父母的家庭文化对她的性格形成至关重要，而且对夫妻俩的家庭生活造成了一些不良的影响。

综上所述，即使本族裔具有足够的适婚年龄人口，性别特征和角色也可能成为族内婚姻的障碍，促使华裔（主要是女性）成员跨族通婚。大量研究表明，多年来，华裔女性比男性更倾向于异族通婚。而相对于其他族裔，包括华裔在内的亚裔女性更倾向于与白人男性通婚。其中最主要的原因是美国主流媒体的宣传。报刊、杂志乃至电视将亚裔男性刻画成毫无魅力的人，不断强化大众眼中关于后者的刻板形象，使主流社会的白人以及许多华裔女性望而却步。当然，华裔女性选择白人男性通婚并非完全受到主流媒体的左右，还因为不满华裔男性对女性的狭隘态度。华裔男性，尤其是父亲和长子，在家庭中具有绝对的权威和最重要的地位，在这种男权制的家庭，华裔女性往往只能处于从属地位。（黄，1988：31）所以，跨族择偶可以帮助女性摆脱华裔传统文化中类似的性别角色安排。与强势父亲相比，有些华人家庭中的男性（尤其是父亲）则走向了另一个极端。他们在生活中显得过于软弱和被动，不能处理好与白人的社会关系及两性关系。这同样引起华裔女性的不满，使她们对男性同胞产生抵触情绪，放弃在同族中择偶。当然，还有一部分华裔女性因为厌倦了自身家庭的教育方式而跨族择偶，以免嫁入华人家庭再受到家长制的约束。[1] 她们的决定往往是受到自己成长经历的影响，将自己父母的家庭作为在未来婚姻中不可效法的模式。

在本节中，Amie 和 Donna 的观察与 Sue 等人的经历不尽相同。她们家庭里的华裔男性表现出两种截然相反的性格特征。究其根源，主要原因有二：第一，两者成长的年代不同。Sue 的父母代表的是五六十年代的第一代华裔移民。他们没有受过良好的教育，思想比较保守，受中国传统的父权和家长制文化的影响很深。此外，这些父亲往往是家庭的主要经济来源，所以享有较高的家庭地位，在家庭事务中具有绝对的决策权。而在当今美国社会，大多华裔家庭都是双薪家庭。由于母亲的教育水平、工资收入并不一定亚于父亲，在家庭中的地位相对于六七十年代已经大大改善。同时，母亲对子女教育和抚养方面付出的精力和时间并没有减少，因此在家庭中获得了更多的话语权，与父亲的

[1] 如果嫁到华裔家庭，华裔女性除要忍受男权制的压迫，还要受到年长的母亲（即婆婆）的管束。而在妻子面前强势的丈夫面对他们的母亲却可能表现得唯唯诺诺，不能积极协调家庭中女性们的关系。

地位更趋于平等。(Nemoto，2009：24；Espiritu，2008：98；黄，1988：30）第二，与美国文化一样，华裔美国人的家庭文化和构成也具有多元性和多层次的特征。所以，即使在同一时代出现以上所述不同情况也实属正常。然而无论父亲的角色如何，大家普遍认同的一个事实是，在华裔家庭中，家长对子女的约束和管制过于严厉，而与子女缺乏沟通，致使从小接触美国文化的子女对自身家庭文化产生不满，与父母之间出现“认同冲突”。(莫里森·G. 黄，1988：31）这在很大程度上影响了他们对未来家庭的设计和规划。

无论结论如何，在关于华裔异族婚姻的讨论中，美国白人文化始终处于主导地位。无论是媒体的宣传，还是女性访谈者主观的观察和感受，无一不是以美国主流社会的标准作为参照物。主流媒体具有偏向性的宣传是造成华裔男、女性间互相抵触的始作俑者，其中负面影响最大的是那些将男性性别特征弱化或模糊化的宣传（desexualization)。它们使前者在异性眼里毫无魅力，自然很难被作为恋爱对象来考虑。艾斯比利图（Espiritu）与滨本（Hamamoto）认为，华裔女性与白人男性的异族婚姻模式是白人种族主义的真实写照。后者俨然将白人男性塑造成令人向往的性伴侣，对亚裔男性与白人女性的跨族交往嗤之以鼻。代表主流文化的媒体自然也不例外，它们对亚裔男性的描述总是充满了辛辣的讽刺，而关于亚裔女性的描述则“友善”得多，更有甚者将亚裔女性塑造成“完美女性”的典范。(Espiritu，2008；Hamamoto，1992）这也是促成性别差异成为异族婚姻中的重要因素的力量之一。(关于这一点，笔者将在第二章的第二节做更详细的阐述和比较。）然而，不管是辛辣还是友善，居高不下的亚裔女性跨族通婚率都是社会现实的写照。

第三节　教育程度与异族婚姻

华裔的异族通婚率还与其所受教育程度关系紧密。教育层次的提高增加了华裔接触主流社会成员的机会，并与其更平等地交往和相处，从而成为后者潜在的择偶对象。相关研究发现，异族通婚的华裔比缔结族内婚姻的同胞的教育程度高。根据表 1.4 的数据显示，20 世纪 80 年代，通婚的华裔具有高中或高中以上学历的人的数量较后者更多（但是在具有硕士以上教育水平的调查对象中，族内婚姻略多于异族婚姻）。(Wong，1989）不仅如此，90 年代的研究还显示（见表 1.5.1）教育层次越高，华裔跨种族（相对于跨民族）通婚的倾向越明显。（Qian，2001）换言之，在诠释华裔异族婚姻这一现象的时候，教育程度是一个不可忽略的要素。

表 1.4 1980 年美国的不同教育层次的华裔婚姻以及华裔与白人的通婚率比较（Wong，1989：99）

	华裔族内婚姻（N＝7028）	华裔与白人的婚姻（N＝8461）
无教育背景	5.1	0.5
小学毕业	8.9	3.3
高中未毕业	13.4	8.8
高中毕业	16.5	21.8
大学未毕业	11.6	20.6
学士学历	13.7	18.4
硕士学历	30.7	26.7

表 1.5.1 1990 年六大亚裔族群（20～34 岁）跨种族和跨民族通婚状况❶（Qian，2001：567）

移民	高中及高中以下		一些大学教育背景		大学及大学以上		总额	
	与白人通婚（%）	与其他亚裔通婚（%）	与白人通婚（%）	与其他亚裔通婚（%）	与白人通婚（%）	与其他亚裔通婚（%）	与白人通婚（%）	与其他亚裔通婚（%）
华裔美国人								
男性	3.9（285）	4.2（285）	9.1（254）	8.7（254）	8.6（641）	5.5（641）	7.5（1180）	5.9（1180）
女性	5.0（318）	2.8（318）	18.3（338）	4.4（338）	18.5（638）	2.5（638）	15.2（1294）	3.1（1294）
日裔美国人								
男性	48.4（31）	6.5（31）	63.3（60）	5.0（60）	48.1（77）	7.8（77）	53.6（168）	6.6（168）
女性	67.3（52）	1.9（52）	67.7（99）	10.1（99）	67.4（92）	5.4（92）	67.5（243）	6.6（243）

❶ 表 1.5.1 中的数据是基于对全美 444，645 对异族夫妻的调查得出的结论。此研究表明，亚裔接受教育程度越高，跨族通婚率就越高，即亚裔异族通婚率与其教育层次成正比。（Qian，2001：566）

续表

移民	高中及高中以下		一些大学教育背景		大学及大学以上		总额	
	与白人通婚（%）	与其他亚裔通婚（%）	与白人通婚（%）	与其他亚裔通婚（%）	与白人通婚（%）	与其他亚裔通婚（%）	与白人通婚（%）	与其他亚裔通婚（%）
韩裔美国人								
男性	10.5（114）	0.9（114）	19.9（191）	1.1（191）	7.4（258）	0.8（258）	12.3（563）	0.9（563）
女性	59.2（360）	3.1（360）	39.3（275）	5.5（275）	22.6（274）	5.1（274）	42.1（909）	4.4（909）
菲裔美国人								
男性	18.3（230）	1.7（230）	16.6（350）	1.7（350）	16.5（266）	3.4（266）	17.0（846）	2.3（846）
女性	51.6（306）	2.9（306）	38.3（504）	2.8（504）	32.5（437）	5.3（437）	39.5（1247）	3.7（1247）
南亚裔美国人								
男性	6.4（677）	1.6（677）	7.0（443）	5.0（443）	9.4（278）	3.6（278）	7.2（1398）	5.1（1398）
女性	8.2（896）	1.6（896）	17.2（377）	3.7（377）	17.0（188）	6.4（188）	11.6（1461）	2.7（1461）
印度裔美国人								
男性	7.5（133）	0.8（133）	24.8（129）	5.4（129）	23.5（409）	1.5（409）	20.6（671）	2.1（671）
女性	5.7（175）	1.7（175）	22.3（148）	0.7（148）	15.5（277）	0.0（277）	14.3（600）	0.7（600）

卡尔明对以上观点进行了补充说明，指出教育程度的高低应同时作用于双方的社会成员，即高层次的教育不仅赋予亚裔更多平等接触主流社会成员（白人）的机会，同时也帮助后者摆脱家庭和生活环境（尤其是狭隘的带有种族色彩的家庭和环境）的影响，形成更独立的、普世性的（universalistic）价值观和婚姻观。（Kalmijn，1998：413）

表 1.5.2　1990 年六大亚裔族群（20～34 岁）跨种族和跨民族通婚状况❶（Qian，2001：568）

移民	高中及高中以下		一些大学教育背景		大学及大学以上		总额	
	与白人通婚（%）	与其他亚裔通婚（%）	与白人通婚（%）	与其他亚裔通婚（%）	与白人通婚（%）	与其他亚裔通婚（%）	与白人通婚（%）	与其他亚裔通婚（%）
华裔美国人								
男性	36.4（22）	27.8（22）	37.9（103）	23.3（103）	32.0（275）	15.6（275）	33.8（400）	18.3（400）
女性	47.4（38）	15.8（38）	38.8（103）	26.2（103）	46.8（267）	13.5（267）	44.9（408）	16.9（408）
日裔美国人								
男性	52.4（103）	14.6（103）	42.9（231）	15.2（231）	39.3（298）	19.8（298）	42.7（632）	17.3（632）
女性	68.9（106）	7.6（106）	47.5（274）	13.5（274）	48.7（335）	14.0（335）	51.2（715）	12.9（715）
韩裔美国人								
男性	50.0（6）	33.3（6）	72.7（11）	27.3（11）	37.5（16）	43.8（16）	51.5（33）	36.4（33）
女性	72.7（11）	9.1（11）	76.9（13）	7.7（13）	70.4（27）	18.5（27）	72.6（51）	13.7（51）
菲裔美国人								
男性	53.9（89）	6.7（89）	52.8（127）	7.1（127）	59.5（84）	8.3（84）	55.0（300）	7.3（300）
女性	64.5（93）	5.4（9.3）	59.2（130）	10.8（130）	71.3（94）	6.4（94）	64.4（317）	7.9（317）
南亚裔美国人								
男性	57.1（7）	0.0（7）	66.7（3）	0.0（3）	40.0（5）	20.0（5）	53.3（15）	6.7（15）
女性	11.1（9）	0.0（9）	75.0（4）	0.0（4）	75.0（4）	0.0（4）	41.2（17）	0.0（17）
印度裔美国人								
男性	33.3（12）	0.0（12）	80.0（15）	0.0（5）	76.5（17）	5.9（17）	61.8（34）	29（34）
女性	22.2（9）	0.0（9）	44.4（9）	0.0（9）	57.1（21）	0.0（2.1）	46.1（39）	0.0（30）

❶ 表中括号里的数字为该组移民跨族通婚的总数。

本书第一节提到过的白人配偶 Jill、Smith 和 Rose 就是很典型的例子。Jill 说，他小时候生活的小镇种族歧视很严重，而且民间流传着许多带有种族色彩的笑话。他自己的家庭也不例外。他记得有一次，父亲的中国同事到他家里来串门。他的姐姐（当时七八岁）故意对着他发出奇怪的声音，嘲笑中国人说英语时的滑稽口音。Jill 的母亲也对中国人有偏见。当她得知 Jill 在与一个中国女孩约会时甚感意外，问 Jill 的朋友们“为什么 Jill 会喜欢没有‘幽默感’的亚洲人”。但毕业于伯克利的 Jill 对亚裔的态度显然没有受到其他人的影响，他认为：“只有对别人的文化一无所知的人才会编出那些浅薄的笑话；只有那些从没有接触过异族文化的人才会相信那些刻板印象。”正如 Jill 所预测的，Jill 父母的态度在他们真正接触到 Alice 的家庭后有了很大的改变。他们发现，Alice 的父亲其实是个非常有幽默感的中国人。他经常开玩笑，逗得两家人都哈哈大笑。现在两家的老人都相处得很好。

比起 Jill，Rose 当年遭遇到的家庭压力要大得多。当得知她与一个华裔在约会时，她母亲表示强烈的反对。这致使 Rose 和 Paco 约会了七年都不敢向父母提结婚之事。直到她母亲去世后矛盾才得以缓和。但在结婚前，Rose 的父亲还是表达了他的忧虑，他担心将来的孙子孙女们会受到别人的歧视。Rose 本人曾就读于加州大学洛杉矶分校，在校期间她的室友是一个华裔女孩，通过她 Rose 结识了现在的丈夫。谈到当初自己的择偶标准，她相当坦然：“我觉得喜欢和不喜欢一个人与他的种族没有太多的关系，主要看这个人怎么样、跟你合适不合适。我当时就想找一个可靠、稳定、值得信任的人，并不在乎他是什么族裔的。”不仅如此，婚后的 Rose 对中国文化变得非常感兴趣。她甚至学会了做各种中国菜，厨艺比她的华裔女朋友还好。

与前面两位不一样，Smith 的压力不是来自于家庭，而是他儿时在芝加哥的好朋友。后者认为中国人从生理上就劣于白人。白人如果与中国人结婚，那么他们的后代的基因会因此而弱化。在大学主攻工程专业的 Smith 完全不相信朋友的理论，认为这根本没有科学依据。与之相反，“基因中的差异只会强化一个人的基因，从而克服基因变异”。Smith 大学毕业后在中国工作了好几年，一直非常勤奋地学中文并结交了许多中国朋友。

Jacob 的妻子 Jean（华裔）是在读博士研究生。两个人平时最大的爱好就是在家里博览群书，然后谈古论今，针砭时弊。对那些以种族取人的人，Jacob并不甚赞同。

"我希望生活在美国的人都把自己看作美国人。我们不应该把人按种族、语言或其他的等级制度划分为三六九等。

……

这个国家的文化没有同化一回事，越想同化的人就越会显得格格不入，因为他们参考的只是电视和电影宣传的那些肤浅流行文化而已。"

虽然作为一个外国移民，Jean 有过身份认知方面的困惑，但是现在她已经变得越来越自信：

"当我刚来美国的时候，我觉得自己很难融入这个文化，因为我讲英语带有口音，还听不懂英语笑话。我一直为这些'缺陷'感到很自卑。但呆在这里的时间长一些以后，我开始把这些所谓的'缺陷'看成我的优点。虽然我说英语还是有口音、还是说不出加州女孩的那种腔调，但是我就是我。种族歧视和偏见只是一种低层次的东西，你没有必要去在乎它，也没有必要因为你与他人不同而感到低人一等。"

Jean 的叙述告诉我们，她已经渐渐适应美国的文化，不再像初来乍到的外国人那样感到拘谨。如今的她能够以一个平等成员的身份，在一个平等的层面观察和分析种族间的关系。她的自信一部分来自于她在学术和研究领域的成功，[1] 还有一部分要归功于她的白人丈夫，因为她刚到美国不久就结识了同班学习的 Jacob。他教给她许多东西，如同她的美国文化启蒙老师。因此这个属于"主流社会"[2] 的白人丈夫的陪伴对于她的成长和改变至关重要。

根据图 1.2 显示，1980 年，学历相差三个层次的异族（亚裔与白人）夫妻数量远远少于学历仅相差一个层次的夫妻的数量。1990 年，具有同等高学历的异族夫妻，即"教育水平匹配相近者联姻"（educational homogamy）（Kalmijn，1998：400）的数量仍然呈上升趋势。根据社会层次论者（stratification theorists）的阐述，社会越进步，社会成员在寻求伴侣时越重视对方后天

---

[1] 笔者从侧面了解到她在目前的高校就读期间成绩优异，获得所有教授一致好评。

[2] 笔者此处使用双引号是因为在采访中 Jacob 反复强调这个概念的可笑。

获得的素质（包括教育和职业方面），而先天的个体特性（比如宗教信仰、种族和民族、国籍等）将成为次要的条件。以此推论，随着社会的进步以及人们受教育程度的提高，教育水平匹配相近者的跨族通婚率将继续增长，而通婚者的种族或民族身份将逐渐被淡化。（Liang 1999：878）换言之，教育背景和学历是影响华裔和白人异族婚姻的一个关键的变量。

本书接触的几对夫妻在很大程度上印证了上述理论。Cathy（白人）在大学里与 Daemon（华裔）互相吸引的主要的原因之一就是两人都非常重视学习、有共同的教育目标。Cathy 从小就崇拜身为教授的父亲，而 Daemon 在研究领域的卓越成就远远超越了她的父亲，使 Cathy 为之倾倒。而 Paco 和 Rose 约会了多年才结婚的另一个原因就是双方都有共识，必须首先完成大学学业，获得一个稳定的工作才可以开始他们的生活。Kim 的要求也是一样，她的择偶标准包括对方的教育层次和职业水平相当。Judy 和 Paul 当初的择偶标准则更高，他俩都希望对方至少具有硕士或硕士以上文凭、有专业职业、经济能力良好。现实与他们的期望距离不远，因为俩人在这方面是非常匹配对等的。Judy 是心理学博士，而 Paul 是麻省理工学院学院计算机硕士。虽然丈夫的学位略低，但 Judy 在采访时特别指出，丈夫的学位比自己的含金量高得多。由此可见，她对配偶的学历匹配程度很骄傲，也很重视。其他接受访谈的夫妻虽然没有特别强调教育层次在择偶时的重要性，但事实证明，他们与自己的配偶（除三对夫妻以外）的学历和教育背景相当，都具有本科或本科以上学历。[1] 其中有五对夫妻中的一方是博士研究生或已经具备博士学位，而且他们都是华裔。笔者认为这一现象从一个侧面反映了华裔重视教育、追求高学历的文化传统。根据访谈材料，笔者在这里还需要补充说明的是，教育对于第一代华裔移民尤其重要，因为它不仅能够帮助他们提高社会地位，而且还是其中一部分人移民美国的唯一的手段。本书的访谈人中有六位（Jean、Milan、Sean、Shuhua、Daemon、和 Lacey）华裔配偶都属于第一代移民。他们当初都是作为国际学生来到美国，且都是在求学期间结识了现在的配偶。

综上所述，教育在异族婚姻中发挥的重要作用是毋庸置疑的。它一方面为华裔创造了跨族通婚的机会，另一方面改变了主流社会成员（白人）的择偶取向。华裔的异族通婚率随其教育程度的变化而变化。教育层次越高，华裔接触主流社会成员的机会越多，双方越可能以平等身份相处，缔结异族婚姻的可

---

[1] 参见附录2。

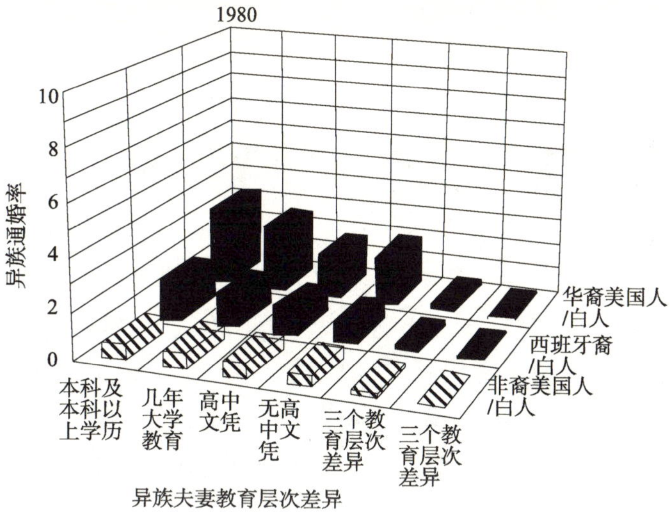

图 1.2　1980 年和 1990 年教育程度相差一个层次的华裔与白人的异族通婚率（Qian，1997：272）

能性越大。所以，异族通婚的华裔一般比缔结族内婚姻的同胞的受教育程度高。高层次的教育不仅赋予亚裔更多平等接触主流社会成员的机会，同时也使后者能够摆脱家庭和生活环境（尤其是狭隘的带有种族色彩的家庭和环境）的影响，形成独立的、普世性的价值观和婚姻观。这些白人青年的种族或民族概念比较淡漠，在择偶的时候他们更看重对方的教育背景和学历等客观因素。主要原因是，匹配相当的教育背景或学历更容易使白人青年与华裔产生共鸣、拥有共同语言。这不仅有助于他们建立和发展异族两性关系，还将进一步弱化双方的族裔文化或身份的差异。因此，近年来，跨族通婚的华裔中，教育水平匹配相近者的跨族通婚率呈上升趋势。需要强调的是，较之第二代移民，教育对跨族通婚的第一代华裔移民的意义更为重大。因为它不仅是他们改善社会地位的重要途径，还是他们中大多数人获得移民身份的唯一手段。由此观之，高等学府的“婚介”功能不止于本章第一节所讨论的内容。准确地说，高等学府既为异族青年跨族交往提供了良好的环境，又帮助少数族裔，尤其是重视教育的华裔实现文化同化，缩短与主流社会间的社会距离，为他们发展异族两性关系奠定经济和物质基础。

第二章　文化因素

诚如上文所述，人口、教育和性别等社会结构因素是异族婚姻产生的客观条件，为异族婚姻奠定了物质和经济基础。然而，华裔男女发展异族两性关系，仅具备客观条件是远远不够的，还必须发挥主观能动性，才可以与对方进行良性互动。本书导论部分曾提及，促成华裔异族通婚的主观条件方面，文化因素是一个主导的力量。其中，文化同化为异族男女的交往奠定了精神基础，创造了必要的文化条件。然而文化同化不是单方面努力的结果，而是一个双向选择和适应的过程。这一过程不会抹煞族裔文化的个性差异。这些差异不仅存在，还增加了两性间的魅力。此外，中美文化本身并非完全相异的，两者之间存在许多相通相似之处，这也使两性在相处中拥有许多共同语言，容易与对方产生共鸣。

第一节　文化同化缩短距离

阿尔巴（Alba）和倪（Nee）的新同化理论对经典同化理论有批判，也有继承。谈到文化同化的概念，前者并不否认后者的核心内容，即少数族裔在接受文化同化以后，文化行为与习惯会更接近主流社会成员，因而逐渐缩短与后者间的社会距离，为异族婚姻的产生创造可能。谈到文化同化的途径时，利伯森和华特斯作了言简意赅的阐述：“教育之所以能够增加异族婚姻的可能性，是因为它削弱了种族内部的依附关系，为某个族裔创造与其他族裔适婚成员交往的机会。”（Lieberson and Waters，1990：211）有的学者还提出，除接受更多教育，少数族裔成员在客居国家（host country）居住时间的长短也与其同化程度成正比。（Liang and Ito，1999）换言之，少数族裔的居住时间越长，其文化同化程度越高。以此推理，出生于美国的华裔（即第二代移民）比在国外出生的华裔（即第一代移民）异族通婚率高。根据北野（Kitano）提供的20

世纪70年代洛杉矶县的人口统计数据分析（见表2.1），第一代华裔美国人的异族通婚率是第二代移民的三分之一，是第三代移民的四分之一。（Kitano，1984）至90年代，加州第二代移民的异族通婚率更是有增无减。（Tuan，1999：34）

表2.1　1979年洛杉矶县华裔、日裔和韩裔美国人跨族通婚率代际比较❶（Kitano，1984：181）

移民群体	第一代			第二代			第三代		
	总数	族内（%）	族外（%）	总数	族内（%）	族外（%）	总数	族内（%）	族外（%）
华裔									
男性	429	84.8	15.2	78	44.9	55.1	35	62.9	37.1
女性	456	81.6	18.4	81	44.4	55.6	50	26	74
日裔									
男性	157	73.9	26.1	55	56.4	43.6	308	50	50
女性	196	62.2	37.8	37	70.3	29.7	312	49	51
韩裔									
男性	250	95.2	4.8	5	60	40	5		100
女性	308	77.9	22.1	1		100	10	50	

接受更多教育和客居时间长无疑是完成文化同化的必要途径。至于文化同化的表现形式，它们可以是多种多样、不拘一格的。本节将结合访谈数据，从语言掌握程度、价值观、思维方式、情感表达方式、生活休闲方式以及穿着打扮等不同侧面，分析文化同化对少数族裔产生的影响，并论证文化同化进程是双向选择和努力的结果：一方面，少数族裔愿意接受主流文化的价值体系，作出改变，从而缩短自己与主流社会的距离；另一方面，主流社会成员愿意摒弃狭隘种族主义观，主动拥抱少数族裔文化，接纳新鲜血液的注入。

接受访谈的夫妻中，有一半的配偶是第二代华裔美国人。他们的白人丈夫（或妻子）普遍反映当初之所以与另一半能够开始交往，是因为对方已经“很美国化了”，双方的交流和沟通没有多少障碍。提到妻子Jammie，Jon说：

“她很西化，因为她的父母就很西化，她们的家教是这个样子。

❶ 表2.1中的“族内”指少数族裔族内婚姻，“族外”指少数族裔跨族通婚。

在她（Jammie）小的时候，这里还没有太多的中国人。她很长时间都不知道自己是中国人，因为她的父母从来就没有给她灌输过中国文化的东西。我的家庭也是类似的，我们是爱尔兰人，但是我父母从不强调这一点。所以我们都是‘香草人’（vanilla），意思是我们都是一种口味的冰激凌，都是美国人……跟朋友们在一起的时候，我们就是我们，我们从来不觉得有必要突出我们的种族。”

当被问及Jammie具体哪些方面美国化的时候，Jon首先提到了妻子的英语很纯正，“如果她的英语带有口音，或者举止更像亚洲人，那么人们就容易把她看成中国人。”为了创造良好的语言环境，Jammie的父母在她小时候从来不说中文，也不交中国朋友，英文至始至终都是她的第一语言。如果不是9岁那年有人嘲笑她是“中国佬”（Chink），她甚至没有意识到自己是一个中国人。

结婚一年多现在上海工作的Smith（白人）虽然不否认与妻子（Kortney）之间存在一些文化差异，但他认为，总的来说，俩人间还是相似性多于差异性，所以与妻子的沟通没有问题，而且俩人现在越来越有默契。Kortney也有同感，说到自己的文化归属感，她说：

“虽然我是华人，但是我感觉自己的个性更倾向于美国人这一边。因为，每当我面临文化冲突的时候，我更喜欢用‘美国式’的思维模式来考虑问题。比如，当我的父母想安排我的未来的时候，我会觉得很反感。我要是父母，我会鼓励我的儿女做他们喜欢做的事情，而不去在乎他们是否会失败或者能不能挣很多的钱。

我特别不喜欢中国人斤斤计较的传统，帮了别人就一定要盼着回报。我更赞同美国人那种慷慨给予、不求回报的文化。还有我从小就受不了大人们在饭桌上、付账单时表现出来的繁琐的礼节或虚假客气。我喜欢像美国人那样直来直去。如果像中国人那样绕来绕去，我就必须要去猜，这常常使我感到疲惫、困惑。”

在采访中，几位嫁给华裔的白人女性（Bailey、Cathy与Rose）更是反复强调被丈夫吸引的重要原因之一是他们跟一般的中国男人不一样。Bailey本来对“个子不高，带着眼镜的中国男人”没有什么兴趣，但当她认识Sean以后则一见倾心，她并不认为她的初衷改变了，而是丈夫Sean跟美国人并无二致，根本不像“典型的华人男子”。[1]

> “他的英文说得很好，一点没有口音……他个子很高、皮肤黝黑，思维方式和行为举止都很美国化……他是个乐天派，擅长表达自己的情感，很有爱心，还喜欢给人拥抱……（所以）我从来没有觉得我的婚姻是异族婚姻。我们之间从来就没有什么隔阂，所以我浑然不觉我们属于不同的种族。”

Sean 的父母来自于中国台湾。在他小时候，居住区周围除广东人没有台湾来的移民，由于他不懂粤语，所以平时只能跟说英文的小伙伴在一起玩耍。他们常常在一起学习、参加各种户外运动，所以，他的皮肤晒得黝黑，行为举止、表达方式更接近这些与他长期相处的小伙伴。Sean 承认，自己跟白人同伴相处比跟亚裔同龄人相处更自然、更融洽。上大学的时候 Sean 还刻意选择了一所亚裔不多的私立大学。他非常不赞同亚裔对于学习成绩近乎偏执的追求，认为教育应该发展和发挥每个人的特长和兴趣。他很庆幸自己生在美国而不是台湾，因而拥有更多的自由选择自己要走的路。当评价自己的种族身份时，Sean 很自豪地说：“人们都把我看成美国人。除了我的外貌以外，我并不觉得我跟其他的美国人有什么区别。我的族裔身份不是特别重要的事情。”Sean 在言语之间流露出来的自信和自豪从一个侧面表现出他对美国文化强烈的认同感，从而进一步强化了他作为美国人而不是华裔美国人的身份。

Rose 在评价丈夫 Paco 的文化同化程度时也首先提到了他的家庭教育：“他（Paco）的父母非常希望他能够融入到美国文化中，他们自己也身体力行。我刚刚认识 Paco 的时候，很吃惊地发现我们的背景、价值观、家庭观都极其相似。他身上几乎没有什么能让我想到他是典型（uniquely）的中国人。”之后，Rose 给笔者讲述了多年前他们在中部某个城市居住时的经历，“我们在那里住了十七年，周围没有第二家中国人。Paco 是我们去的教堂里唯一的中国人。但是没有人注意到这一点，连我自己也从来没有意识到（他是唯一的中国人），因为他跟人们打成一片，一下子就融入到当地文化中了。”

如果说 Sean 当初接触美国文化多少有些出于无奈，Paco 和他的父母却是

---

[1] 根据 Bailey 的描述，“典型的华人男子”长得“个子不高”，都“带着眼镜”，显然是缺乏魅力的。这说明 Bailey 等来自主流社会的白人至今仍然受到刻板印象的影响，无法摆脱对华裔男子程式化的认识和偏见。

有意识地避开本族群体，以便更快地融入到美国文化中。首先他们选择的居所和学校都没有什么中国人，所以 Paco 从小就跟白人的孩子一起长大。此外，他们从来不庆祝中国的传统节日。虽然 Paco 后来在华人众多的加州大学洛杉矶分校就读，他也尽量避开任何华裔团体。评价妻子提到的在中部的经历，他想到的第一个原因是“我不会说中文，而且我的英语说得很地道……人们可能会想‘这个人长得跟我们不一样，但是他说话跟我们一样。这很有意思，应该多了解他一些。’（我能够融入）也许很重要的原因是语言能力吧”。

从以上几位白人妻子的叙述中，笔者注意到，这几位华裔男性之所以能够受到异族伴侣的认同是因为他们有一个共同点，即文化同化程度相当高，以致于其族裔身份变得并不引人关注。以此观之，除笔者在第三节中讨论的原因外，亚裔男性异族通婚率低于亚裔女性还受到文化同化因素的影响。根据表 2.1 的数据显示，第一代华裔男性移民的通婚率在三代人中最低。最主要原因是，相对于第二和第三代移民，他们的英语语言能力较弱，制约了他们与当地居民的交流和沟通，并成为他们与异性交往的障碍。此外，由于他们缺乏对文化的了解，所以在女性，尤其是异族女性面前表现比较羞涩，不擅长表达自己的情感，无力与同龄白人男性竞争。但随着时间的推移，第二和第三代华裔男性文化同化程度逐渐提高，异族通婚的数量也逐年增加。

综上所述，熟练掌握英语是华裔移民参与文化同化的途径和先决条件，也是衡量他们文化同化程度最重要的标准之一。在 Jammie、Sean、Paco 的实例中，他们的配偶就以其英语没有口音作为他们文化同化程度高的标志。对于第二代华裔移民来说，语言教育始于幼儿时期，他们的父母往往是其语言教育的启蒙人。为了参与同化进程，这些父母除身体力行以外，还可能有意识地选择远离本族文化的社区和学校。当然，阿尔巴和倪提醒我们，这种选择也可能是无意识的行为，即在少数族裔社会经济地位得到改善之后，他们往往有能力选择对儿女教育有利的环境和社区[1]居住。（Alba and Nee，2005）这类社区通常位于市郊，是美国白人中产阶级聚居的区域。它不仅拥有良好的文化氛围，而且为居住在这里的华裔创造了许多接触主流社会的机会。除文化功能外，移民的英语语言技能还是“人力资本中的一个重要因素”（欧阳贞诚，2010：88）。

---

[1] 在美国，一个社区附近如果有一所教育质量较好的学校，那么这个社区及其附近的房价往往比较高。这样的住房类似于中国人所谓的“校区房”（a house in a good school district）。在美国的许多城市，这样的社区一般属于白人中上层阶级聚居的地方。当然，在西部，如旧金山和洛杉矶等地，亚裔选择优质校区房居住的现象也相当普遍。

它不仅直接影响到移民的经济收入，还会影响到他们的就业状况。不会说英语可能会是移民不得不从事低收入、低技能的职业的最主要的原因。“在当代以服务业为主的后工业社会的经济中，除那些最低报酬的职业之外，几乎所有职业都要求有一定的语言技能，不懂英语者通常会遭受着某些程度的‘收入惩罚’。”（欧阳贞诚，2010：88）有数据显示，那些缺乏英语技能的西裔男性移民，其收入比英语较熟练的同等西裔男性低23%。（US Citizenship and Immigration Services，2011：89－90）换言之，能够熟练掌握英语语言技能，移民才能够获得收入高的高技能职业，才能够获得平等的社会地位，在择偶时与其他社会成员拥有相当的竞争机会。

除英语语言掌握程度，移民的情感表达和行为举止、生活休闲方式以及穿着打扮等也会发生一定的变化，使其更接近主流文化的标准、从而更容易被主流文化所接纳。访谈人中，Shuhua 的经历就很有代表性。她是第一代美国移民，十四年前以留学生身份到美国攻读研究生。虽然在美国的时间比起以上案例中的访谈人要短得多，但因为她在国内是英文专业毕业，工作中与西方人接触比较多，到达美国后又比较主动参加当地的社交活动，所以她很快就适应了这里的生活。除了其丈夫 Daniel，她的中国家人也都说她从穿着到生活习惯、休闲娱乐生活都非常美国化了。Daniel 赞赏妻子“她的穿着打扮像美国女孩一样时髦”。

虽然 Jean 等人认为外观上的改变显得比较肤浅，[1] 但事实上，它可以在一定程度上帮助移民，使其免受“外国人”的“待遇”，或至少，不会使他们在公共场合招致人们异样的目光。当然，如果移民能够接受当地的休闲娱乐方式，他们的社交圈子就会随之扩大，接触主流社会的机会更多，被后者接受的可能性就更大。仍然以 Shuhua 为例。居住在南加州的她像当地大多数居民一样，喜欢从事户外运动，尤其是冲浪等水上运动，所以很轻松地在当地结交了许多朋友。她的白人丈夫非常认同她的生活方式，特别指出这是反映她文化同化程度的重要指数之一。

同化程度高的移民情感表达方式、行为举止也会更加美国化，比如，他们会通过拥抱等肢体语言向他人表达关心和友谊或使用“我爱你”等比较直接的方式来表达爱慕和亲情。在公众场合，他们表现得比较自信，愿意主动参与集体活动或与群体交谈，更容易融入不同的圈子中，被周围人所接受。在这方

[1] 详见第一章第三节访谈 Jean 的记录。

面，Daniel 对妻子的表现再次表示了肯定：

“Shuhua 是个中国人，但是她的行为举止更像个‘老外’，而且她的性格很外向，一点都不害羞。虽然她并不热衷于聚会，但她很健谈，愿意跟人交流。她颠覆了我对亚洲人的印象。我觉得大多数亚洲人很保守、沉默、不会直接表达自己的想法，只会告诉你你想要听到的东西。Shuhua 不是这样，但是她的妹妹却跟她不一样，是个典型的中国人。”

在这方面，Paco 也是比较典型的例子。根据 Rose 的叙述，虽然当初 Paco 是他们教堂里唯一的华人，但由于他积极投入和参与教堂活动，可以与周围的人顺利交流，所以能够成功地融入当地文化，甚至使人们完全忘记了他的种族身份。

以上列举的，都是移民所经历的浅层次的变化。当他们开始接受主流文化的价值观并以后者的思维方式进行思考的时候，文化同化带给他们的将是更深层次的改变。较之第一代移民，这些变化在以 Kortney 和 Sean 为代表的第二代华裔美国人身上显得更为突出。当谈到华裔的传统礼节，Kortney 在语气中流露出她十分美国人的一面：

“我特别不喜欢中国人繁琐的礼节，比如劝酒、还礼、吃完饭争着付账等。它们总让我感到疲惫和烦躁。我最不能忍受的是中国人还礼的习俗，而更愿意像美国人那样，给予别人帮助但并不一定期待对方的回报。让我不舒服的，还有中国人过于委婉的表达风格。他们绕来绕去，话里有话，常常弄得我一头雾水、疲惫不堪。我习惯像美国人一样直截了当地表达自己的想法。”

Sean 说到华人的文化也显得颇为无奈，他很庆幸自己生在美国，而不是中国台湾地区（他祖籍台湾），否则不可能有今天的成就。[1]

“亚洲人都心比天高。所有人都想成为律师或医生，所有人都要

[1] Sean 从事跨国贸易，是一名成功的商人。家庭经济状况属于美国的中上层阶级。

读到博士（才肯罢休），所有的人都要走一样的路才能够获得成功。然而，成功的道路可以是多种多样的……

我不喜欢读书，不愿意像他们那样读成迂夫子。我喜欢玩、喜欢运动。我很庆幸自己是美国人，有更多的自由选择自己要走的路，而不需要随大流，跟其他人走一样的路，过一样的生活。”

显然，Kortney、Sean 这样的第二代华裔美国人在成长过程中需要不断平衡华裔家庭文化和美国文化之间的关系。当两者间发生矛盾或冲突的时候，他们的美国式价值观和思维方式往往会占上风。例如，相对于华裔家庭的家长制，他们更向往民主和开明的“美国式”家庭氛围；面对繁琐的传统礼节，他们感到厌倦和不满，更喜欢“美国式”直接而简单地交流方式；当需要对未来的人生进行规划的时候，他们更希望能够主动选择适合自己的道路而不是像身边大多数同胞那样随波逐流。

接受更多的教育和世代居住的经验推动了少数族裔文化同化的进程，使其从多方面、以多种形式“跨越种族界限”（Alba and Nee，2005），从而接近直至进入主流文化。这同时也说明，主流文化不是一个自我封闭的体系，否则少数族裔从单方面是无法跨越种族界限的。换言之，文化同化进程离不开主流社会成员的助推力。只有他们主动拥抱异族文化，接纳它们的注入，这个进程才可以完成。也只有这样，美国文化才可能保持其开放性和多元性的本质特征。

正如同化过程不是一个单向的进程，中美异族婚姻也不是华裔单方面追求的结果，而是一个双向选择和适应的过程。在双方交往的过程中，除华裔一方外，白人也表现出接受华裔文化的愿望。他们能够尊重配偶的文化，甚至愿意为适应对方的文化习俗而作出改变。本书的白人访谈者中，63 岁的 Derrik 和 25 岁的 Smith 都能够说一口流利的中文。两人学习中文的初衷比较相似，都是出于职业选择的需要。Derrik 年轻的时候是摩门教的传教士。19 岁那年他被送到台湾传教，并在那里生活了两年半的时间。为了与当地人交流，他学会说普通话。后来他又去了香港，在那里学会了说广东话。当年 Derrik 在美国向 Milan 求婚的时候，她的父母远在台湾。为了尊重对方的文化习俗，他主动给她的父母写了一封中文求婚信，[1] 希望征得他们的同意。笔者有幸拜读了 Derrik 的这封信，虽然信上的字体歪歪扭扭，但是却言简意赅地表达了他求婚的

---

[1] 见附录 3。

诚意。

由于从小随思想开明的父母四处旅行，Smith 比家乡许多同龄人都宽容和开放。当意识到中国经济对未来全球经济的潜在影响力后，他决定到中国工作。从那以后，他就一直非常刻苦地学习中文。那种刻苦劲连妻子 Kortney 都觉自愧不如："Smith 从来没有上过中文课，都是靠自己自学。但是他很刻苦，天天在去上班的公交车上都要学习。他还和中国同事一起结对学习语言。"有趣的是，对中国的执著是 Smith 和 Kortney 最终走到一起的重要原因。Smith 说，如果不是 Kortney 也有计划到中国工作，他们则不可能开始交往。

Jacob 和 Paul 接触中国文化纯粹出于个人爱好。Jacob 喜欢读中国历史，喜欢中国的茶文化。笔者在访谈中发现，一旦提到这两样东西，Jacob 就会滔滔不绝，非常投入。他的妻子 Jean（华裔）本来是学数学的，因为丈夫的原因也对中国历史产生了浓厚的兴趣，最终以此为攻读博士学位的专业方向。Jacob 与 Jean 在美国的奶奶第一次见面的时候，他对茶的研究和热衷帮了很大的忙。"关于茶的话题很方便，它可以一下子帮你打开话题，然后展开对话。"Jacob 对茶的爱好也使 Jean 的父母感到倍受尊重，为他赢得了不少好感。

Paul 也有亚洲情节。他喜欢亚洲文化，认识 Judy 之前唯一的女朋友是日本人，他读的书里就有中国、日本以及亚洲其他国家的历史书。当初 Judy 在网上登征婚广告的时候，很多人都写信嘲笑她在广告上附加"只找中国人"的条件，只有 Paul 写信来很真诚地表示可以理解。这样他们才开始交往。婚后他对妻子的中国习俗依然十分尊重。譬如一开始，他不理解为什么 Judy 要给父母寄钱，当她告诉他中国父母有"养儿防老"的传统，他便很快地接受了。

Ben 和 Bright 的父母一向开明，对于异族文化都能够欣然接受。他们成长的环境也比较多元化，所以使他们对种族界限、种族差异等概念并不十分看重。按照他们的说法，自己是完全"色盲"的。[1] Bright 幼年时居住在加州大学伯克利分校。当 20 世纪 60 年代的文化政治运动在伯克利风起云涌的时候，他年纪尚小，却仍然真切地感受到了生活中发生的无数变化。譬如，由于

[1] 此处的原文应为"color - blind"，意指不带有种族偏见或成见的人。笔者直译访谈人的表述，是为了增加现场感和真实感。

“校车制”（busing plans）[1] 的实施，Bright 与许多其他白人孩子必须到贫民窟的公立学校学习。整天跟黑人的孩子在一起的 Bright 并没有觉得自己有什么特别的。另外，他的母亲和姐姐都非常喜欢亚洲文化，她们的朋友圈里有很多日本人，所以 Bright 从小就对亚洲的文化并不陌生。

Ben 的父母曾经在非洲工作了好几年，对待异邦文化始终保持平等和平和的心态。回到美国以后，他们的家里接待过一批批的国际交换学生，他们家多年的好朋友是一个来自日本的英语老师。Ben 说他儿时最好的朋友也是一个亚裔孩子，多年前他们失去了联络，Ben 想尽一切办法，终于在访谈前几月与他联系上了。提及此事，他显得尤为兴奋。这从一个侧面说明，他对亚洲文化具有较强的认同感和亲切感。他的妻子 Lacey 也证实了这一点。

如果说文化同化缩短了华裔与主流社会之间的距离，使他们成为白人潜在的择偶对象。那么白人对华裔文化的认同和尊重则进一步拉近了双方的距离，成为促成异族婚姻的良性推动力。根据上文的表述，跨族通婚的白人之所以能够以开放的态度接纳华裔文化，主要原因有二：第一，如第二章第三节所提及，教育使一部分白人未婚者眼界更为开阔，使他们摒弃了世俗的偏见，对种族的概念日趋淡漠。[2] 第二，还有一部分白人对亚裔文化的兴趣由来已久，愿意接受亚裔作为恋爱对象。他们有的对学习中文兴致盎然，有的喜好阅读中国历史文化书籍，还有的积极结交亚裔朋友。根据笔者的观察，这些白人通婚者多数拥有开明的家庭教育，或者从小成长的环境比较多元化，当然其中也有一些人是出于职业需要，或者纯粹出于个人爱好而接触到中国文化或语言。

第二节　文化差异彰显魅力

新同化理论不同于经典同化理论之处在于，它摈弃了原同化论者关于“大融炉”的说法，肯定少数族裔在参与同化的过程中仍然保持了自身族裔的文化特性。（Gonzalez，1992）如果把不同族裔的文化比作不同的数集，文化同化的作用则使两个集合不断接近直至产生交集。随着同化进程的深入，交集

[1] “校车制”（busing plans）是60年代美国民权运动的产物，当时，为了消除公立学校中的种族隔离，联邦政府使用校车将不同种族的儿童接送到公立学校就读，以保证他们能在种族混合的学校中接受平等教育。20世纪七八十年代，美国许多公立中学都实施了这一制度。

[2] 详见第一章第三节。

的面积可以无限增大，但却不会导致双方的完全重合，即一方文化特征的完全消失。以此类推，在异族男女交往过程中，如果少数族裔具有较高的文化同化程度，他们比较容易被主流社会成员接纳。但即便如此，他们所拥有的一部分族裔文化特性是不可能完全消失的，如外貌、母语语言技能、某些价值观或思维方式，等等。本书要强调的是，这些差异不但不会在异族男女的交往中形成障碍，反而可以使双方独具魅力，互相吸引。

本书所有的访谈对象都提及，他们与所有适婚年龄的男女一样，将外貌条件（而不是族裔身份）作为交往的首要条件之一。由于他们对本族裔成员产生了审美疲劳，同时又受到一定社会舆论[1]的影响，对来自不同族裔的青年充满了好奇。异族青年的发肤颜色、五官长相、身材高度的差异都使其充满了异域色彩和神秘感，促使男女青年产生了与对方接触的渴望。大多数华裔女性访谈人承认自己比较喜欢白人男性的体格和外貌，认为他们不仅五官轮廓分明、个子挺拔，而且由于长期从事运动具有更强壮的体格和坚毅的个性。Pamela初遇 Oliver 就与他一见钟情："他长得很帅，而且声音也很甜，我第一次看到他的时候，就特别喜欢他。每次见到他，我的心跳立即加速。"相对而言，华裔男性的外貌在这些女性的眼里似乎就乏善可陈了。比如 Shuhua 说自己在大学里没有跟亚裔男性约会过，因为他们几乎没有一个人的长相特别吸引她。Jammie 说很多中国男性都带眼镜，书呆子气很重，穿着打扮也不甚讲究，而且没有个性特点，"他们（华裔男性）很久不剪头发，所以头发显得有些凌乱；每个人似乎都喜欢把裤子穿在衬衫或 T 恤的外面，然后把裤带拉得高高的。"

然而对于白人女性来说，华裔男性的相貌却有许多可取之处，比如 Rose 倾心于亚裔男性，就是喜欢他们的肤色。她发现亚裔的皮肤晒过阳光以后很容易变黑，看起来很健康。Bailey 也一直非常羡慕丈夫的肤色，很遗憾自己怎么晒都不能像他那么黑。[2]

异族通婚的白人男性反映，亚裔女性的外貌特征与众不同，较之白人女性的显得更为"精致"和"性感"。他们有的喜欢亚洲女性眼睛的形状（亚洲女性多是杏仁形眼睛，而白人大多数是圆圆的眼睛），有的倾心于亚裔眼睛和头

---

[1] 此处的"社会舆论"主要指主流媒体关于白人男性和亚裔女性的正面宣传和描述。

[2] 虽然 Rose 和 Bailey 曾经多次对其华裔丈夫给予正面评价，但这并不能否认她们对中国男性仍然持有一定的偏见的事实。（详见第一章第二节关于媒体负面宣传的内容以及第二章第一节关于文化同化的内容。）

发的颜色（分别是褐色和黑色），还有的特别强调亚洲女性的皮肤光滑细腻，不易衰老，还拥有小巧玲珑、苗条的身材，不易发胖。

当然，中美审美观的差异在异族男女交往中发挥的作用因人而异，表现形式多种多样。除相貌以外，中美两性之间的性格特征差异也是双方的魅力所在。与华裔女性通婚的白人男性大多是比较惧怕本族女性过于强势的个性。Pamela 说丈夫 Oliver 喜欢中国女人“秀气、灵巧、安静”的个性，以及她们对待丈夫“顺服、体贴”的态度。

Smith、Kenny 和 Ben 都是在经历了恋爱或婚姻失败后彻底改变了他们对同族女性的看法，而对华裔女性另眼相看。Smith 在读大学以前都以金发白人女孩为理想的恋爱对象。后来，女友的背叛对一向忠诚于感情的 Smith 打击很大。于是，他从此丧失了对本族女孩的兴趣，完全转变了观念。Smith 说他不能接受本族文化中的这种约会文化，即一个人可以同时约会几个女孩或男孩。此外，Smith 越来越不欣赏白人女孩比较强势的个性：“当一群华裔女孩在一起聊天的时候，每个人都会有机会表达观点。但当一群白人女孩在一起的时候，话语权总是掌握在一两个锋芒毕露的女孩手里，别人很难插上嘴。”

这些访谈人的态度（观点）在一定程度上反映了美国主流媒体的倾向。在许多的电视和电影作品中，具有异域风情的亚裔女性颇受赞赏。她们往往被塑造成女人的典范，是白人女性应该效仿的“完美女人”（embodiment of perfect womanhood）。例如，在电影《爱情的神奇力量》（*Love is a Many - Splendored Thing*，1955）和《苏茜·王的世界》（*The World of Suzie Wong*，1960）中，女主角苏莹（Suyin）与苏茜（Suzie）“女人味”（feminine）十足。她们温柔（passive）、顺从（subservient）、像小鸟依人一般（dependent）又擅长居家过日子（domestic）。她们还敢于为了爱情牺牲自己的独立性。而相比之下，电影里的白人女性角色则显得相当独立和强势，有时甚至有些咄咄逼人。（Espiritu，2008：107 - 108）媒体对亚裔女性的青睐还体现在现实生活中。相对于男性同胞，亚裔女性更受各类媒体行业的青睐，且更容易引起关注和获得成功。2002 年，加州大学新闻学院的一项研究表明，仅在从事电视新闻主持业的亚裔中，女性的数量几乎是男性的 5 倍。（Geisler，2004）

Kenny 的前妻是一个白人。根据他的叙述，她的个性类似荧屏上的白人女性，控制欲极强，而且非常自我，经常会把 Kenny 一个人扔在家里自己去旅行。Ben 也有相似的感受。在与 Lacey 相识之前，他的恋爱对象大多是白人。那些经历都不甚愉快，因为他发现那些白人女孩都太自我、性格冲动、控制欲强，所以两人的交往总是硝烟弥漫、战火不断。相比之下，他认为自己接触过的华裔女性更擅长料理家务、性格更温和、安静、更尊重对方的意见、更愿意合作而不是控制，因此更容易相处。然而，Ben 特别强调，现代中国女性并不像传统刻板印象或者媒体宣传所描述的那样对男人百依百顺（submissive），但总体而言，她们的个性较之白人女性更温和恬静（more passive and quiet）。[1]

显然，这样的华裔女性形象与 Pamela 所代表的华裔女性形象不尽相同。华裔女性的角色和形象之所以发生变化，根本久子认为是时代和社会变革的结果。随着六七十年代亚洲经济的崛起，多元文化主义开始逐渐影响社会舆论。作为"模范族裔"（model minority）之一的亚裔美国女性一改传统形象，从百依百顺的家庭妇女变成经济独立的职业女性。同一时期，女权主义运动使本来独立的白人女性更加独立。她们的改变使白人男性产生了极大的焦虑。关于这一点，张丽丽的访谈人 Michael 的评论既风趣又一语破的："如火如荼的女权主义运动使（西方）女性变得极其强悍，她们生气的时候可以一脚把你踹出家门。"（张丽丽，2006：41）另一方面，女权主义运动使亚裔女性在两性关系中脱颖而出。较之白人同胞，现代华裔女性既独立又兼具传统女性的特质，自然成为一部分白人男性理想的伴侣。（Nemoto，2009：20 – 21；张丽丽，2006：42）当然，华裔女性受到青睐还离不开主流媒体的助推力。后者的宣传将她们与白人女性对立起来，形成两者之间的竞争，既成功地维护和强化了白人男性的主导地位，又达到警示白人女性的目的。（Espiritu，2008：109）

正所谓"萝卜白菜，各有所爱"。对于亚裔配偶来说，白人个性比较鲜明，他们自信有主见、性格比较外向和活跃。譬如，Sean 觉得美国白人青年比华裔的同龄人更成熟，他们不会死板地啃书本，而愿意在生活中学习实际有用的东西，因此活动能力比较强。另外，出国前做过导游的 Shuhua 还觉得他们比较单纯、直爽，说话不绕来绕去。她认为美国文化中没有太多虚假的礼节，没有"灰色区域"，跟美国男性打交道更痛快、更放心。此外，无论在谈恋爱时还是婚后的生活中，白人都比较喜欢主动表达情感，擅长交流。Sue 当初就是被 Rodney 善言巧辩的能力给打动了。每次聚会的时候，Rodney 总是侃侃而谈，轻而易举地成为人们关注的焦点。平时生活中，不管发生什么事情，他总是把自己的想法说出来，这对于出生在非常传统和保守的中国家庭的 Sue

[1] 虽然媒体的宣传有一边倒之嫌，但一些比较理智的美国青年还是能够认识到现实与宣传的距离。他们清醒地了解到东西方女性真实的一面，所以能够作出客观的评论和理智的选择。

来讲是非常宝贵的特质。Tina 和 Pamela 都是第二次结婚，所以前后经历形成鲜明对比。比起前夫，她们现在的丈夫在婚前婚后从不吝啬对她们表达爱慕。Pamela 说自己已经 67 岁了，丈夫还要每天都跟她说“你很漂亮”。Tina 的丈夫 West 以前常常在家里说：“让你快乐是我的义务。”Tina 开始有点受宠若惊，以为他只是说说而已，后来才发现他说到就真的可以做到。Tina 与前夫育有一女，West 毫不嫌弃，对她的照顾无微不至。Tina 认为，如果她在国内做一个离异的单亲妈妈恐怕就没有那么幸运了。

正如一位访谈人所说：“嫁人就是嫁给了他的家人。”双方的家庭文化差异有时不是障碍，反而可能像磁铁一般，使两人互相吸引。Bright 与他的父母比较独立，双方的关系因此有些疏远。认识 Kim 后，他很爱吃准岳父母做的中国菜，也很羡慕她们一大家子在一起热热闹闹的样子。因为婚后与 Kim 的家人生活在一起，Bright 也学会了对自己的父母更加孝顺和关心。然而，华裔访谈人倾向于白人家庭的原因却恰恰相反，他们觉得对方的父母比较开明、独立，不会太多干涉自己的私生活，因此相处起来比较轻松。Amie 在跟 Mike 谈恋爱的时候，对 Mike 的家庭文化印象极其深刻。“在他家里，（儿女）既有独立的可能，又有与父母深入交流和对话的机会。（不管发生什么）他们会耐心地帮你分析事情的利弊、提出建议，但是最后还是由你自己作出决定并为此负责任。我见到他们以后就认定了要他们做我的父母，做我孩子的爷爷奶奶。”Sue 见到 Rodney 的父母以后很喜欢他们，她觉得自己就像拥有了“两个妈妈”一样。她说从来不敢在家里对着自己的母亲直呼其名，而且也很少跟她谈自己的私事，但是跟未来的婆婆就可以。Sue 认为，较之自己的父母，公婆最大的优点是从不干涉儿子的婚姻或对孩子的管教，所以，“我们一见如故”。

社会舆论多认为，文化差异是跨族交往最大的障碍，但事实却并非如此。本节引用的实例一一说明，文化差异对发展异族关系可以产生积极的作用。文化的个性差异不仅吸引异族青年走到一起，还为他们的感情生活增添了无穷的乐趣和色彩，使双方都更具魅力和风采。首先，外貌体形是异族男女互相吸引的重要的原因之一。一方面，异族青年对本族裔成员产生了审美疲劳；另一方面，由于媒体（对白人男性和亚裔女性带有倾向性的）宣传的导向作用，他们的审美观发生改变，使其对外貌特征存在差异的异族青年产生了兴趣。

其次，中美两性之间的性格特征差异也是双方魅力所在。与华裔女性通婚的白人男性大多比较惧怕本族女性过于强势的个性，而欣赏亚裔女性温和恬静、擅长料理家务的性情。当然，由于经济和社会地位的改善，亚裔女性，尤其是现代亚裔女性开始逐渐摆脱传统文化的影响，变得更加独立和坚强，其形象与刻板印象渐行渐远。然而这并未减少亚裔女性的魅力或动摇白人青年跨族择偶的决心。对于亚裔配偶来说，白人（男性/女性）个性比较鲜明，具有很多优点。譬如，他们自信有主见、性格比较外向和活跃、擅长情感表达、愿意主动交流思想等。

除异族青年的外形条件及性格特征的差异以外，双方的家庭文化差异也可以发挥磁石般的作用。实际上，中美家庭文化相互补充和完善，有助于异族青年成功发展两性关系。譬如东方式的家庭温暖可以拉近白人青年与对方家庭的关系，而美国式的民主家庭氛围令华裔青年在处理家庭关系时感觉更轻松，心理负担相对较少。

然而，不可否认的是，文化差异是把双刃剑，它的向心力和离心力相依相伴，在异族夫妻的婚姻生活中产生一定的影响，成为一个比较突出的因素。然而这不是本书的范畴，所以此处不作阐述。

第三节　文化相通奠定基础

无论是经典同化论还是新同化论，两者都有一个共同的前提，即异族文化存在巨大的差异。这固然不假，但本书研究的中美异族文化却并非截然不同。实际上，两者之间存在诸多相似之处。其中原因有二：第一，美国是一个移民国家，它由来自世界各地、不同族裔的成员组成。在这个多元化的社会里，各类族裔和文化一直以你中有我、我中有你的形式存在，所以中美异族文化间出现相似性并不足为奇。第二，人是文化的主体。剥开种族、阶级等社会性的外壳，无论美国人还是华人，都还有原本属于人类的、共同和共通的特质，譬如趋利避害、追求美好的事物以及渴望爱情等。这些特质是普世的，不因地域、群体或者宗教信仰的差异而异的，是两种不同文化间互相交流的基础。异族男女之间的交流也不例外，也必须建立在一定共同语言的基础之上。那么，异族男女之间的共同语言是什么呢？它们折射出怎样的文化共性？本节将结合访谈数据，回答以上这些问题。

在被问及求偶标准的时候，所有的访谈对象都有一个共识，即希望对方与自己的个性般配、合拍（compatible personalities）。他们说，在寻找另一半的时候，很少考虑到对方的种族身份，而比较重视对方作为个体所具备的修养和素质。譬如他（或她）是否善良、富有同情心，或者是否善于交际、重视友谊，或者是否思想开明、有独当一面的能力等。当然每一个人的要求都因人而异，本文不可能也没有必要在这里一一列举。但在所有个性因素中，出现频率最高的是“对方是否能够与自己的家庭进行良性互动”，即对方是否尊重自己的家庭，可以被后者接纳并与之和谐相处。20 对夫妻中有 14 对夫妻都肯定父母的态度对自己的选择非常重要，并表示他们往往在恋爱初期就拜见过对方的父母。还有些甚至在确立恋爱关系前就请父母悄悄地“审查”过对方，在得到前者的首肯后才放心与男（或女）方开始交往。Paco 就是其中一例。作为传统的中国孝子，他特别在乎母亲和姐姐对自己的女朋友 Rose 的看法，希望能够得到她们的同意。那个时候她的母亲住在伦敦，他专门带着 Rose 去了趟伦敦，就是为了得到母亲的同意。结果，Rose 与他的母亲和姐姐相处极其融洽，直到今天 Rose 还在坚持不懈地照顾 Paco 患病的妈妈。Paco 一直说自己很幸运，能够娶到 Rose 这样具有中国美德的白人妻子。

然而，本文认为，Paco 在某种程度上误读了美国的文化。实际上，尊重自己和对方的父母并不一定只是中国人才拥有的美德，美国文化中也有尊老爱幼的传统，只是这种传统被一味强调个人主义的流行文化淹没了、淡化了。关于这方面的争议，Derrik 与 Milan 专门提及，在他们居住的小镇上，子女择毗邻的房产居住，以照顾年迈的父母并不少见。他们自己的儿子就在其中。Derrik 与 Milan 育有一双儿女，都已成家，而且都跨族通婚。[1] 他们在与恋人确定关系前都非常认真地征求过父母的意见。再以 Ben 为例。即使按照中国人的标准，他也可以算得上是一个大孝子。当年他父亲去世以后，他的母亲和奶奶都特别伤心。为了安慰他们，他特地停下手头的工作陪她们四处旅游。据他的妻子 Lacey 回忆，Ben 的善良和孝顺就是当初特别吸引她的原因。令 Lacey 十分意外的还有 Ben 的母亲，她多年来也一直坚持照顾他守寡的奶奶，两个人的关系就像亲生的母女一样。“Ben 的妈妈和奶奶住得很近，所以她天天都会过去看看她，帮她做些事情。我原来以为，媳妇把婆婆接到家里来照顾这种事情只有在中国才会有呢!”—看来，Paco 不是唯一一个误读了美国文化的人。Bailey 与父母、公婆的关系也一直很融洽，她尊重他们的意见和习惯。现在他们三家人居住在相同的社区，距离很近，便于互相照顾。Bailey 与 Sean 都很享受这样的家庭关系。

---

[1] Derrik 和 Milan 育有一子一女。儿子与一位越南裔美国女性结婚，女儿的丈夫是西班牙裔美国人。

Mike 和 Amie 在谈恋爱的时候也很看重父母的意见。Amie 当初并不知道父母能不能接受她与白人交往的事实，她带他见过父母，征得了他们的同意以后才开始决定约会。而 Mike 对父母的意见看得更重："在我们还没有正式约会之前，Mike 就带我见了他的父母。当时他把我介绍给他的母亲以后就不见了，后来我才知道他是故意消失的。我就和她妈妈边做饭边聊天。谁知在不知不觉中，已经被（他妈妈）审查了一遍。"Mike 承认那天的事情是他和母亲有意安排的："我请我的母亲跟 Amie 聊一聊，然后告诉我她的想法。如果我母亲不同意我们交往，我是不会和 Amie 约会的。我很相信我母亲的判断力。同样，如果 Amie 的父亲不同意我们来往，我虽然不会放弃，但是会暂时缓一缓和她的关系。"

实际上，类似的例子还不少。Stanley 在接受访谈时坦言，当初如果他的父母反对他和 Linlin 结婚，他一定会重新考虑他们的关系。因为他的姐姐当初就是不顾父母的反对意见执意结婚，结果后来很快就离婚了。如今她十分后悔当初没有听从父母的劝告。所以 Stanley 以姐姐为前车之鉴，非常尊重父母的看法。相比以上几例，Smith 的做法有所不同。他坚持在约会 Kortney 前就一定要征求她的父亲的意见。他这样做，一方面希望尊重中国传统的家庭文化，另一方面也是遵循自己的基督教家庭的家规：Smith 的妹妹约会前，特意要求她的男友上门与父亲谈话并征得他的同意。Kortney 说，Smith 对她父母的尊重还不止于此："每次 Smith 来接我的时候，他不会马上就离开。他总是会走进屋子，跟我父母攀谈一会。我爸妈很欣赏 Smith 的细心，后来就越来越喜欢他。我妈妈现在常常把他和我弟弟做对比，说'要是你弟弟像 Smith 这样就好了。'"Kortney 的话说明，Paco 并非唯一误读了白人文化的华人。在 Kortney 的叙述中我们发现，她的华裔弟弟在其母眼里表现得反倒不如她的白人男朋友。换言之，白人（而不仅是亚裔）也有尊重长辈、爱护父母的传统。准确地说，无论是美国文化，还是华裔文化，都具有层次多，个性复杂的特点。它们的表现形式则因人而异。虽然它们之间存在差异，但也有许多的内涵相互交叉和重叠。

即使有些夫妻在作出最后决定时没有受到父母意见的左右，他们还是承认，与双方父母间的良性互动的确有助于增进夫妻的感情，减少夫妻婚后生活的矛盾和冲突。提及此，Lacey 和 Ben 都为对方能够善待彼此的家庭感到十分骄傲。起初，Ben（白人）的奶奶虽然并未对他娶 Lacey 一事提出过异议，但她心里却一直因为 Lacey 的族裔身份而不能释怀。为了加深彼此的了解，打开老人心中的结，夫妻俩在买了房子后把奶奶接到自己的家里住了很长时间。刚开始奶奶对 Lacey 的态度总是不冷不热，令后者非常尴尬和恼火。但她并没有放弃努力，而是渐渐使奶奶消除了偏见，改善了彼此的关系。回忆当日之事，Ben 仍然感慨万千："我奶奶去世的时候，Lacey 比我还要难过。"

"当初奶奶在的时候经常帮我做家务，每天早晨还会把我平时吃的维生素瓶放在餐桌上提醒我。她去世后的一段时间，我早上起来看不到维生素瓶，心里就特别地难过。"笔者观察到，即使今天 Lacey 提到这段往事，眼眶还会潮湿。与妻子一样，Ben 对 Lacey 的父母也非常关心。有一次，当他得知 Lacey 的母亲需要动一个手术，立即毫不思索地询问："你妈妈需要钱吗?"这令 Lacey十分地感动。这些点滴的宽容和理解使两人感情融洽，婚姻生活十分幸福。

当然，仅仅能够尊重父母还不足以吸引异族男女，他们交往的前提还包括两人是否拥有相同的生活目标和价值观，即其对于家庭、婚姻和未来的设计。几乎所有的夫妻，尤其是已经有儿女的夫妻都认为，两个人能够走在一起，关键在于双方都必须以家庭（及儿女）为重，感情上互相忠诚，生活上互相协调，并拥有共同的生活目标。他们中一半以上的人强调，他们对婚姻的态度非常严肃，从来不把离婚作为一种解决问题的方法。在家庭价值观方面，人们仍然存在对白人文化的误读。Judy、Lacey 和 Tina 都是来自中国大陆的第一代移民，她们移民前后对美国文化的看法就经历了很大的变化。到美国前，她们都通过电影电视、网络等渠道了解到一些关于美国白人对两性关系、婚姻生活的负面说法，所以一开始就对白人心有忌讳。当听说 Tina 离婚后找了一个白人做男朋友，她在国内的朋友都责备她对感情"不认真了，想玩了"。Tina 觉得朋友的看法是偏颇的，因为 West 以及许多她曾经接触过的美国人跟中国人一样，甚至有的比中国人更加传统、保守，更看重家庭。Lacey 以前对美国人的印象都是来自电影角色。她看过的电影里总是把美国人塑造成以自我为中心、不懂得关心别人的人。但到了美国后，她很快就改变了看法。她发现自己周围的美国人都很关心家人、看重家庭，大多数下班就回家，不像电影里和网络上传言的那样性生活开放，整天花天酒地。Judy 在这方面经历的变化与两人非常类似，她也发现以前的认识与美国的现实生活相去甚远：

"我觉得中国人对于白人在家庭和性生活方面的刻板印象是非常不准确的，实际上是与事实完全相悖的，是误读。我先生一下班在公司门口就给我打电话，说要出门了，要做晚饭了。他们下班不会去其他的地方，就是回家。由于这里没有什么娱乐场所可去，他下了班就回家，周末就是带孩子去博物馆或者动物园，就是围着孩子转。我周围的美国家庭都是这样，离婚的很少。”

当然，Judy 的结论并非完全准确，因为最新统计数据显示，美国一半以上的婚姻都以离婚告终。（Divorce Rate in America，2010）即便如此，关注家庭和婚姻仍然是美国中产阶级的核心价值观。（Hw，2010；Selbert，2011）

最后，近半数的访谈人还提及，如果两人拥有共同的宗教信仰将使他们的交往更加轻松，感情基础更加牢固。Smith 和 Kortney 都表示，两人不可能和非基督徒交往。也就是说，对于他们，共同的宗教信仰比族裔身份更为重要。因为“对上帝的信仰是我们最深层次的价值观，如果两人信仰不一样，将来肯定会有很多的矛盾。我的配偶必须与我能够分享彼此的价值观，否则将来我们养育孩子的时候就不可能有一致的教育理念和方法。”Emma 和 Kenny 都是他们所属教堂的积极分子，笔者第一次见到 Emma 的时候，她是教堂一次重要庆典的小提琴手，而 Kenny 则是组织者之一。Emma 说：“我们的宗教信仰非常重要。它可能影响到我们生活的各个方面。我们都是教堂的活跃分子，如果信仰不同，那么我们的生活会陷入比较尴尬的境地。”Derrik 和 Milan 则因当年同在台湾做某宗教的传教士而结识的，所以，从某种角度看，宗教把他们拴在了一起。

婚姻是对于生活有着共同追求的两个青年的结合，无论是同族还是异族婚姻都不例外。当然，异族男女可以在接受文化同化的过程中培养出共同语言，比如共同的兴趣和爱好等，以增进相互的感情。同时，一些先天的、属于人之共性的因素也在异族关系中发挥了积极作用。这些因素包括个性匹配程度、婚姻家庭价值观及宗教信仰等，它们促使男女双方产生共鸣，并以此为基础进一步建立和发展两性关系。

个性方面的因素因人而异，本书无法一一列举，只着眼于在访谈中被反复强调的一个要素，即对方是否能够尊重自己的父母和家庭，与之建立良性互动。根据访谈材料综合分析，在这方面，白人访谈人的表现并不亚于来自华裔家庭的配偶，只是其表达方式各有不同：他们有的会邀请自己的父母审查约会对象，有的会主动接触对方父母，主动与之交流，还有的能够坚持在婚后悉心照顾对方年迈的家庭成员。所以，敬老只是华裔的传统有失偏颇。实际上，美国的白人文化对此并非完全排斥，这在一定程度上说明向往美好的事物是白人与华人之共性，是不因种族和文化的差异而异的共性。

除此以外，这些异族青年交往的条件还包括两人是否拥有相同的生活目标和价值观，即其对于家庭、婚姻和未来的设计。两个人经过恋爱走到一起，关键是双方都必须以家庭（及儿女）为重，感情互相忠诚，生活上互相协调，并拥有共同的生活目标。与华人一样，关注家庭和儿女的成长，关注婚姻状态仍然是美国人，尤其是中产阶级的核心价值观。汤普逊（Thompson）和希基（Hickey）的研究显示，2005 年，美国中产阶级在全国占近一半的人口。（Thompson and Hickey，2005：110）所以他们所拥有的价值观还是具有相当的普遍性和代表性的。

既然如此，为何美国的离婚率还居高不下呢？这难道不恰恰与本节的推论相悖吗？事实并非如此。在采访中，Judy 曾指出，“美国离婚率高，主要看教育程度。受过高等教育的人较少有离婚的，离婚的都是一些白人垃圾。这跟宗教也有关系。在美国，离婚是一件非常麻烦的事情，因为法律首先保障妇女及儿童的权益，所以离婚的时候丈夫一半的财产就没有了。离婚比较多的都是下层人。这些人的失学率也很高，他们根本不拿结婚当回事。”虽然 Judy 的判断仅来自于对小众人群的观察，但她的结论并非毫无道理。莉莎·豪（Lisa Hw）与赛尔波特（Selbert）也有类似的发现。他们认为，在女权运动及教育现状等因素的影响下，美国离婚率走高与中产阶级的数量下降有一定关系。虽然对婚姻和家庭的忠诚仍然是美国中产阶级的核心价值观，然而，他们所代表的这一部分较为传统和保守的美国文化正随着中产阶级的数量减少，而逐渐失去它原有的主导性地位。[1] 处于下层和上层的人口增加，而离婚率恰恰在这两个阶层相对集中，因此出现目前居高走势也就不足为奇。（Hw，2010；Selbert，2011）

如果说某些个性因素和价值观是可以超越种族、文化和国籍的，那么拥有共同的宗教信仰则更易淡化种族和文化的差异，加强信仰者间的纽带。共同的宗教信仰体现了共同的价值观。所以，无论恋爱双方来自哪一个民族或种族，共同的信仰不仅使他们达到精神层面的和谐，还可以确保他们在实际生活中保持一致，譬如对人和事的评判、儿童教育观和方法、甚至某些日常活动的安

---

[1] 2005 年，美国中产阶级在全国人口中的比例从 1951 年的 60% 左右降至 46%。参见：“American Middle Class Thompson”，http：//en. wikipedia. org/wiki/American_ middle_ Class，2010 年 2 月 18 日下载。

排。安·斯怀得勒（Ann Swidler）的研究发现，宗教在男女关系中的作用并不止于此。她的访谈人反映，对上帝的信任和信仰能够帮助他们克服性格中的某些缺陷，譬如使他们的个性更为稳定，在必要的时候更好地控制情绪，理智对待感情生活（尤其是婚姻生活）中发生的矛盾。（Swidler，2001：139－143）根据这些访谈人的观察，"那些从不上教堂的人（处理婚姻的方法不一样）。他们认为，婚姻一旦出现重大危机，俩人（只能）选择分手。"（Swidler，2001：142）但是，拥有共同信仰的两个人不会轻易放弃对上帝许下的承诺，往往更愿意通过共同的努力渡过危机。（Swidler，2001：142）

当然，并非所有的信教者都排斥与非信教者交往，也并非只有信教者才有可能跨越种族的界限通婚。本书在此处提及宗教因素，无意片面夸大它的作用，而旨在说明：第一，它在本研究中是一个比较突出的因素；第二，无论如何，它只是文化相通的一种，但不是唯一、必需的表现形式。[1] 换言之，影响异族关系的因素众多，拥有共同的宗教信仰可以进一步增加跨族交往的机会，推动异族两性关系的发展。

[1] 访谈过程中，有近半数的访谈人（包括上文引用的例子）提及宗教的因素。其余的访谈人中也有信教者，但没有刻意强调信仰的作用。

第三章　历史因素

跨族婚姻是一个社会现象，不仅取决于个人因素，还受到国家的制度和法律的制约。美国历史上，反异族通婚法和具有强烈种族色彩的移民法都曾经成为异族通婚的巨大障碍，它们在相当长的时间里是影响异族婚姻最为重要的制度性因素。美国自 1660 年起就开始实施异族通婚禁令。由于当时社会种族、性别等级森严，异族亲密接触往往为社会所不齿。20 世纪下半叶，一系列社会变革使人们的态度逐渐发生转变：1954 年，学校种族隔离制度的废除为各种族群体间的日常交流创造了条件；1964 年颁布的《民权法案》保障了各种族在公共场合和工作单位的平等权利；1965 年通过的《新移民法案》引发了新一轮移民热。这一时期涌入的移民不仅增加了人口的多元性，也为异族婚姻的培植提供了的适宜的土壤；1967 年，美国最高人民法院宣布在全国范围内废除反异族通婚法。这一决定性的变革意味着异族婚姻的制度性障碍终于被彻底扫除。

第一节　相关律法的演变

反异族通婚法的实施

反异族通婚法是 19 世纪美国种族主义的历史残留，是美国历史上影响时间最长的种族禁令。禁令的起起落落客观地反映了美国种族关系、种族主义（ideologies）的演变，也向我们揭示了美国异族婚姻的历史变迁。首例反异族通婚法于 17 世纪 60 年代开始实施；1850 ~ 1914 年间，为了防止人们跨族交往，美国大多数的州制定了与异族婚姻相关的条例，有的州还颁布了一系列专门的反异族通婚法；直至 20 世纪 60 年代，这些条例或律法才被一一废除。

虽然殖民地时期白人与当地印第安人的结合早有先例，但最早的相关立法却是针对黑人奴隶的。开此先河的是弗吉尼亚殖民地，该州实施的异族通婚禁令名为防止黑人对白人实施强奸，实为以书面形式，正式界定种族概念、划清种族界限，将奴隶牢牢钉在社会最底层。继弗吉尼亚之后，马里兰殖民地于1661年颁布了第一个专门的反异族通婚法，禁止和惩罚异族通婚和同居。最初，这些法律都只是针对黑奴与白人的结合，但它们的外延很快扩展到所有非白人种族与白人的结合。这些法律规定，任何与黑奴结合的白人女性以及他们所生育的混血子女（mulatto）都将终身为奴。1728年的法律还规定："任何一个自由民，无论白人还是混血人种，男人还是女人，皆不可与（男女）黑奴同居。"（Winfield，2007：161）

这些法律条文之所以能够迅速风行各州，主要原因如下：首先，它们旨在建立和巩固美国白人的社会等级制度，是为维护白人的统治服务。在白人主宰的社会里，允许黑人跨族通婚，无异于赋予了他们平等的社会权利，置白人的地位和等级制度于险境。殖民地时期的美国，尤其是南方，与黑人（或其他少数族裔）通婚被视作一件令白人"蒙羞的丑事"。其次，从本质上看，对异族通婚的否定也是出于一种经济需要。白人需要把黑人钉在社会最底层，以利用他们的廉价劳动力来赚取最大的经济利益。而异族通婚却可能为这些处于社会底层的劳动力创造机会，提高其社会地位。这自然是当时的白人最不希望发生的事情。再次，白人统治者深恐通婚者的混血子女将破坏白人种族的纯洁性，践踏种族界限。"跨族裔通婚可能使黑人和他们的混血子女获得婚姻法和继承法所赋予的拥有财产的权利，从而像白人一样享有经济特权。"（Moran，2001：39）所以，白人必须借助法律来界定概念，为那些胆敢冒犯者设立禁区。最后，反异族通婚法不仅是维护种族主义的工具，还是性别主义的表现形式。通过实施反异族通婚法，白人男性可以限制同族女性的自由，以确保自身的主宰地位。对于殖民地时期的白人男性，女人始终只是他们的"附属品"或者"财产"。所以，如果她选择与黑人结婚，则意味着她将背叛拥有她的"主人"，违背白人男性所制定的社会规则，是公然挑战白人男性的权威。所以，这样的婚姻模式在当时无法被社会所接受。（Fowler，1987：79）

美国独立战争前，十三个殖民地中至少有五个已经颁布了明确的反异族通婚法。除南方，北方殖民地反对异族婚姻的势力也相当强大。例如新英格兰的马萨诸塞州于1705年通过了反异族通婚法，独立战争后还再次更新该律法的内容。1798年至1821年间，缅因州和罗德爱尔兰州也紧随其后。异族通婚者在这两个州虽然不受法律制裁，但也不受法律保护，且其婚姻关系不被法律所承认。此外，任何牧师若为异族男女主持婚礼，则将受到法律制裁。奴隶制被废除之后，白人并没有抛弃种族仇视情绪，反因黑人获得了自由而更加缺乏安全感。“白人至上”（white supremacy）思想在19世纪末20世纪初再次抬头，对异族婚姻的反对之声不断。自1887年起，美国大西洋沿岸东中和东北部各州都纷纷尝试颁布反异族通婚法。至1930年，共有大约四十一个州曾有过类似的尝试。虽然其中一些议案最终不了了之，但美国种族歧视思想以及行为的影响程度之深，范围之广，由此可窥一斑。（Pascoe，1999：467－468）

表3.1　美国颁布第一个反亚裔通婚法的州列表（以时间顺序排列）（Sohoni，2007：597）

州	年	被排斥的亚裔群体	反异族通婚法规和修正案
内华达	1861	华人	Nev. Terr. Laws ch. 32, sec. 1, 3 (1861)
	1912	蒙古人[1]（黄种）和马来人（棕色）	Nev. Rev. Laws sec. 6514 [249] (1912)
爱达荷	1864	华人	Idaho Terr. Gen Laws at 604 (1864)
	1921	蒙古人	Idaho Laws ch. 115 (1921)
亚利桑那	1865	蒙古人	Ariz. Terr. Laws ch. 30, secs, 3, 4, (1865)
	1912	蒙古人、马来人、印度人	Ariz. Terr. Laws ch. 17 (1931)
俄勒冈	1866	华人	Ore. Laws at 10, secs. 1－2 (1866)
	1893	蒙古人	Ore. Laws at 41 (1893)
加利福尼亚	1880	蒙古人	Cal. Code Amend. ch. 41, sec. 1 (1880) amending Cal. Civ. Code sec. 69 (1872)
	1933	蒙古人和马来人	1933 Mongolian and Malay Cal. Stat. chs. 104, 105 (1933) amending Cal. Civ. Code secs. 60, 69
犹他	1888	蒙古人	Utah Laws. ch 45, secs. 2, 5, 14, 15 (1888)
	1939	蒙古人和马来人	Utah Laws. ch. 50 (1939)
密西西比	1892	蒙古人	Miss. Code Ann. sec. 2859 (1892)
密苏里	1909	蒙古人	Mo. Rev. Laws sec. 4727, 4728, 8820 (1909)
蒙大拿	1909	华人和日本人	Mont. Laws ch. 49 sec. 1－7 (1909)
内布拉斯加	1913	华人和日本人	Neb. Laws ch. 72 (1913)

[1] 在“亚裔”（Asian）和“东方人”（Oriental）出现以前，“蒙古人”（Mongolian）一词曾用于表述华裔移民，后来它还用于指代日裔移民。

续表

州	年	被排斥的亚裔群体	反异族通婚法规和修正案
南达科他	1913	蒙古人、马来人和韩国人	S. D. Laws. ch. 266（1913）
怀俄明	1913	蒙古人和马来人	Wyo. Laws ch. 57, sec. 1－2（1913）
弗吉尼亚	1924	非白种人、蒙古人马来人、印度人	Va. Acts ch. 371, sec. 1－7（1924）
乔治亚	1927	非白种人、有色人种、蒙古人、华人、印度人	Ga. Acts No. 317（1927） Codified in GA. Code Ann. secs. 53 [106], 53 [312]（1933）
马里兰	1935	马来人	Md. Laws ch. 60（1935）

美国国会“移民及归化委员会”的优生学家哈利·劳克林（Harry Laughlin）提出，联邦政府的移民政策应该只允许种族特征“与我们白人相匹配的人种”（King，2000：133）迁入美国。而州一级政府则需颁布婚姻法限制通婚，以进一步保障“美国人的种族纯洁性”（King，2000：136）。内战后，法庭在对两个案件❶的判定中，将华裔和日裔移民也纳入“不可归化的另类种族群体”（Sohoni，2007：603）。内华达州成为美国第一个立法明确禁止白人与中国人同居或通婚的州，当时的法律条文规定：

> “条款之一，如任何白人男性或女性与黑人、黑人混血人种、印第安人或中国人通婚，婚姻双方将因行为不当而获罪。一旦罪行被认定，他们将被判处在当地监狱一年以上两年以下的监禁。
>
> ……
>
> 条款之三，如任何白人与黑人、黑人混血人种、印第安人或中国人同居或通奸，他的行为将被视作犯法。一旦罪行被认定，他将被判处 100 美元以上 500 美元以下的罚款，或在县监狱服刑一个月以上六个月以下，或者同时判处罚款和监禁两项惩罚。”❷

❶ In re Ah Yup（1878）与 In re Saito（1894）案。

❷ 参见 Nev. Terr. Laws ch. 32, sec. 1, 3 [1861]。

1861~1890年间，西部继内华达州之后又有五个州先后通过了禁止白人与亚裔通婚的法律，其中包括加利福尼亚州。(见表3.1) 1967年，反异族通婚法被全面废除前，全国共有十四个州已经颁布了针对亚裔通婚的律法。

其实，早在19世纪上半叶，种族歧视的影响就已经波及美国的亚裔人口，其中首当其冲的是华裔。当时的华裔移民主要聚居在美国西海岸，尤其是加利福尼亚州[1]。所以，比起其他地区，加州对华裔的压迫和倾轧最为严重。在第一批较大规模的华人移民到达美国之初，他们还受到当地人的欢迎，被媒体称为“开发西部的必要劳动力”(Sohoni，2007：596)。然而不久以后，吃苦耐劳、愿意接受超低工资的华人劳工成为白人有力的竞争者。这导致极端仇视情绪开始在白人中蔓延。后者的不满与日俱增，反感情绪在“加州工人党”主席丹尼斯·科尔尼（Denis Kearney）的演说中表露无遗：

> “我们无意掩饰我们的哪怕是一丝一毫的想法。在你们和全世界面前，我们宣告要让支那人（Chinamen）立即离开我们的土地。我们宣告，我们的劳力市场里哪怕还有一个华人苦力，白人男性和女性，男孩和女孩都无法生存。我们宣告，我们不可能为了生存与支那人进行低价竞争。只有敌人才会做此梦想，只有白痴才会这样奢望，只有卑贱的懦夫和奴隶才会贸然一试。对于一个美国人，宁愿死也不愿意与支那人生活在一起。”(Yi，1977：5)

除工人反华，政客们也不例外。加州民主党和共和党的大多数代表以及民众都赞成政府出台反华政策。在一次例会上，“中国问题委员会”主席约翰·米勒（Ben F. Miller）表达了他的忧虑：

> “华人成年男性已经占加州成年男性人口的五分之二了。撇开乐观者的估计，这一比例还在持续上升。然而，这是一个不可被同化的也不可以被我们的种族同化的民族。在太平洋的彼岸还居住着四亿五千万他们的同类。他们的到来打乱了我们的劳动力体制，使我们中成千上万的人生活在水深火热中，他们将劳动力的价值贬低到无以复加

[1] 1851年加州有25000名华裔移民。至1870年，美国的华裔人口总数达到63000名，其中绝大多数都聚居在西海岸。1880~1882年间，大约又有18000名华裔移民移居这些地区。

的程度。他们腐朽的文明充斥了我们的大街，毒害了我们的青少年。然而，他们中成千上万的人在蠢蠢欲动地要奔向这里，还有成千上万的已经决意要来到这里了。”[1]

米勒的观点在白人中具有相当大的代表性。他们把中国人称为下等人，道德败坏的劣等人类。对于白人来说，黑人虽然与他们地位悬殊，但至少从文化和外形来看是比较接近的。相比之下，中国人则完全属于另类人种：他们的皮肤不白，又不信仰基督教。饮食、衣着和文化习俗都和白人迥然不同。也就是说，无论是在文化方面还是从生理的角度来看，中国人都完全不可能融入白人文化。既然这样，“白人如果与华人通婚，他们的婚姻将是最低贱、最邪恶的事情。他们生养的将是人类史上最卑劣的杂种，最令人羞耻的混血人种”。[2]

同时，学者及宗教人士，包括上文提过的优生学家哈利·劳克林、社会学家格里特·兰辛（Gerritt Lansing）、传教士塞缪尔·威尔斯（Samuel Wells）等也四处散布各种不利于华裔的言论，为反华浪潮推波助澜，使反华情绪愈演愈烈。他们将华人视作对美国的“威胁”，警告人们提防这个“地位卑劣的”民族会以数量战胜白人，通过通婚的形式使“优等民族”消亡。[3]

1850～1950年间，加州先后通过了近五十个法律，限制亚裔的行为和权利，其中最能体现种族主义思想的要属反异族通婚法。这一时期，反华情绪空前高涨，所以第一部禁止亚裔和白人通婚法律将矛头直指华人。1878年，在关于修改宪法的提议中，旧金山工人党代表约翰·斯蒂德曼（John C. Stedman）特别提到要禁止异族婚姻：“本州禁止白人与中国人、黑人、黑白混血儿及其第三代混血后代同居、通婚。立法机关应做出相应的立法强制执行这一法律规定。”[4]

1879年，加州通过了《议会第36号议案》，对《民法典》做出多项修正。其中第69条修正案规定：“政府相关部门工作人员不得为白人与黑人、黑白混血儿及蒙古人颁发结婚证书。”[5] 斯蒂德曼建议将修正案中的“蒙古人”解释为华人，而有的人主张采用更直接的表述方式，即把“蒙古人”直接替换成

---

[1] 转引自 Osumi，1982，第5－6页。
[2] 同上。第7页。
[3] 同上。第7页。
[4] 同上。第8页。
[5] 参见 Cal. Stats.，1880，Code Amendments，Ch. 41，Sec. 1，p. 3。

“中国人”。显而易见，来自中国大陆的华人在当时遭受到了严重的歧视和不公平待遇。

19 世纪，加州等地的反异族通婚法的动机与前文提及的殖民地时期的法律有相似性也有差异性。相同点在于，它们都是白人统治阶级强化种族界限、维护其种族纯洁性的制度性武器。不同的是，由于西部没有受到奴隶制和废奴运动的影响，所以那里的反异族通婚法更多地反映了日益增加的移民所带来的社会矛盾。

1861～1967 年的一百多年间，美国各州通过的反异族通婚法有效地禁止了白人与一切亚裔人口通婚。它们不仅限制了第一代亚裔移民的自由结婚权利，还将出生在美国本土的第二代移民包括在内，阻止他们通过婚姻的方式取得合法身份，获得公民权。

移民政策的变化

关于种族差异和优劣程度的争论不仅改变了婚姻法的某些具体内容，而且还成为当时政府制定其他政治制度，尤其是移民政策的重要依据。换言之，反异族通婚法只是早期美国反华运动的表现形式之一。与之呼应的还有各种苛刻的移民政策。它们同样有效地减少了亚洲（或华人）移民的数量，抑制了亚裔（或华裔）社会的健康成长。（见表 3.2）

虽然美洲大陆在 18 世纪就已经有华人的踪迹，但直至 19 世纪中叶，西海岸的淘金热才开始吸引大批华人劳工涌入。这些怀揣发财梦的劳工不久发现，现实并不像他们期待的那么美好。西部可供他们选择的工作机会只集中在矿山、制造厂或其他低级的体力劳动行业。（Chan，1991：54；Daniels，1988：77）同时，社会不公平现象处处存在，华人在税收、执照、罚款以及立法等方面都要遭受不平等待遇，所以生活中困难重重。根据 1789 年的联邦法规定，移民的归化只限于“白人自由人”。换言之，华人不能取得公民资格，因此很难轻易改变自己的处境。

此外，随着时间的推移，白人对华人的新鲜感也很快被仇视情绪所代替。他们开始担心后者会抢走他们的工作和生存机会。于是，种族分子借机策划出各种反华活动，譬如私刑、谋杀和种族骚乱等，促使国会最终颁布了历史上著名的《1882 年排华法案》（*Chinese Exlusion Act of* 1882），至此，反华情绪达到高潮：

“自该法案生效之日起，美国在未来十年内不再接纳任何中国华工入境，对于已经入境的华人，政府也不给予美国公民的身份。1888年，政府又颁布了修正案，强调排华法案适用于除官员、商人、学生、教师和游客以外的所有中国人。在排华法案颁布之时，美国的华人人口总数约为105000，其中有100000人是男性。虽然各界人士对排华法案略有微词，但其有效性还是一延再延：从1882年延长至1892年，然后又于1902年延长至1904年。”❶（US Commission on Civil Rights，1986：8）

表3.2 加州每十年亚裔人口数量统计❷（Sohoni，2007：590）

截止年代	华裔	日裔	菲律宾裔	印度裔	韩裔
1860	34933[1]				
1870	64199[1]				
1880	105465[1]				
1890	107488[1]				
1900	118746	85716			
1910	94414	152745	2767	5424	5008
1920	85202	220596	26634		6181
1930	102159	278743	108424	3130	8332
1940	106334	285115	98535	2405	8568
1950	150005	326379	122707		
1960	237292	464332	176310	12296[2]	11000[3]

1917年，美国国会设立了“亚洲禁区”（Barred Zones）（包括中国、南亚及东南亚、俄国的中亚地区、阿富汗、伊朗、阿拉伯部分地区、太平洋和东南亚群岛国家）。该禁区内各国民族不得移民美国。美国政府限制亚洲移民的理由是，亚洲各民族均属劣等种族，不但不能被同化入美国社会，还会加剧美国社会的犯罪率。但实际的原因是，“亚洲绝大多数国家属于落后的不发达国家，大多数是欧洲国家的殖民地，长期被奴役和剥削，因此无法摆脱野蛮低劣

❶ “二战”期间，由于中国加入盟军与美国并肩作战，该排华法案才于1943年被最后废除。

❷ 表中注1指来自中国大陆的华人，注2指不在美国出生的印度人，注3指不在美国出生的韩国人。

种族的枷锁。”（梁茂信，1996：151）

第一次世界大战以后，亚洲移民逐渐减少，但是美国政府认为，当前的政策还不足以大幅度限制外来移民。所以，自20年代初，国会开始酝酿移民限额制，从根本上遏制移民大潮。应运而生的《1921年国籍配额法案》（*National Origins Act of* 1921）规定，每年入境的各国移民人数不得超过1910前（包括1910年）该国移居美国人数的3%。虽然此法案给予大多数国家相应的移民配额，但它有明显的排斥亚洲各族裔的倾向。譬如，法案将所有的华人（包括在英国或英属殖民地出生的）都归为“不可入籍的外国人”。此外，虽然法案每年给予日本等其他的亚洲国家100名配额，但这些配额一般不会分配给当地的亚洲人口，而往往留给了那些出生在亚洲国家的白人。1921年法案到期之后，替代它的是更加严苛的《1924约翰逊 – 里德法案》（*Johnson – Reed Act of* 1924）。新的法案再次减少了移民配额。它规定，每年入境的各国移民人数不得超过1890年前（包括1890年）该国移居美国人数的2%；中国、日本、韩国人均不得移民美国。至此，这三个国家的美国移民被完全禁止。（Wong，1986：152 – 153）

这一时期的政策还显示，种族主义已经表现出近乎偏执的发展趋势。它不再只排斥“非白人”人种，还将矛头也对准了“非盎格鲁 – 撒克逊”（non – Anglo – Saxon）或“非斯堪的纳维亚”（non – Nordic）的白人。如果后者都无法与美国的“盎格鲁 – 撒克逊”或“斯堪的纳维亚”白人媲美，那么“黄皮肤的人种”要“渗入”到美国的“白人文化”中便更难以想象。（Kitano，1988：13）

“二战”以后，美国移民法开始放宽对一些亚洲国家的移民限制。《1952年麦克卡伦 – 华特尔法案》（*McCarren – Walter Act of* 1952）是自1924年以后第一个普通（general）移民法。虽然它依然延续了以前的移民民族来源体制（national origins model），但法案的条款有很大的改变。它取消了所有跟移民和归化有关的种族及民族限制，鼓励家庭团聚。女性移民也可以携带自己的外国丈夫登陆，而且不受配额限制。在这种情况下，亚裔美国人开始稍有受益。至1960年，30,000名中国妇女以非配额人口的身份移居美国。她们中许多人已与自己的丈夫分居几十载。此外，日本有史以来第一次获得了185名一年的移民配额，曾经“不可入籍”的日本移民终于获得归化权。1952 ~ 1964年之间，5000多名日本人移居美国，其中有许多是非配额人口，即父母、配偶、子女或兄弟姐妹。（Wong，1986：153）

然而，直至60年代，亚洲移民才真正迎来了一个新的历史时期。《1965年移民法案》(*Immigration Act of* 1965）是美国移民史上一个重大的转折点。它废除了移民法中的种族歧视条款，把移民限额的分配原则确立在移民的国籍基础之上，对每个国家的移民都一视同仁。它规定，家庭团聚和职业技能（而非其他）是移民的重要条件之一；父母及一定年龄段（21周岁以下）的子女可享受特殊的移民优惠政策。（梁茂信，1996：167－168）这项法律的实施并非一帆风顺，其间经历了不少坎坷起伏，直至1969年才彻底被贯彻执行，最终实现给予所有移民平等待遇。1965年的法案对亚洲移民产生了深远的影响，此后二十年间，亚洲（包括来自中国的）移民人口猛增，总数几乎翻了一番。除数量增加以外，亚洲移民在所有移民中所占比例也大大增加。1965年以前，亚裔平均每年移民总数为22000，仅占移民总数的8%；1965年以后的二十年间，亚裔平均每年的移民数量为235000，已占移民总数的43%。（见表3.3）

表3.3　1961～1981年间移居美国的合法移民总数和百分比比较（Wong，1986：154）

	年平均移民总数（每千人）					同一时期人口百分比分布				
	1961－65	1966－68	1969－73	1974－77	1978－81	1961－65	1966－68	1969－73	1974－77	1978－81
总数	290	380	377	436	547	100	100	100	100	100
欧洲	122	135	104	79	68	42	36	28	18	12
亚洲	22	52	103	152	235	7	14	27	35	43
日本	4	4	5	5	4	1	1	1	1	
柬埔寨	—	—	0	0	5	—	—	0	0	1
韩国	2	3	14	31	31	1	1	4	7	6
老挝	—	—	0	0	9	—	0	0	2	
菲律宾	3	11	28	38	41	1	3	7	9	7
越南	—	0	2	4	53	—	—	1	1	10
其他	8	13	33	49	63	3	4	9	11	12
北美洲	119	165	140	166	188	41	43	37	38	34
南美洲	24	21	21	27	38	8	6	6	6	7
非洲	3	4	7	8	13	1	1	2	2	2
大洋洲	1	2	3	4	4	—	1	1	1	1

早期的移民法案，尤其是1882年的排华法案为华人社会带来了深刻的变化。它们除在数量上控制入境华人移民以外，最重要的后果之一是改变了在美华人的人口构成，使男女性别比例失衡。最初到达美国的许多华工并没有长期定居的打算，只希望能够赚到足够的钱就回到家乡。所以他们大多将家人留在家乡，独自踏上了寻金之路。排华法案的实施完全断绝了华工与家人团聚的希望。法案禁止华人移民，而许多人又因经济状况不佳无力返乡，所以不得不过上“单身汉”的生活。此外，移民政策是为美国的资本主义经济发展而服务的，从经济的角度，它也必须排斥女性移民。只有这样，资本家才可以名正言顺地雇佣强壮的男性，而无需负担女人和儿童生产、生活所需费用，从而大幅降低生产成本，获得最大利润。由此种种，当时居住在美国的华人人口中，男女性别比例极度不协调。在1890以前，全美华人女性数量仅为3868名。1860年至1960年间，华人男性与女性的人口比例一直居高不下：1860年男女比例为1858∶1，1887年为1900∶1，1920年为695∶1；直至1950年，华人的处境仍然不容乐观，男女比例仍然高达135∶1。（Hing，1993：13；Wong，1989：91）

性别比例失衡造成许多不良影响，严重阻碍了当时华人社会的健康发展。一方面，这迫使华人男性不得不出入唐人街的地下场所、妓院、赌场等以满足其社交及性方面的需求。他们“不光彩”的行为成为当时的主流社会攻击华人的把柄。华人男性被不断“妖魔化”（demonized）和“边缘化”（marginalized），成为为主流社会所不齿的群体，根本没有资格接触异族女性。虽然这是不公平的国家制度造成的社会问题，主流社会却以此为把柄不断攻击华人，蓄意丑化后者。

另一方面，女性人口的缺失阻断了新一代的繁衍，使华人人口增长变得极其缓慢。华人社会也因此失去正常的可持续性发展的动力。华人在本来就仇视华人的主流社会眼里变成了一个“怪胎”，愈来愈显得与社会格格不入。在媒体的宣传中，华人男性的形象总是不堪入目，数量不多的华人女性得不到尊重。在排华法案颁布之前，亚裔男性在主流媒体的描述中个个都是“雄性荷尔蒙过盛”（hypermasculine）的“好色”（hypersexual）之徒。所以，他们的存在会玷污白人女性的“清白”。当移民法将亚裔女性拒之门外之后，男人们不得不以单身汉身份聚居，并在他们的家庭里承担许多传统意义上由女人来承担的义务。于是亚裔男性的媒体形象就变得更加不堪，他们抑或被讥笑为“性能力低下”（undersexed）的男人，抑或被称作“娘娘腔十足”（effeminate）的男人。有些电影作品甚至将亚裔男性描写成中性人，当然无法吸引白

人女性。(Espiritu，2008：121)

除在家庭中，华人男性在社会上也被迫从事一些“女性化”的工作，比如洗衣工、餐馆招待等。现实生活一方面强化了人们关于华人男性女性化的印象，另一方面使后者的职业选择范围越来越狭窄，愈加无力改善其社会地位和形象，因而陷入一种恶性循环。有学者认为，这一时期，华人男性与当时的女性的遭遇非常相似，譬如他们没有选举权、不可入籍、不可拥有土地和不动产以及不可在公共场所发表言论等。所以，他们受到的不公正待遇实质上属于性别歧视。(Cheung，1990：224)

总而言之，美国早期的移民政策剥夺了华人男性享受正常家庭生活的权利，使其沦为种族歧视和性别歧视的牺牲品。然而，华人女性的处境也一样不容乐观。在媒体眼里，华人女性“性生活随便、性情多变，个个都是母夜叉”(Chan，1991：138)，与贞洁、可靠的白人女性不可同日而语。19 世纪末 20 世纪初的社会舆论还认为亚洲女性都是“传播性病、吸鸦片成瘾的妓女”。(Chan，1991：138) 1875 年的《贝奇法》(*Page Law*) 就是在这样的社会背景下产生的，它明令禁止华人及其他所有的“蒙古裔”妓女和罪犯入境。当 20 世纪 20 年代移民法松动以后，亚洲女性的形象虽然有所改观，但她们仍然被看作缺乏魅力的女性群体。这些女性主要为与丈夫团聚而移居美国的。由于大多数华人家庭经济状况窘迫，她们不得不外出工作来增加家庭收入，许多人只能从事收入低的重体力劳动。所以，比起在家里养尊处优的中产阶级白人妇女来说，她们无疑显得过于“彪悍”和“男性化”。(Chan，1991：139)

综上所述，在相当长一段时间里，反异族通婚法和具有强烈种族色彩的移民政策是影响异族婚姻最为重要的制度性因素。为了维护白人种族的纯洁性和对国家政权的统治，美国政府自 1660 年起就开始实施反异族通婚法。最初，该法主要针对黑人和白人的结合，但随着亚洲移民的到来，白人与亚洲移民间开始产生矛盾并不断升级。在亚洲移民聚居的地区，譬如加州等地，亚洲移民，尤其是廉价的华人劳工成为白人有力的竞争对手，使后者感到危机重重，反华情绪日益高涨。于是，反华人与白人的通婚法应运而生。一方面，这些法律剥夺了所有华裔（包括出生在美国的第二代移民）的自由结婚的权力，使他们无法通过通婚的途径获得合法的公民身份，从而改善其社会地位。另一方面，这些反异族通婚法又都是早期美国政府移民和归化政策的真实写照。19 世纪末 20 世纪初，美国政府制定了一系列具有强烈种族色彩的移民政策。它们对亚洲移民，尤其是华人移民的影响深远，第一，它们限制华人移民的流人，导致其在美数量急剧减少。第二，它们阻碍了亚洲移民，尤其是华人社会的正常发展。由于移民政策严重“重男轻女”，华人的男女性别比例失衡，人口增长缓慢甚至出现负增长。第三，它们纵容社会对华人群体形成极其偏激的刻板印象，即男性“不男不女”，女性“人皆可夫”，并加剧了对前者的“妖魔化”和边缘化的程度。

在这样的历史背景下，华人与主流社会间的交流都困难重重，要发展异族两性关系就更加不可想象。因此，华人与白人的通婚的现象在当时实属罕见。以加州为例，19 世纪至近代，当地有文字记载的华人异族婚姻可谓屈指可数：1883 年，《旧金山启示报》（*San Francisco Call*）仅报道过三例华人与白人的婚姻；1903 年的《旧金山纪事报》（*San Francisco Chronicle*）载文称，在当地的唐人街，华人与白人的异族婚姻仅有 20 例。（Coolidge，1909：441）

第二节　社会运动的影响

19 世纪以来，美国主流社会竭尽全力切断华人的血脉，阻止其人口的繁衍再生，以彻底消除困扰他们的“中国问题”。然而不管是反异族通婚法，还是排华移民政策，它们都只是暂时推迟了华人社会成长成熟的进程，终究未能使华人彻底从美国大陆消失。当年席卷全国的反华运动失败了，华人以及亚洲移民不但未如白人所期望的那样彻底消亡，反而随着新的历史时期的到来迅速成长起来。

1965 年，新移民法的颁布掀起了亚洲移民的高潮。华裔美国人人口总数在这之后的二十五年内翻了两番。然而，移民潮带来的变化不仅仅体现在数量上，它还使美国社会和文化面貌也焕然一新，使人口结构和种类更加多元化。虽然文化同化主义仍然主宰着思想意识形态的话语权，但多元主义已经初显端倪。（Barringer，Gardner and Levin，1993）

20 世纪后半叶是美国历史上一个比较动荡的时期。如果说婚姻法和移民法的改革为社会注入了新的活力，那么同一时期的政治、文化运动则对美国及亚裔美国人产生了更为深远的影响和深刻的改变。60 年代轰轰烈烈的民权运动迫使政府通过了一系列民权法案，保护了黑人及其他少数族裔的平等权利。受此启发，亚裔美国人开展了自己的运动，以唤醒人们对本族裔文化的尊重，加强他们的民族意识和认同感。他们争取平等权利的运动迫使美国人重新审视自己所谓的“民主”和“平等”的概念，转而关注少数族裔的境况。同时，一部分亚裔美国人开始在教育、职场等领域获得成功。他们对社会的贡献使主流社会对亚裔群体，包括华裔不得不刮目相看。这些变化使种族间的社会距离渐渐缩短，增加了种族交往的机会，为华裔与白人的异族婚姻奠定了政治、经济和文化基础。

20 世纪 60 年代的民权运动是一个具有划时代意义的历史事件，它暴露了美国宪法所提倡的理想与现实状况之间的巨大差距——美国并不是一个人人平等的国度。相反，这里充满了种族歧视和不公。遭受歧视和不公正待遇的受害者中，首当其冲的当然是美国的黑人。在备受压迫之后，他们中的一群人挺身而出，在公共场合毅然挑战种族隔离制度。譬如，1955 年 12 月，阿拉巴马州蒙哥马利市的罗莎·帕克斯（Rosa Parks）在公共汽车上拒绝给白人让座；1960 年 2 月，四个北卡罗来纳州的黑人大学生（David Richmond，Franklin McCain，Ezell Blair，和 Joseph McNeil）坚持要求一家只为白人供餐的餐厅为他们服务；美国“全国有色人种协进会”（National Association for the Advancement of Colored People，U. S.）的领袖埃弗斯（Medgar E. Evers）投身反抗种族隔离制的斗争中而被种族分子暗杀……他们的勇气激发了非裔美国人的斗志。在社会各界的同情和支持下，民权运动蓬勃开展起来，并很快席卷全国。（王恩铭，2006：210 - 215）短短几年，民权运动就已硕果累累。这一时期，美国最高法院裁决[1]公立学校种族隔离制违宪，从而增加了各种族群体间的日常交流；林登·约翰逊总统签署了《1964 年民权法案》（1964 *Civil Rights Act*）和《1965 年选举权法案》（*Voting Rights Act of* 1965），禁止在选举、教育、工作场所及任何公共设施内实施种族歧视。前者还禁止在销售和房屋租赁中的种族歧视行为；后者允许联邦政府通过控制经费，强制废除学校的种族隔离制。（Grofman，2000：ii）

在参与为黑人争取权利的斗争中，亚裔意识到他们自己的处境与黑人其实并无二致，他们同样受到白人的仇视，同样是各种形式的种族歧视的受害者。受到民权运动的精神和胜利的鼓舞，20 世纪 60 年代末，一些亚裔美国人联合起来，发起了泛亚运动（pan - Asian movement）。虽然亚裔民族众多，但相似

---

[1] 1954 年，在审理“布朗诉托皮卡教育委员会案”（Brown v. Board of Education of Topeka）中，美国最高法院裁定，堪萨斯州关于公立学校实行种族隔离制度的规定是违反宪法精神的。此判决推翻了“1896 年普莱西诉弗格森案”（Plessy v. Ferguson）关于允许学校实施种族隔离制的决议，是一个具有划时代意义的律法改革。

的文化和传统使大家走到了一起。他们在西海岸创建起自己的组织，包括“华裔社会活动校际联盟”（Intercollegiate Chinese for Social Action）、“亚裔美国人政治联盟”（Asian American Political Alliance）、“菲裔美国人大学联盟”（Philippine – American College Endeavor）等。这些组织以亚裔大学生为主，致力于改善亚裔社区的居住和生活环境，开展诸如在唐人街普及英语教育、组织社工扶贫助困和减少青少年犯罪等活动。同时，他们还呼吁大学在校内开设民族学课程（ethnic studies），通过教育和文化活动强化亚裔对本族文化和历史的认知与认同。虽然运动的影响遍布东西海岸以及中部，但亚裔人口的分布状况决定了西海岸始终是运动的中心。（Wei，1993：12 – 24）虽然史学家对这些组织的评价莫衷一是，但都有一个基本共识，即它们成功地帮助美国的亚裔树立起民族自尊和自信，建立了自己独立的身份，即亚裔美国人。这个概念超越了亚裔的民族、文化、社会差异，使他们能够在求同存异的基础上团结起来，为共同的利益而奋斗。“亚裔美国人”这个词也从此进入美国的文化词典。

此外，在运动中还涌现出了一大批亚裔活动家，其中也有许多华裔学生领袖的身影，譬如，被学生誉为“成吉思汗的化身”的乔治·吴（George Woo）；1970 年建立的亚裔社区中心（Asian Community Center）的负责人斯蒂夫·叶蒲（Steve Yip）和他所领导的第二代华裔移民学生等。（William，1993：19）不同于他们的父辈或其他同胞，这些年轻人不甘心忍气吞声地求生存，而是随时准备着为群体的利益挺身而出。他们以一种坦然的态度接受了自己的身份，并对本族裔面临的问题和应对措施有了清醒的认识和筹划。在参与各类抗议活动的过程中，他们掌握了宝贵的组织经验和技术。这既对他们的未来产生了深刻的影响，也为追随其足迹的后代留下了宝贵的政治财富。

为了建立亚裔美国人独立的身份，亚裔活动家们还有力地驳斥了主流社会对亚裔的各种刻板刻画。在美国，亚裔被看作是威胁西方文明的“黄祸”（yellow peril）。在“二战”爆发前，“黄祸”之祸首是华裔。根据主流媒体的描述，亚裔（或者华裔）是一个“特殊”的物种。他们可以是类人类、非人类甚至是超人类，却无论如何不是人类。作为类人类，他们像战争片里的（中国、日本、韩国、越南等国的）武士一样，视生命为草芥，肆意杀戮，甚至不惜牺牲自己的生命。作为非人类，他们是冷漠无情的征服者，对待女人的手段尤其邪恶。其中，最有代表性的人物是洛莫尔（Sax Rohmer）在其系列低俗小说中塑造的邪恶的华裔科学家傅满洲博士（Dr. Fu Manchu）[1]。作为超人类，他们是拥有东方古老智慧的天才或熟知天文地理的科学家，却终究为达到一些不可告人的目的走上邪路。在美国人眼里，当年的华裔功夫巨星李小龙（Bruce Lee）就是这样一个操生杀于一瞬间的超人（a one – man wave of death and destruction）。（Wei，1993：48）

与其父辈不同，亚裔社会活动家们不再因为刻板印象的描述而感到自卑。他们认为，这些刻板印象不过是美国白人为实施反亚裔政策编造的借口，是他们自欺欺人，用以掩饰打压华裔社会地位的意图的方式。这些年轻的活动家通过历史、文学、艺术等各种形式，帮助人们重返历史，发掘自身文化的价值和底蕴，从全新的角度审视自己的身份和社会地位。在他们的帮助下，许多亚裔不再把自己看作是在“美国的亚裔”，而是“亚裔美国人”，开始以一种平等的姿态看待美国的主流社会，更加积极和主动地为创建一个真正平等的多元化的美国社会而努力。出生在夏威夷的华裔贝蒂·布鲁诺（Betty Ann Bruno）就是其中之一。她不仅亲历了民权运动，而且还在运动精神的激励下积极参与到弘扬夏威夷华裔文化的活动中。她常感触颇深地写道：“这些（变化）都是民权运动带来的，在四五十年代的时候是完全无法想象的。当黑人毅然踏上寻根之路时，其他的少数族裔也幡然醒悟了，他们意识到，‘嗨，我们也有自己的祖先啊’。”在教育下一代的时候，布鲁诺毫不避讳自己的身世，而主动与他们分享自己的经历和文化。所以，她的孩子们虽然只有八分之一的夏威夷华裔血统，但却为自己“独特的身份”而倍感骄傲。（Lee，1991：215）

亚裔美国人运动还高瞻远瞩，呼吁各大高校建立新的院系，将运动的精神和火炬长久地传承下去。“亚裔美国人研究”（Asian American Studies）就是借此东风在高校中建立起来的新型学科。它培养了一大批具有强烈民族意识和完善知识体系的亚裔美国学生和学者，为巩固亚裔美国人的自信和改善他们的地位储备了丰富的人力和物质资源。

虽然有一部分亚裔美国人在运动中曾经表现出极左的倾向，但是这一运动始终没有发展成为一场某些人所惧怕的“革命”，而只是一场温和的社会改良运动。这在某种程度上说明，当时的社会体制已经比较开明，对社会变革能够

---

[1] 首次出现在洛莫尔的《福尔摩斯遭遇傅满洲博士》（1875）一书中。傅满洲面目阴险，瘦高秃头，倒竖两条长眉，号称世上最邪恶的角色。根据莫洛尔的叙述，他实际上是黄祸的拟人化形象。

迅速作出反应，从而避免了社会积怨滋生，使左派分子失去群众基础，得不到同情和支持。（Wei，1993：55）

换言之，亚裔美国人以实际行动证明了文化多元论（cultural pluralism）的可行性。在没有引起任何社会动荡的前提下，他们努力扩大了“美国人”的概念，以一种独特的方式来表达他们弘扬本族文化、捍卫本族利益的决心。然而，文化多元论并没有真正地达到少数族裔的要求，因为它只是突出不同民族和不同文化和平共处的原则，而没有明确不同民族和文化间的相互关系。（王恩铭，2005：11）所以在本世纪初，新一代的亚裔美国学生活动家在高校里发起了多元文化主义运动（multiculturalism）。与文化多元论一样，多元文化主义尊重不同文化群体间的差异，否定了美国是“大熔炉”（melting pot）的说法。但同时它还强调，不同文化群体不仅可以和平地，而且还可以平等地共处。换言之，多元文化主义重视不同文化的平等性，它“不允许任何文化群体以任何借口凌驾于其他文化群体之上”。（王恩铭，2005：18）这一理论得到越来越多的学者的支持。有人提出，美国文化生来就是多元的；（Lee，2005）也有人提出保持民族多元化的特征是美国增强实力和实现民主的根本，是解决社会问题、缓解社会矛盾的良方。借助这一理论武器，亚裔社会活动家呼吁，亚裔美国人与其他的少数族裔一样，为多元化社会作出了卓越的贡献，因此应该享有平等的社会权利。

综上所述，20 世纪 60 年代，民权运动动摇了美国旧有的社会秩序，使主流社会开始以更加宽容的态度接纳少数族裔的存在；同时，亚裔摆脱自卑，渐渐在文化和思想意识形态领域获得独立和自由，能够在肯定自我价值的基础上追求平等权利。这些进步都增加了他们与其他族裔的互相交流，缩短了与主流社会间的种族距离。如果说 60 年代的社会运动为华裔与白人的异族通婚准备了必要的政治、文化条件，那么 80 年代后亚裔在职业、教育领域的卓越表现则为后者奠定了必要的经济基础。

亚裔社会地位提高，与其经济状况的改善密不可分。自民权运动后的二十年间，华裔美国人的成就和贡献已有目共睹，并开始得到社会各界的承认。在 20 世纪 80 年代，主流媒体对华裔美国人的宣传发生了戏剧性的改变，正如彼得·罗斯（Peter I. Rose）所称，后者一夜之间从“贱民荣升为模范”（pariahs to paragons）（Rose，1985：192）。“模范少数族裔”的称呼自此风行至今，亚裔美国人，尤其是华裔成为品德正派、志向高远、工作敬业、有责任心的少数族裔的代表。报刊杂志的头条新闻，例如“亚裔学生为何荣获此番奖项”

（Graubard，1988）、“为何亚裔可以成功”（Oxnnam，1986）等都极富说服力地强化了人们对亚裔的新印象，令人们无法忽视亚裔在各个领域，尤其是高等教育领域骄人的成就和表现。这些宣传使人们越来越相信，亚裔已经成为美国主流社会的新成员。有的学者称他们已经登上了社会等级阶梯的顶端；也有的认为他们像当年来自南欧等地的欧洲人一样慢慢被“漂白”[1]了；甚至还有的称，亚裔美国人已俨然是“荣誉白人”（honorary whites）（Alba，1990）。

然而，在光环的背后，针对亚裔的不公正待遇和种族歧视还依然存在。（Hirschman and Wong，1981；Wong，1980）持批判态度的学者认为，“模范少数族裔”和“荣誉白人”的说法一方面是主流社会戴在亚裔美国人头上的一顶新的刻板印象的帽子，是用来贬低或归化其他少数族裔的工具；（Tuan，1999：35－47）另一方面，这样的描述过于笼统，它忽视了亚洲移民内部各民族的个性特征和差异。实际上，许多来自东南亚的族群仍然相当贫困，社会经济地位甚至不及非裔、西班牙裔及印第安人。（Nguyen，2006：316）然而，无论其初衷如何，媒体的宣传都反映了一个客观的不争的事实，即华裔美国人的经济状况改善，移民人口的教育水平逐年提高，社会地位已达到令父辈望其颈背的水平。因此，在过去的数十年间，华裔与白人越来越能够接受对方为择偶对象。根据1990年加州的统计数据分析，1970～1990年间，亚裔异族通婚率，尤其是华裔与白人的通婚率大幅上升。这无疑标志着两个种族间的界限在一天天消融，社会距离日益缩短。（Shinagawa and Pang，1996）

芝加哥大学在同年进行的全国“综合社会调查”结果显示，随时间推移，公众对于异族婚姻的宽容度的确与日俱增。1972年，39%的人支持反异族通婚法；1994年，支持率降到22%；2000年以后，只有10%的人还对此持赞成态度。（Lee，2005：3）根据2010年6月佩优研究中心公布的最新调查报告，63%的美国人对异族婚姻表示可以接受，35%的人声称他们的直系亲属中至少有一人跨族通婚。（US Interracial Marriages Double from 1980：Report，2010）

---

[1] 此处的“漂白”（whitening）一词有两层含义。第一，它代表亚裔美国人与白人之间的高通婚率；第二，它指儒家文化与美国新教之间的互相妥协和融合。（Tuan，1999：85）

第四章　家庭因素

历史因素在塑造种族关系的时候起到至关重要的作用，它们决定了主流社会成员与少数族裔之间的交往频率和相互接纳程度，是异族婚姻产生的宏观社会条件。然而，对于许多跨族交往的男女来说，仅仅有社会环境创造的可能是不够的，当他们需要作出人生中最重要的决定，即婚姻承诺时，他们的父母和家庭的态度成为其人生链条上至关重要的一环。对于东方人来说，恋爱结婚不仅仅只是两个人的事情，而是“牵一发，动全家”的大事。西方人其实也不例外，有英语中一谚语为证：“When you marry someone, you also marry that one's family. They come as a whole package.”[1] 如果传统的婚姻尚且如此，异族婚姻所牵动的关系就更为复杂了。因为，异族婚姻关系所涉及的不仅是普通的两家人，而是来自两个族裔、两种文化的家庭，有时甚至是两个族裔的家族或社区。所以，在缔结异族婚姻关系的时候，双方家庭成员，尤其是父母的态度将是一个不容忽视的影响因素。

本书的20对访谈对象中，几乎所有的夫妻在婚前都征求了双方父母的意见。八对年龄在40岁以上的异族夫妻中有六对夫妻遭到或曾经遭到父母的反对，阻力主要来自华裔一方的父母。20世纪80年代末，宋瑞芳在纽约所作的调查结果与本书的研究结论不谋而合。她的研究对象包括50对华裔和白人夫妻。其中，34对遭到双方父母反对，阻力主要来自华裔家庭一方。（Sung, 1990）其他的夫妻则面临的家庭压力小得多，他们的父母大多对他们的恋爱关系表示支持，也有的由于与子女间保持比较独立的关系，所以在婚姻问题上也采取不干涉的态度。为什么面对子女的婚姻大事，父母会选择截然不同的立场？本章将以此为主线，结合史料和二手访谈数据，详细分析其中的具体原因，以揭示家庭因素在异族婚姻关系中所发挥的作用。

---

[1] “当你结婚的时候，你嫁（或娶）的不仅仅是你爱的这个人，还有他（或她）的家庭。”

第一节　家庭阻力的作用与反作用

一些学者曾提出，少数族裔家庭和社会对于异族婚姻接纳程度取决于同时代种族关系的状态，即种族关系紧张的时候，少数族裔家庭对成员与主流社会成员跨族交往比较反感，反之则接受程度更高。（Kitano，Yeung，Chai and Hatanaka，1984）本书涉及的访谈人的成婚年代都在20世纪60年代或以后。根据上文分析，当时的社会种族关系已经有所改善，为什么他们的婚姻还是遭到了家庭的反对呢？以上的理论是否能够有效地解释这一现象？如果答案是肯定的，是否还有其他因素作用于双方家庭的态度呢？在家庭的高压下，异族男女是如何应对的呢？

Sue（华裔）今年60岁，她和丈夫Rodney（白人）是在20世纪80年代早期结婚的。在与Rodney认识前，Sue的父母对她的婚事很关心，而且一定要她嫁给体面的华裔男性。所以，Sue一直不敢把她和Rodney的关系告诉父母。当他们决定订婚的时候，不得不向父母坦白。果然，婚事遭到了Sue父母强烈的反对。

“当我对Rodney的求婚说‘好的’的那一刻，我就知道那是一个糟糕透顶的决定，因为我能预感到将要发生什么。果然，我爸妈知道以后，都快要把家里的房顶掀翻了。刚开始，他们拒绝相信这是真的，极力劝说我放弃这个想法。他们希望控制住整个局面，但是我的态度却相当坚决。”根据Rodney回忆，最初的对话之后，Sue的母亲装得像什么事情都没有发生一样，给Sue介绍了一个男朋友，逼她去相亲，“当Sue打电话告诉我的时候，我哑口无言，只好说‘好吧，去吧’我想我当时肯定已经惊呆了，不知道该说什么。不过相亲并不顺利，Sue完全没有心情，去过一次后她再也不愿意去了。”当她分析为什么父母极力反对自己的婚事时，Sue认为，原因之一是他们的成长经历给他们留下了太多的阴影。

“我父亲出生在‘二战’前的加州。那个时候，加州对亚裔（主要是华裔和日裔移民）的歧视相当严重，所以他在成长过程中遭受到许多不公正的待遇。所以他从来都不信任异族的文化……他们只跟中国人，主要是亲戚和家人交往。我父亲有很强的民族情结，他以前老是跟我们说上帝很偏爱中国人，因为他创造了这么多的中国人。”

Sue 的结论与北野的观点不谋而合。虽然 Sue 生活的年代，社会政治环境比较宽松了，但种族歧视的阴影仍然笼罩着她的家庭。她的父母作为战前第一代移民，在青年时期遭受到主流社会的排斥和歧视。这些个人经历决定他们一方面对白人心存反感，或者像 Sue 说的“不了解”“不知如何对待”，另一方面更加依赖本族裔家庭和社会的支持，并表现出较强的民族自尊心。Sue 提到父亲有“民族情结”，而 Rodney 也认为他的岳父有“很强的民族自豪感（strong sense of ethnicity）”，所以对女婿的态度比较冷漠，甚至有抵触的情绪。

相关研究还表明，除个人经历以外，移民的教育程度与其种族宽容和接纳度成正比。在第一代移民，尤其是第一代华裔移民中，有很多人没有能力和可能接受高等教育，教育程度较低，对异族文化的容忍度和接纳程度相对较弱，加上恶劣的外部环境的压抑，他们对白人产生强烈的反感也就不足为奇了。（Lee，2005：14；Qian，2001：567；Heaton and Albrecht，1996：206）

虽然 Sue 的父亲受过良好的教育，但她的母亲却来自中国农村。她目不识丁，嫁给 Sue 的父亲以后就一直是一个全职家庭主妇。Rodney 在分析他与岳父母的关系时，曾反复提到他们，尤其是岳母的教育程度。他说，“她没有受过任何教育，是一个纯粹、简单的中国农民。即使移居美国后，她还是整天生活在中国人的圈子里，不（像美国主妇一样）去逛街、不去淘便宜货。这么多年了，她说的英语连 Sue 和她的妹妹们都听不懂。”显然，Sue 的母亲的文化同化程度较低，对美国的文化和社会了解甚少，接触白人的经验不多。所以，当她面对 Sue 的选择时，感觉到强烈的不安全感。这也是她一直希望 Sue 嫁个中国男人的原因之一。

根据 Donna（华裔）的年龄（42 岁）推断，她的父母也是属于“二战”前的第一代移民，所以经历和 Sue 的父母非常相似，他们对 Donna 和她姐姐的异族婚姻也持反对态度。只是 Donna 运气稍好，遭受到的阻力相对较小。但这并不意味着她的父母对女儿跨族通婚更宽容，而是她的姐姐比她更早“踩响地雷”，使他们的注意力被分散，无暇同时顾及两个“叛逆”的女儿。提到家人的强烈反对，Donna 说：“我父亲对不同的种族都有偏见。他总是看不惯这个看不惯那个。他从小住在唐人街，接受的教育就是这样，在外面又受了很多白人的气，所以才变得对现实这么消极和不满……当我姐姐告诉我父母她跟一个白人在谈恋爱时，我爸妈气得不行，坚决不让他进门。”Donna 的丈夫 Sidney对那段日子至今都还记忆犹新，提到的时候还心有余悸："她（Donna）的姐姐跟姐夫（白人）结婚十年以后，她的父母才开始接受这个女婿。之前整整十年里，他甚至不能把车停到他们家的车库外面，而只能停在路边，然后走到他们门口。如果是我的话，我可能无法坚持下去，早就放弃了，这样生活太难了。"

无论是不安全感，还是愤怒或抵触，华裔的负面情绪背后是种族关系的现状。虽然60年代以后，主流社会对少数族裔及其异族通婚的态度变得较为宽容了，但种族歧视在白人中并未完全消失。Rose（白人）和Paco（华裔）的案例表现得尤为突出。Rose的家住在洛杉矶附近的橘子县。母亲没有受过多少教育，生活圈子狭窄，种族观念很强。她坚决反对Rose和Paco交往。Rose每周末从大学回家，都会因为与Paco的关系与母亲发生激烈的争执。她的母亲常常用"物以类聚，人以群分"一类的话教训她，告诉她，她和Paco是属于完全两个世界的人，是不应该在一起的。Rose每次从家里回到学校都非常难过，虽然她并没有因此与Paco分手，但是母亲的压力使他们始终不敢考虑结婚，一直到七年后Rose的母亲去世他们才决定结婚。[1] Rose记得，当时向来比较开明的父亲也开始显得忧心忡忡："你既然作出了这样的选择，那么我相信你已经知道该如何面对那些偏见和歧视。但是，你为你的孩子们的将来想过吗？在（残酷的）现实面前，他们将别无选择，毫无准备，你想过该怎么办吗？"Rose曾提及，她无法想象，如果母亲没有去世，她和Paco的故事会是怎样的结局。显然，Rose母亲的强压和父亲的担忧背后是根深蒂固的白人的种族歧视。即使在民权法案通过之后的一二十年间的加州，人们还能够真切地感受到它的存在，那么华裔家庭在Sue和Donna等案例中表现出的强烈反弹就不足为怪了。

在种族关系比较紧张的时候，种族间的社会距离遥远，相互了解的机会极为有限。一方面，主流社会妖魔化华裔早已不是新鲜事；[2] 另一方面，因为缺乏了解，华裔等少数族裔对主流社会成员也会形成许多的偏见或笼统的不正确的刻板印象，从而影响华裔家庭在对待子女异族婚姻时的态度。当Linda跟她

---

[1] 当访谈进行到此处时，Rose显得非常不自然，并尽量回避笔者的相关问题。出于对访谈人隐私的尊重，笔者没有继续追问，而是之后通过她大学时的室友Sue（访谈人之一）了解到了以上的细节。可见，对于Rose和Paco的关系，前者的家庭反应相当剧烈，以致于这段过去在Rose心里至今仍是不愿触碰的伤痛。

[2] 详见本章第一节。

的华裔男友谈恋爱时，对此则深有体会：

> “20世纪80年代的美国，白人种族分子固然存在，但中国人也不是完全无辜的，他们对白人抱有很深的成见和歧视。你常常会听到他们说：‘我希望你成为美国人，但是一定要说中文，跟中国人结婚，像中国人一样思考和生活。’……当我的未婚夫告诉他的父母我们打算结婚的时候，天都像要塌下来了。他们威胁要跟他断绝关系，剥夺他的遗产继承权，并永远不跟他说话……他们指责我是为了钱才要嫁给他们的儿子；还说我跟其他放荡的美国女孩一样，会夜夜喝得烂醉以后跟不同的男人上床；说我不会满足于相夫教子的家庭生活，他们决不能眼睁睁地看着他们的儿子经历离婚的痛苦。
>
> 不过他们有一句话没有说出来，就是他们在儿子身上寄托了他们毕生所有的希望和梦想，所以只有他们亲自从好人家挑选的中国姑娘才能够给他一辈子的幸福。虽然他们没有直接把这些话说出来，但是我能够感觉到，这让我非常地痛苦。”（Mealey，1982：186）

Pamela（华裔）第二次结婚的时候父母已经去世了，否则她父亲肯定不会允许她嫁给白人，因为他觉得离婚本身就是一种耻辱，嫁给“老外”则更是雪上加霜。尽管如此，Pamela结婚以后还是遭到了许多的白眼，她原来的好朋友个个都离她而去，不再理睬她了。她说她们那一代人都比较保守，哪怕在十年前还有不少人认为嫁给白人的亚洲女性不是好女人，否则她就不应该嫁给“外国人”。因为，女人只有去酒吧这种地方才会碰到“老外”。去酒吧就是喝酒，这说明这个女人生活“很随便”、“很下流”。Pamela少年时随父母移民美国，已经在那里生活了半个世纪，但在访谈中，每当提及美国的白人，她还是会用“老外”“外国人”这个词。很显然，她对白人文化的态度，仍然有所保留。而她的父母这代人，对于白人文化的认同感不仅较弱，而且有很强的排斥心理。

Rose和Paco的关系虽然遭到前者母亲的坚决反对，但后者的家人（母亲和姐姐）却很快接受了Rose。Paco还记得她们对她的评价：“我母亲和姐姐说Rose除了长得不像中国人以外，什么都跟中国人一样，比如她的价值观、家庭观等。她总是能够跟她们相处得很好。直到现在，她还定期去照看我生病的母亲。所以我母亲常说，Rose比中国人还中国人。”这些评价尽管是正面的，却从某种角度说明，华人对白人女性存有偏见或带有刻板印象。Paco 和他的家人认为，一般的美国白人女性不拥有做贤妻良母的品质的，也没有尊重照顾长辈的习惯。Rose 之所以被接受，主要是因为他们认为她“不像”其他白人，是一个例外。当被问及是否只有中国人才拥有这些良好的品质时，Paco 犹豫了一下，然后承认自己的认识确实比较片面，“有些白人当然也拥有这些品质，只是我们以为他们没有”。

值得注意的是，华裔对白人的偏见非但没有随着社会的进步而消失，反而还在左右某些年轻一代父母的思想。当然，本书此处的“年轻一代父母”主要指那些并不生活在美国的父母亲。他们受到历史因素的影响较小，对白人的印象大多来自好莱坞电影、网络等大众媒体的宣传，其中包括关于美国家庭、婚姻的新闻报导。（张丽丽，2006：56）以 Shuhua（华裔）为例，在她母亲见到 Daniel（白人）之前，都一直反对女儿与白人男性谈恋爱。因为，她认为白人不可靠、对感情很随便、特别容易离婚、对家庭不重视。所以当 Shuhua 告诉母亲她与 Daniel 的关系时，后者“简直都要崩溃了”，难过得彻夜未眠。Tina（华裔）离婚跟 West（白人）在一起后，她的父母开始也很不理解，他们对白人的评价与 Shuhua 的母亲如出一辙。而 Tina 的一个同学得知她与一个白人交往时甚至责备她离了婚“就想玩了，对感情不认真了”。言下之意，白人对感情是不会认真的，与他们恋爱或者结婚注定不能善始善终。

由于各种历史和现实的原因，华裔家庭，尤其是第一代移民，不得不依赖于本族裔社会和成员的支持。这种依赖和联系越紧密，本族传统的价值观，诸如重面子、接香火、以家长或父权制管理家庭等对华裔的控制和影响力就越大，使他们对外族的排斥性也就越大。（Kitano，1984：185 – 186）

众所周知，中国人十分强调“面子”观念。在美的华裔社会也不例外。华裔家庭的子女很小就受到“面子”观念的教育。他们知道如果做错了事，不止自己羞愧，也使家庭和所爱之人蒙羞。（黄，1988：26）以华裔跨族交往为例，当本族裔社会舆论对异族交往持否定态度的时候，如果自己的子女跨族交往，父母就会感到在同胞面前抬不起头，很“丢脸”。Tony 和 Vivian 是姐弟，他们当初都因为与白人交往而与父母展开了长期的较量。当然，作为家里第一个吃螃蟹的人，姐姐 Vivian 必须比弟弟付出十倍甚至二十倍的努力争取自己的幸福。当她鼓起勇气说出真相的时候，母亲的反应完全如她所料：“她不停不停地哭啊，闹啊，大声地尖叫，然后就是一句话不说。有整整两三个月的时间，她都拒绝跟我说话，假装我根本不存在。她一直不停地哭，还警告家里其他人不许去参加我的婚礼。我觉得她是想用这种手段最终动摇我的决心。”（Lee，1991：183）Tony 认为，母亲之所以为他们的婚事难过、伤心，原因很简单，

> “她觉得自己在别的朋友面前大大地丢了面子。她的朋友圈子里都是华人。她们凑在一起，就喜欢说长道短。我觉得中国人骨子里就是对所有外族人有偏见，比如他们认为只有讲粤语（广东等地）的中国人才是真正的中国人，而从北方来的都是‘落后的野蛮人’。如果谁家的女儿嫁了个老公不是广东人，那么她就不争气，给家人丢脸了什么的。现在轮到她自己的儿女（不争气）了，她自然觉得很没面子，担心别人会议论和嘲笑她。”（Lee，1991：205）

对于传统的中国人来说，家庭是父母养育子女、子女接受教诲的场所，是传承中华文化、延续血脉和强化族裔身份的重要手段，一条“血与肉的链条”（Sung，1990：75；莫里森·G·黄，1988：20）。家长们担心任何外族人的介入，会打断这根链条的延续性，破坏原有的秩序和规矩。早期华裔家庭对异族通婚持怀疑态度，在一定程度上也是出于这种担心。结婚之前，Bailey（白人）跟 Sean 的母亲接触之后就感觉到：“我有种感觉，他母亲其实希望他能娶一个华裔太太，因为她是一个很自豪的中国人……中国人都非常强调自己的文化特征，并希望能够保留自己的文化传统。”Sean 也说她母亲从小就教育他不要忘记自己是个中国人。幸运的是，Sean 的婚事没有遭到母亲的反对，主要原因之一是他的哥哥已经娶了一个亚裔太太，满足了母亲接香火的愿望。

如果婚姻是家庭文化和生命得以延续的手段，那么语言作为家人交流的方式，理所当然是维持家庭关系的重要环节。对于传统的华人父母，尤其是早期第一代移民家庭，一个不能用中文交流的异族成员自然会破坏家庭体系的完整性，成为一个不和谐的因子。以 Kortney 的朋友 Kya 的家长为例，[1] 虽然 Kya 还没有结婚，但她的父母对她提出的择偶要求是很具有代表性的。Kya（与 Kortney 同龄）的父母比较年轻，也受过高等教育，但是思想还是比较保守，他们只允许她和中国男性交往，而且希望她最好与说粤语的男性结婚。因为他们在家里都用粤语交流，所以她的父母认为这样与未来的女婿的关系才能更亲

---

[1] 笔者没有直接采访 Kya，本文关于她的素材由 Kortney（访谈人之一）口述提供。

密。如果连年轻的华裔父母都还存在类似的想法，那么老一代华裔移民就更加守旧固执了。同样由于这个原因，Rodney 在 Sue 家里总是感觉有些尴尬。Sue 母亲的英文一直不很流利，所以，他与她常常相对无言。而 Sue 父亲的个性与 Rodney 的刚好相反，他是个非常内向，不愿意轻易流露感情的人。他在世时始终不太喜欢 Rodney，抱怨他“太吵”“不够含蓄”。

在传统的中国家庭中，家长的权力比较大，对子女的生活往往诸多干涉，婚姻嫁娶这种大事更不能例外，父母尤其要严格把关。（Sung，1991：75；Kitano，1984：186；黄，1988：20－21）在早期移民家庭里，子女违背父母的意愿择偶已经被视为大不孝，再跨族通婚则是对家长权威的更大的挑战，可能遭到的阻力和压力就不难想象。（当然随着华裔移民社会地位的改善，他们对本族裔文化的依赖性将逐步减弱，这些传统的价值观就会渐渐失去它们的约束力。）Vivian 的父母就是家长制的典型代表。他们从小就要求她必须嫁给中国人。然而她最终还是违背了他们的意愿嫁给了白人 Mark Fentress。回忆少年时父母的管制她仍记忆犹新：“我上高中的时候，我父母不允许我跟男孩约会，说我年龄太小，不应该去想这些事……他们觉得约会是浪费时间，不仅耽误学习，还可能使人堕落、犯下不可饶恕的错误……所以我从来就没有机会约会。他们认为大学毕业以后再集中精力谈恋爱，找一个人结婚就可以了。”（Lee，1991：181）

大学毕业以后，Vivian 的父母像所有的华裔父母一样，不停地安排她与亚裔男孩相亲。Vivian 非常反感父母的安排，但为了让他们高兴，她还是选择了顺从。实际上，她早就与 Mark 相爱了。由于惧怕父母，她与 Mark 秘密交往了七年。“想到要告诉他们我就害怕。我知道他们希望我嫁一个华人，如果我胆敢违抗他们的意愿，就会使家人蒙羞。这是他们多年的心愿，如果我告诉他们真相他们会非常非常失望。我太清楚结果会怎样，大家都会疯掉的。所以我们就这样一年又一年地拖下去，不敢面对现实。”（Lee，1991：183）

华裔父母对子女的婚姻干涉程度之深，我们还可从 Linda 的叙述中窥见一斑。Linda 与华裔男友在交往过程中，除需要克服种族歧视带来的重重困难以外，还必须面对他父母的专制和固执：

“他的父母是很传统的广东人，少年时期移民到美国。他们虽然是两小无猜的伙伴，但婚事都是由双方家庭包办的。我的男友在家里是老大，他们对他的教育非常严格，甚至有点专制……所以，他们一直教育他要顺从、尊重长辈、不能质疑父亲的权威；如果他爱他们，就必须对其亲言听计从，不能有丝毫的冒犯，这样他们才会更爱他。

虽然现在他成年了，可以自己做决定了，但是童年父母的教诲却已经在心里扎根了，不可能摆脱掉。他爱自己的父母，但是却不可救药地爱上了一个他不可以爱的白人姑娘。怎么办？如果父母不同意，他能够承受与他们断绝关系的后果吗？整整三年，这些问题一直折磨着他和我。”（Mealey，1982：189－90）

使 Linda 更为痛苦的是，她的男友因为不愿与父母发生矛盾而采取了逃避的政策。这致使他们几乎分手，婚礼也因此一拖就拖了四年。

因为本书能够接触到的都是现存婚姻实例，所以究竟有多少异族恋爱关系因为父母的反对而终止，这里已无法考证。本书的访谈人中，有近半数（年龄多为 40 岁以上）的夫妻都曾不同程度地承受了来自家庭的阻力，但很显然，他们都没有因此而轻易放弃追求自己幸福的权利。他们中有一部分人通过坚持不懈的努力改变了父母的态度，使后者不再反对子女的跨族通婚；而另一部分人却选择了不同的方式处理来自家庭的阻力。在父母的高压下，他们产生了强烈的逆反心理，反而更坚定地要“把革命进行到底”。换言之，父母的态度可能弄巧成“拙”，最终将这些子女“送”进了婚姻的殿堂。所以，从某种程度上讲，他们的异族婚姻是反抗家长制的结果。

Shuhua、Tina 和 Donna 属于第一类，即她们最终说服父母，使他们改变了态度。在见到未来女婿之前，Shuhua 和 Tina 的父母没有接触过美国白人，而主要受到媒体的影响对后者形成了并不完全客观的看法。然而，当他们真正接触到未来的女婿以后，原来的看法立即发生了改变。Shuhua 的母亲在没有见到 Daniel 之前对白人的印象不好，觉得他们不可靠。当双方第一次见面的时候，Shuhua 的父母看到 Daniel 专门下厨做饭，还很用心地给他们挑选了礼物，第一印象就大为改观。随着双方接触越来越多，“他们认识到，不管走到哪里，了解一个人都必须要真正接触他。每个人都不一样，不能对所有的人都一言概之。”父母态度的转化使双方相处比较融洽，对夫妻的生活帮助很大。比如 Shuhua 的父母在孙女出生后到美国来帮忙期间，Daniel 生病住院前后，他们代替工作繁忙的 Shuhua 无微不至地照顾他，使后者深为感动。而 Tina 的父母是看到 West 对女儿与前夫生育的孩子毫无偏见，呵护备至的时候才彻底放下了戒心。Donna 的父母对她的姐姐的婚事采取了非常强硬的态度，但当他们与Sidney见面以后，态度却不大一样。Sidney提及过去比较自豪："他们喜欢我，我们有孩子以后就更亲近了。"虽然Donna父母的变化有她姐姐的功劳(她与父母的对峙分散了后者的注意力)，但也有力地说明Donna的父母对白人的印象是片面的、笼统的、不准确的。显然，不是所有的白人都对异族带有偏见，不能与他们相处。

当然，遭到父母反对的异族恋人也并没有轻易放弃对方。一方面，家庭的高压使他们产生了强烈的逆反心理，越来越坚定了自己的选择。上文提及的Vivian的经历就属于这一类。虽然Vivian的母亲竭尽所能设法使女儿改变心意，但反而险些迫使后者作出令他们更难过的决定：

> "我想如果实在没有办法的话，我只能为了Mark（白人男友）彻底地和父母断绝关系，反正我妈迟早会拿这个来威胁我的。一旦横了这条心，我也就不再跟他们磨了……结果这倒使我妈彻底清醒了，总算认识到我是无论如何不会回心转意的。她觉得与其无所事事，倒不如做点什么，所以她就不再闹了，（而是着手筹备婚礼）。"（Lee，1991：183）

Vivian的弟弟Tony结婚前遭遇的压力相对小一些了，但是他们的管制还是让Tony很反感："我爸妈的想法是，我应该跟一个华裔女孩约会、结婚。我妈的思想很落伍，我爸好一些，但是思想还是很保守。我和Jody（Tonny后来的白人妻子）约会的时候，他们还不停地给我灌输那些老观念，但我一句都没有听进去。"当母亲擅自接听Tony的电话，并粗鲁地对待Jody时，平时很孝顺的Tony竟完全忘记了长幼尊卑的礼节，对着母亲大发雷霆，"别人给我打电话的时候，你记得要来找我！"（Lee，1991：206）在本书提及的不少案例里，父母面对儿女的反叛和坚持最后不得不让步。当然，为了息事宁人，儿女也会在某些方面作出妥协，比如按照华裔父母的意愿筹备和举行婚礼等。

另一方面，家庭的阻力可以增强异族男女的相互依赖感。在与父母的对峙中，他们有更多的机会了解彼此的家庭文化，从而加深彼此的感情。这成为日后婚姻生活的推动力。因为男友长期无法在父母和她之间作出选择，Linda提出与他分开一段时间。在这段时间里，两个人都非常痛苦，对彼此的关系做了许多思考。最后，他们都经受住了时间的考验，并意识到彼此深爱着对方。他们重新牵手之后，Linda的男友不再逃避或等待，以消极的方式解决与父母之间的分歧，而是“主动寻求专业人士的帮助，通过与家庭咨询师交谈，一点点理清与父母的关系，以他们对他生活各方面的影响……他渐渐明白，自己痛苦的根源是中美两种价值观冲撞产生的矛盾”。男友为挽救他们的关系所作出的努力使 Linda 非常感动，她觉得分离也让自己更加了解他和他的家庭：

> “我明白了，对我的未婚夫来说，父母是多么地重要，向他们证明我不是他们所想像的那种美国坏女孩是多么地重要。我们等待了，即使他的父母还是不愿意接受我，我们至少已经向他们证明我们是尊重他们的，是孝顺他们的，我们是彼此真诚相爱的。在解决危机的过程中，我们之间的爱情变得更加深厚和坚固了。那么只要我们拥有彼此，未来我们还有什么不能克服的困难呢?”（Mealey，1982：191－192）

Mark 和 Vivian 不能公开地谈恋爱，但在他们交往的七年中，他没有给她施加任何的压力，因为他明白，如果他们坚持结婚的话，“我毫无损失，但是 Vivian 会失去一切。这必须由她来做决定、作选择。所以在她彻底想通之前，我不得不等待”。是 Mark 的爱和耐心使 Vivian 最终鼓足勇气向父母说明真相，也是他默默的支持使她能够挺过了最艰难的时刻。但是为了达到目的，两个年轻人在婚礼筹备方面作出了最大的让步。最难能可贵的是，Mark 自始至终都表现出极大的宽容和理解，他说：“我们不得不为她的父母取消我们原来的婚礼。值得吗？是的。每一分钟、每一点压力、每一次头疼、每一分钱都是值得的，因为那会让所有该高兴的人高兴。对我来说在哪里结婚都无所谓，但是对于她的父母就太重要了。这是关乎尊严和面子的大事，必须要办。我能理解，我也很开心……我的婚礼是我一生中最美好的一天。”（Lee，1991：185）Mark 的随和和顺从，对中国文化的理解和接纳使 Vivian 的父母在婚礼上彻底改变了态度，开始向所有的宾客炫耀这个女婿。

综上所述，对华裔跨族通婚持反对态度的，多为年龄比较大，思想比较保守、传统的父母。他们之所以无法接受子女与白人通婚，主要有个人的、历史和现实的以及文化的原因。个人方面，华裔父母的成长经历给他们留下太多的阴影。他们中许多人是第一代移民，当初没有能力和可能接受高等教育，总体文化程度较低，所以接受异族文化的速度比较慢，能力比较弱。同时，在他们生活的时代，外部环境恶劣，种族歧视严重，这令他们倍受排斥，迟迟不能被主流社会认可。所以，对于白人和他们的文化，这些父母具有强烈的反感情绪，自然难以接受子女与白人通婚。历史和现实方面，由于种族关系紧张，族裔间缺乏互相了解的机会，极容易形成一些误解，影响双方的决策和判断。在主流社会妖魔化华裔的同时，华裔对前者也形成了许多偏见或不正确的刻板印象，譬如，白人生性放荡、随便、不负责任等。如今，这些偏见和刻板印象没有随着社会的进步而消失，反而有被媒体夸大和强化之嫌。所以，即使在一些年轻的华裔父母（尤其是没有接触过白人的华裔父母）眼里，白人仍然不是建立家庭的理想对象。文化方面，异族婚姻动摇了传统家庭观和价值观的地位，增加了华裔父母的不安全感。以面子观为例，由于华裔对外族人带有偏见，所以子女与白人通婚被视作不光彩的事，令父母“丢面子”。他们采取拒绝的姿态，一方面是惧怕舆论的压力，另一方面也是维护自己的“面子”。此外，异族婚姻还被视为是对华裔传统家庭模式的一种威胁，有损家庭和谐。它不仅挑战和质疑了父母的权威，而且还破坏了家庭的稳定性和完整性。在这种误解和偏见的影响下，华裔父母采取比较强硬的态度也就不足为奇。

然而，阻止和高压政策并不一定能够拆散恋爱的男女。实际上，它们常常适得其反。譬如，本书的一部分访谈人就是因为父母的高压政策下而产生反弹，变得对自己的选择更加坚定。所以，他们的婚姻在某种程度上是与父母对抗的结果。还有一部分访谈人认为，与恋人互相支持，寻求方法改变父母态度的过程不仅加深了他们对彼此的了解，而且还使他们的感情更加深厚。对于这部分访谈人来说，父母的阻止在他们的恋爱经历中是“福”不是“祸”。

当然，不是每对恋人在守得云开见日出之后都能够“从此过上快乐幸福的日子（live happily ever after）”。虽然有些异族男女没有得到父母同意就执意结婚了，但父母不甚了然的态度终究还会成为他们婚姻生活中的隐患之一，因而影响他们的婚姻质量。（Sung，1990：98）由于婚姻生活不在本书讨论的范畴，所以此处不做赘述。

第二节　家庭的支持是润滑剂

在本书的20对访谈对象中，一半以上的人提及，他们的家庭对其跨族交往的态度比较平和，没有采取坚决反对的态度。这自然成为异族男女发展两性关系的润滑剂，是他们建立婚姻关系的良性推动力。这些父母之所以与上文中的父母态度迥异，原因有很多，但最重要的原因有二：首先，社会环境和华裔社会、经济地位发生了变化，华裔或白人对于异族的宽容度增加；其次，父母特殊的个人经历将影响他们对种族关系的观察与思考。

20世纪60年代民权法案颁布以后，虽然种族歧视的思想和行为并没有完全消失，相对于“二战”前，美国社会“种族的意义在削弱”（Wilson，1978）。不同族裔在各种场所相互交流的机会增多，社会距离缩短。随着时间的推移，主流社会成员对待异族的态度发生了改变。在比较年轻的白人父母中，种族的概念相对淡薄。他们中不少人与异族接触的机会较多，有的甚至还有非常亲密的亚裔或华裔朋友。生活在这样的环境里，他们并不会对子女的异族通婚感到意外。Mike今年30岁，他对各国文化都有浓厚的兴趣，这跟他父母从小的教育分不开。

> “我父母对不同的文化都抱着欣赏和尊重的态度。我很小的时候，他们就教育我要以同样的态度去看待和思考周围的事物。我父亲是中学教师，母亲是理疗师。我母亲有很多华裔朋友。他们对不同种族都抱着友善的态度，一部分原因是他们信仰基督教。他们相信上帝创造了人类，并让他们分布于五湖四海，是一件美好的事情……离我们住的地方不远，有一个很大的华人社区，我妈妈经常到那里去玩，交了很多好朋友。我也因此学到很多的中国文化。
>
> ……（择偶方面）我父母只希望我能娶一个与我有共同信仰、共同人生目标和在各方面比较合拍的人。我和Amie（华裔）订婚以后，母亲告诉我，其实她原来就希望我能娶一个中国女孩。”

本文第二章第一节曾提及，Ben的家庭背景对他本人择偶的影响。他的父母是相当开明的人，他们曾为来自全世界各国（包括日本、德国和阿根廷）的暑期交换学生提供住宿。后来，他母亲自己成为这个项目的组织者，并与一位日本英语教师以及他的学生们建立了长期的友好关系。所以，对于Ben与Lacey的婚姻，母亲没有表示任何的异议。当然，如果这样就得出社会偏见完全消失的结论还为时过早。但即便如此，年轻的父母在看待和处理种族关系的时候还是相对灵活、宽松得多。以Jill的母亲为例，她最初对华裔抱有一定的偏见，认为中国人没有幽默感。但是，她并没有反对儿子（白人）与Alice（华裔）的婚事，而且也不拒绝与Alice的父母接触。所幸的是，在两家人见面之后，她很快摒弃了原来的看法，与亲家们相处得非常融洽。这令 Jill 和 Alice 的婚姻生活轻松许多。

实际上，人们的观念并非一成不变。当主流社会顺应潮流、更新观念的时候，华裔社会内部也在发生着潜移默化的变化。受到 1965 新移民政策的鼓舞，大量华人移居美国（主要居住在加州等西部各州）。这些移民的人口特征与早期（1965 年前）的移民迥然不同。他们的教育程度、职业水平都高于社会平均水平，语言能力也比早期移民的强。（Wong，1986）所以，这些移民入境后能比较容易融入美国的社会生活。由于他们的经济状况良好，生活空间不再（像 Sue 或 Donna 的父母那样）仅局限于唐人街等华人社区，而是扩展到中产阶级聚居的郊区等地，从而拥有更多的机会平等接触主流社会成员。总体上，他们不像老一辈人那样心存积怨，同时又较少受到传统文化的约束，所以在看待异族婚姻时，态度能够更加平和宽容。

Kim 的父母是 30 岁左右（20 世纪 70 年代）从台湾移民到加州旧金山。离开台湾之前，他们的生活已经比较富裕。Kim 的父亲是跨国公司职员，母亲从事旅游业。两人的英文都不错，所以，对他们来说，要融入美国社会并不难。他们移居加州的时候，正值美国社会比较动荡，以加州为中心的“反正统文化运动”（Counterculture Movement）❶ 还余音未了。Kim 的父母因此有机会与比较激进的年轻人交朋友，思想比许多中国人要开明。他们从来没有在 Kim 的恋爱、择偶一类事情上过多干涉。当 Kim 与 Bright 约会的时候，她的父母完全没有在意他是白人，而是在喜欢后者的个性的基础上赞同他们交往。

Kortney、Alice 和 Amie 的父母也都是 70 年代末或 80 年代初的华裔移民。他们都在美国接受了高等教育，并因此获得良好的职业，生活条件优越，居住在市郊的中产或中上层阶级聚居的社区。在处理异族关系的时候，他们显得较轻松和自然。有趣的是，三人的父母在内心里都曾经希望女儿能够嫁给中国人，主要出于交流方便等的考虑，但是当他们知道女儿与白人男友的关系以后，都没有提出反对。Jill（白人）提及岳父母（即 Alice 的父母）非常欣慰：“我从来没有感觉到（来自她家的）任何阻力。我（与她父母）用英语交谈，交流非常顺畅……我岳父是一个很风趣、有见识的人，经常把我们大家逗得哈

❶ “反正统文化运动”是“60 年代美国青年在思想文化领域对正统价值标准的公开反叛和挑战。参与者包括社会各种反文化团体，如嬉皮士、耶稣迷、黑豹党、吸毒癖等。他们的主要目标不是获取经济上的权力，而是挑战文化上的传统习俗。”（转引自王恩铭. 美国反正统文化运动：嬉皮士文化研究［M］. 北京大学出版社，2008：20）。

哈大笑。”不仅如此，Alice 的父母在与亲家的交往时也同样坦然自如，令后者打消了最初的疑虑。❶ 如今两家亲密无间，相处十分融洽。Kortney（华裔）的父母最初担心 Smith（白人）不能理解中国的文化，但在接触过程中，他们发现 Smith 比自己的儿子在某些方面更像“中国人”；在女儿与 Mike（白人）交往之初，Amie（华裔）的父母就表现得相当豁达：“你能找到与你真心相爱的人我们就满足了。”他们还常说 Mike 比“中国人更中国人”。以上案例都说明，与 60 年代以前的华裔移民相比，年轻一代移民已渐渐摆脱历史的沉重包袱，愿意以更理智、更人性化的态度对待子女的婚姻问题。他们即使对异族男女交往曾经心存疑虑，最终还是将子女的情感需要，而不是种族关系放在首要的位置，抛弃成见，在尊重子女意愿的基础上接触和接纳异族文化。

还有一部分访谈人的父母由于个人特殊的经历，比如曾在海外工作或生活，接触异族或异国文化的机会较多，所以思想开明。这些特殊的经历使这部分父母能够超越时代、地域的影响，对待异族婚姻具有独立而独到的判断能力。这样的家庭在本书的访谈人中占 20% ~25% 的比例。Cathy 和 Daemon（华裔）是笔者的访谈对象中最年长的一对夫妻。在他们结婚的年代（20 世纪 60 年代），美国还有十七个州仍然施行反异族通婚法，社会舆论对异族婚姻的压力不小，所以，理论上，他们的结合应该受到极大的家庭阻力。然而他们却非常幸运，双方家人都没有表示反对。在那种特殊的时代，Cathy 的父母之所以能够接受 Daemon，主要因为他们曾经在非洲做过五年传教士，对于异族文化并不陌生。另外，Daemon 的家人长期居住在香港，并未像其他在美华裔那样遭受到不公的待遇，对白人的怨恨相对较少，所以能够接受白人文化。无独有偶，Ben 和家人也有在非洲生活和工作多年的经历，对于异邦文化能够抱着开放和理解的态度。这也是后来他母亲热心国际学生交流项目的原因之一。父母的经历和世界观在 Ben 的成长过程中留下了深刻的印记，也决定了他成年后择偶的一些重要标准。❷

前文曾提及，来自美国中部某城市的 Smith 在宣布与 Kortney（华裔）订婚的消息之前，曾经遭到好朋友和一部分家人的反对，但是他父母却表示了赞同。Smith 认为，父母的态度跟母亲的事业密不可分。Smith 的母亲曾经是一个外科医生，由于健康原因停止从医后，多年来一直全心全意地投身于当地教会

❶ 详见第二章第一和三节。

❷ 详见第二章第二节。

的慈善事业，而父亲则在背后默默无闻地支持着她。自 Smith 幼年时起，母亲就会带着他和妹妹奔波于全国甚至全世界各地，为慈善机构筹款。这个慈善机构旨在为全世界贫困地区的孩子提供医疗救助，所以，对于热爱自己事业的 Smith 的父母来说，“爱是可以超越任何种族和种族差异的。”

综上所述，虽然家庭（即父母）的作用因人而异，但有一点是不可否认的，即它至今仍是加州中美异族婚姻中一个重要的影响因素。异族青年家庭对异族婚姻的态度首先取决于同时代种族关系的状态。19 世纪末至 20 世纪中叶，美国移民法日趋严苛，反异族通婚法大行其道。当时，加州的种族歧视和偏见十分严重，遭受排斥的华裔对白人心存反感、缺乏信任。即使在《民权法案》颁布后的一二十年间，即 20 世纪七八十年代，种族歧视的阴影仍然笼罩着族裔双方的家庭，华裔父母对自己子女跨族通婚仍然不能采取宽容的态度。90 年代以后，社会政治环境越来越宽松，一方面，新移民的经济、社会地位逐步提高，他们比早期移民更易融入主流文化，与白人相处也更加轻松自然。另一方面，白人对少数族裔的态度也发生了改变，对后者的认同程度逐渐提高。这一时期，华裔和白人开始能够理解甚至支持家庭成员跨族择偶。除社会和历史的原因，特殊的个人经历，譬如海外工作或生活的经历也使一部分父母有机会频繁接触异族或异国文化，所以他们的思想较为开明，在子女的跨族择偶一事上能够超越时代、地域的影响，做出客观和理智的决定。

宋瑞芳在 90 年代初曾提及，随着生育率的下降和家庭成员的减少，现代家庭的功能将发生巨大的改变；此外，越来越多的子女由于教育、职业等原因不得不远离父母生活，使两者间的关系日渐疏远和独立。因此，在婚姻大事方面，子女更坚持自己的看法，父母的态度仅为参考，不一定会影响他们的决定。（Sung，1990：75）以 Jon（白人）和 Jammie（华裔）为例，他们决定结婚之前确实征求过 Jammie 的父母的意见，但是整个过程很简单，俩人处理得也比较轻松。“我们跟他们（Jammie 的父母）说我们要结婚了，之后就是死一般的沉寂（说到这里，两人笑了）。我们找借口说要出去走走，留他们俩在家里商量商量。当我们回到家的时候，他们已经商量好了，一切都还行……其实他们同不同意我们都会结婚。我们住在加州，而他们在纽约，相互干涉或发生冲突的可能性不大。”虽然 Judy 不是成长在美国的华裔，但是由于很早就离开家外出求学，所以她一直都比较独立，到了美国就更是如此，

“我一直很独立，我父母对我（20 岁以后）的约束本来就很少……

他们对我们（的关系）没有说什么。我们2003年结婚，2002年8月去中国旅游了一次，所以家人都见了他，挺好的。家人没什么特别的反应，就是觉得我嫁个好人就行了……我们很少回去，他就只见过我父母一次……我认识他一年就见过他父母。他爸爸常常来。我们有了孩子以后，他爸爸隔两个月就会来。我跟他爸爸在一起，能够感觉到的文化差别是，我不用叫他爸爸，而是直呼其名，不像我们中国人爸爸的样子。美国的人际关系特别简单……如果当初父母反对，我们还是会结婚的。父母的态度对我们的影响不是很大。”

Judy的丈夫Paul的家乡在纽约，目前俩人定居加州，所以离他的家庭很远，与父母之间的关系比较独立。然而，此类家庭在本书中属于少数案例，因而不足以说明它是否已成为一种普遍的模式。如今，美国正在经历经济危机的震荡，越来越多的美国人离开家乡甚至自己的国家到海外寻求工作机会。（Quinn，2009）所以，即使这种家庭关系如今尚不构成当今的主流，但在不久的将来也势必会成为相当普遍的社会现象。

本书的一些其他发现虽然仅基于对个别案例的分析，却仍然值得一提，以作进一步思考之用。Donna与Sidney这对夫妻在交往之初遭到女方父母的反对，但男方家庭却很顺利地接受了他们的关系。Sidney的父母与Donna的父母生活在同一时代，并没有接触过许多的异族文化。他们为什么能够如此顺利的接受现实呢？Donna与Sidney的个人背景资料显示，俩人的学历和职业比较悬殊。Donna是拥有博士学位的验光师，而Sidney仅为一名高中毕业的IT行业技师。以社会层次论观之，[1] 两者的教育水平完全不匹配，他们缔结婚姻关系的基础是什么呢？本文认为，这与莫尔顿在1941年提出的“交换”和“上嫁”的理论[2]描述的情形非常相似。实际上，Sidney父母的态度是很有代表性的：“我爸妈为我跟Donna交往而感到很开心，因为我以前的女朋友都是个人生活一团糟的人，而Donna却受过良好的教育，做事踏踏实实。他们认为她对我能产生积极的影响。”很显然，Sidney的父母赞同儿子的异族婚姻，除尊重儿子的选择外，还因为了解到Donna的经济地位比儿子的高，他们未来的生活可以比较有保障。Donna在访谈中曾暗示，她之所以对华裔男性不感兴趣，除

---

[1] 详见第一章第三节。

[2] 详见“导论”第三节。

因为他们缺乏个人魅力以外，还因为其种族地位与白人男性相差甚远。Sidney虽然学历不高，但是作为白人，种族地位显然高于华人，包括Donna自己。所以，此处用莫尔顿的理论诠释Sidney父母的态度，并非毫无道理。换言之，他们对儿子跨族择偶能够欣然接受，原因之一是试图用自己的种族地位交换对方的经济地位，这在某种程度上与Donna的想法不谋而合。总体上讲，在亚裔美国人追求社会平等权益的斗争中，莫尔顿所描述的交换现象正在日益减少。(所以，许多的学者认为他的理论已经过时了，不足以解释当今的异族婚姻现象了。）然而，随着中美之间悄然兴起的网络婚姻热，“交换理论”一说很有可能被赋予新的含义，被用以诠释华裔与白人的异族婚姻。由于网络婚姻不属于本书讨论范畴，此处不作讨论。

第五章　结　论

第一节　内容回顾

本书以美国加州华裔美国人与白人的婚姻为研究对象，详细分析和论证了社会、文化、历史以及家庭等因素在中美异族婚姻中发挥的不同作用，回答了本文开篇提出的三个问题。概而言之，中美异族婚姻是主客观条件同时作用的结果，缺一不可。一方面，异族婚姻的产生体现了婚姻主体的主观愿望和行为，即少数族裔（自觉或不自觉）接受文化同化，与主流社会间的社会距离缩短，为跨族亲密接触创造机会。此外，族裔文化的差异增加了双方的魅力，文化相通性使双方拥有许多的共同语言，为异族男女的交往奠定了精神基础；另一方面，它还折射出特定历史时期社会的接受程度，并受到族裔人口数量、性别和教育水平等社会条件的制约。

第一章运用布劳的结构主义理论，结合定性和定量数据从几个不同的角度，论证了社会客观条件对华裔跨族通婚的制约和影响。首先，华裔的人口数量和他们所居住的社区环境中人口的多元化程度决定他们的跨族交往频率。其次，即使本族裔具有足够的适婚年龄人口，性别差异也可能成为族内婚姻的障碍，促使华裔成员跨族通婚。研究表明，多年来，华裔女性比男性更倾向于跨族通婚。此外，相对于其他族裔，亚裔，包括华裔美国人更倾向于与白人通婚。最后，教育作为一种文化手段，在中美异族婚姻中也发挥了不可忽视的作用。它不仅为华裔移民提供了改善社会地位的机会，还帮助主流社会成员脱离家庭和生活环境（尤其是狭隘的带有种族色彩的家庭和环境）的影响，形成独立的、普世的价值观和婚姻观。

第二章着重论述促使华裔跨族通婚的主观条件，即文化因素的主导作用。文化同化创造机会，并为异族男女的交往奠定精神和物质的基础。文化同化不是单方面努力的结果，而是一个双向选择和适应的过程。这一过程不会抹煞族裔文化的个性差异。事实上，差异不仅存在，而且能够增加两性的魅力。然而，中美文化之间并非完全相异，两者之间存在许多相通相似之处，这是异族两性间产生共鸣的前提条件。

决定少数族裔移民文化同化程度的三个要素包括他们的受教育程度、在美国的客居时间和英语语言能力。教育作为一种重要的文化手段，既能够帮助少数族裔提高社会地位，增加他们进入主流社会的机率，还可以削弱主流社会内部成员间的关系，鼓励他们主动了解异族文化，扩大择偶范围。少数族裔成员在客居国家居住时间的长短也与其同化程度成正比。此外，语言掌握程度是衡量移民文化同化程度的标准之一。语言的优势使他们能够在社交及职业场所充分发挥特长，减少人们对其族裔身份的关注。

无论第一代还是第二代华裔移民，接受文化同化的表现形式都是多种多样的，他们在英语语言掌握程度、价值观、思维方式、情感表达方式、生活休闲方式以及穿着打扮等各方面都会发生一定的变化，从而接近主流社会的审美或价值体系，逐渐融入主流文化。但是，中美异族婚姻不是华裔单方面追求的结果，而是一个双向选择和适应的过程。如前文所提及，在接受高等教育的过程中，一部分白人未婚者视野变得更加开阔。他们摒弃了世俗的偏见，对其他族裔文化的表现出强烈的兴趣，并愿意接受亚裔作为恋爱对象。

在论述文化同化与异族婚姻的关系时，本书有超越前人之处。主要表现在以下几个方面：第一，本书摈弃了原同化论者关于“大融炉”的说法，肯定华裔在参与同化的过程中仍然保持了自身族裔的文化个性。第二，本书为文化差异“平反”，提出文化差异可以对异族关系的建立和发展产生积极的作用。第三，本书认为，中美文化并非截然不同，两者之间其实存在许多的相似之处，而且这些相似之处在异族关系中担任了重要的角色。

第三章从宏观角度研究异族婚姻的产生。在历史上，美国曾经实施反异族通婚法和具有强烈种族色彩的移民法。它们在相当长的时间里是影响异族婚姻最为重要的制度性因素。反异族通婚法自 1660 年起开始实施。当时，美国社会种族、性别等级森严，异族亲密接触往往为社会所不齿。20 世纪下半叶，随着一系列社会变革，人们的态度才逐渐发生转变。1954 年学校禁止种族隔离（制度），增加了各种族群体间的日常交流；1964 年颁布的《民权法案》保证了各种族在公共场合和工作单位的平等权利；1965 年通过的《新移民法案》引发了新一轮移民热，这一时期涌入的移民不仅增加了人口的多元性，也为异族婚姻的产生准备了丰富的人力资源；这其中最具决定性的变革还是1967年美国最高人民法院宣布在全国范围内废除反异族通婚法。自此，对于异族婚姻的制度（机构）性障碍才终于轰然倒塌。

如果说法制改革为社会注入了新的活力，同一时期的政治、文化运动则为美国及亚裔美国人带来了深远的影响和深刻的变化。它们帮助人们重返历史，发掘自身文化的价值和底蕴，从全新的角度，即作为“亚裔美国人”审视自己的身份和社会地位，并开始以一种全新的、平等的姿态看待美国的主流社会，更加积极和主动地为创建一个真正平等的多元化的美国社会而努力。80年代，一部分亚裔美国人开始在教育、职业等领域获得成功，令主流社会刮目相看。此外，亚裔争取平等权利的运动动摇了美国旧有的社会秩序，迫使美国开始关注少数族裔的境况，并以更加宽容的态度接纳少数族裔的存在。从此，种族间的社会距离渐渐缩短，不同族裔间的交往也越来越频繁。在过去的数十年间，亚裔，尤其是华裔与白人在择偶时，越来越能够接受对方为恋爱对象。

历史因素是催生异族婚姻必要的宏观社会条件。然而，对于许多跨族交往的男女来说，仅仅有社会环境创造的可能是不够的，当他们需要作出人生中最重要的决定，即婚姻承诺的时候，其父母和家庭的态度也是他们纳入考虑的因素之一。本书第四章以此为线索，探寻父母采取不同态度的具体原因。面对子女的异族婚姻，家庭的态度主要有以下三种：反对、赞成和无所谓。访谈数据显示，遭到父母反对的夫妻，阻力主要来自华裔一方的父母；而有的夫妻比较幸运，他们的父母大多对子女的选择表示支持；还有的家庭与子女间保持比较独立的关系，所以在婚姻问题上也采取不干涉的态度。影响华裔父母态度的因素比较复杂，其中包括历史的（即社会种族关系）、文化的（即传统文化的约束）、教育的（即个人受教育程度）、经济的（即个人社会经济地位）和一些个别的原因（譬如与子女关系的亲疏程度）。

与本书的结论相似，宋瑞芳在1990年的研究也发现，对异族关系持反对态度的华裔家庭多于白人家庭。本文认为根本原因有如下三点：首先，白人作为统治阶级，是实施而不是遭受种族歧视和迫害的民族，所以在社会、政治环境发生变化以后，他们比较容易转变态度，以顺应时代的发展。而华裔作为被歧视和被迫害的阶层，对白人的积怨较深。所谓“冰冻三尺，非一日之寒”，隔阂不可能在一夜之间消除，需要较长时间才可能与前者建立相互的信任的关系。（Grofman，2000：121）其次，中国传统文化在华裔社会根深蒂固。某些传统观念至今还影响着华裔家庭的生活，对华裔成员具有较强的控制力和约束力，使他们对外族产生排斥心理。最后，本书的样本采集具有一定的局限性，所以不排除偶然的因素存在。在样本发生变化后，数据分析的结果有可能也会发生变化。这是本书的一大弱点，当然也是社会学定性研究的一大软肋。

第二节　当今异族婚姻的趋势

佩优研究中心最新报告显示，2008 年美国所有的新婚夫妇中，异族婚姻占 14.6%。换言之，几乎每七对新婚夫妇中就有一对跨族通婚，这一比例已创历史新高，是 20 世纪 60 年代异族通婚率的五倍，80 年代通婚率的两倍。此报告还显示，在 2008 年全年中，美国有 280 万对新人登记结婚，其中白人占 9%，非裔占 16%，西班牙裔占 26%，亚裔通婚人口占总数的 31%，为美国所有族裔之冠。通婚的亚裔中近半数的人与白人联姻。（见图 5.1 与 5.2）从地理分布来看，这些异族夫妻大多居住在加州、内华达州等西部各州，南部、中西部相对较少。（Passel，2010）

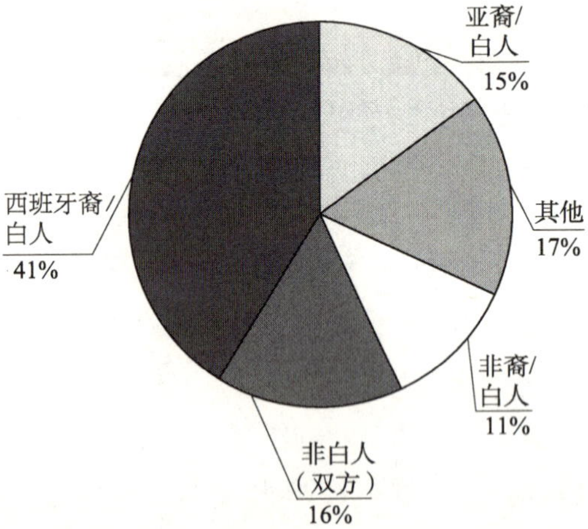

图 5.1　2008 年的新婚异族夫妻的种类比较❶（Passel，2010：24）

如今，异族婚姻中的性别差异依然存在。譬如，在非裔美国人中，约有

❶ 图 5.1 与图 5.2 中的“新婚夫妻”指在此项调研前 12 个月内结婚的夫妻；图 5.1 中的“其他”包括美国的印第安人、混血人种和其他人种。

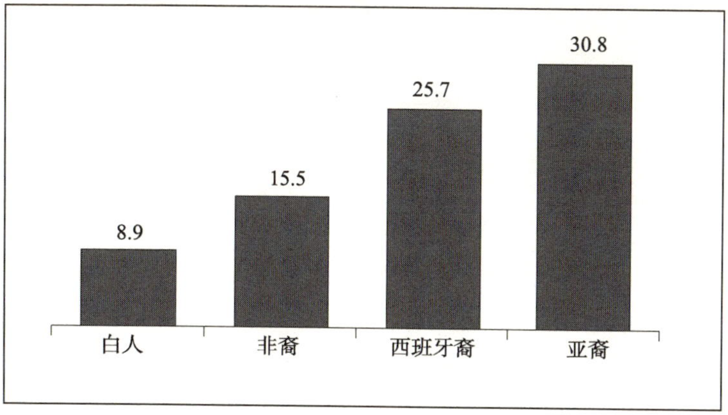

图 5.2 2008 年跨种族/民族通婚的百分比比较（Passel，2010：25）

22%的男性迎娶异族女性，而女性跨族通婚的只占 9%。亚裔的情况则恰恰相反，女性比男性更倾向于跨族通婚。多年来，两者间的通婚率之差一直保持相对稳定。1980 年，跨族通婚的亚裔女性约占总数的 28%，男性约有 13%。（Lee：2005：12）2008 年，近 40%的亚裔女性跨族通婚，而男性跨族通婚者只占前者的一半。这与本书第一章第二节的调查结果完全吻合。

影响异族婚姻的因素包括教育程度、移民身份以及移民总量等。教育程度与异族通婚率成正比。具有大学学历的人更易跨族通婚，但是异族婚姻总数与其他学历群体的差异不大。2008 年结合的新婚夫妻中，异族夫妻中 15%具有大学学历，13.5%已完成中等教育，只有 11%没有完成中等教育。移民身份与异族婚姻息息相关。本土出生的第二代移民比第一代移民的通婚率高。第二代亚裔移民通婚率是第一代的两倍，第二代西班牙裔移民的通婚率是第一代移民的三倍。专家认为，过去四十年间，新移民的涌入也对异族婚姻产生了影响，这其中既有抑又有扬的效果。根据社会结构论者的分析，人口数量增加为主流群体创造跨族通婚的机会，却同时抑制少数族裔跨族通婚的愿望，使他们更倾向于族内择偶。所以，1980 年至 2008 年间，随着亚洲和拉美的移民的涌入，美国的亚裔和西班牙裔的跨族通婚率增长速度减缓，增长幅度不甚明显。（Passel，2010：16）

在二战前的美国，反异族通婚法大行其道。然而，仅半个世纪的时间，尤其是近二十年里，美国社会对异族婚姻的态度和行为已经发生了极大的转变。人们的宽容度明显增加，这为异族婚姻创造了良好的外部环境。在 1987 年的民意调查中，仅 48%的人表示可以接受白人和黑人约会。在 2009 年，这一比例增加到了83%，并包括所有年龄层次的人。数据还显示，被调查者的年龄越轻，对异族婚姻（或关系）接受程度则越高：18岁到32岁的被调查者中，93%的人表示赞成异族婚姻，64岁及更年长的人中持支持态度的占68%。（Passel，2010：45）

根据以上数据，我们可以预测，未来亚裔美国人的异族通婚率还会继续攀升，具体原因如下：

第一，随着近年来移民人口的增加和更多多族裔（multi－racial）人口❶的诞生，美国人在生活、学习、娱乐等场所接触不同族裔人群的机会越来越多。这种交流（尤其是非竞争性平等的）将有助于异族友谊、恋爱以及婚姻关系的建立和发展。同时，多族裔人口的存在也无时不刻不在提醒美国人，异族婚姻已经是一个不可忽视、不可逆转的社会现实和潮流。因此，人们的态度还将发生更大的转变。

第二，第二代亚裔移民人口数量将逐渐增加。根据本书的论证，由于亚裔第二代移民的同化程度高于上一代移民，他们更有可能跨族通婚。所以，这个日益壮大的群体将无疑成为异族婚姻的生力军。

第三，出生在异族婚姻家庭的多族裔子女将逐渐成长起来。根据2000年美国人口普查数据分析，多族裔人口中约一半的人与异族通婚。换言之，他们的成长和成熟将进一步增加异族通婚的概率并致使更多多族裔子女的诞生。

第四，主流社会与少数族裔之间的社会经济地位的差距在逐渐缩小，这将扫除异族通婚道路上的主要障碍。国家律法的完善和修订为少数族裔提供了更可靠的制度性保障，使他们可以免受种族歧视之害，获得更多上升的空间。在过去数十年间，美国教育界的努力也卓有成效。1960年，具有中等教育水平或以上的白人占总人口的43%，黑人仅占20%；获得本科学历的白人占总人口的8%，黑人仅占3%。至2000年，中等教育层次的差距几乎完全消失，大学阶段的也大幅缩小。具有大学学历的白人占总人口的26%，黑人占17%。多年来，亚裔的教育水平一直高于白人，至2000年，44%的亚裔人口已经完成了高等教育。（Lee，2005：32）根据本书的分析，教育可以为少数族裔提供机会，提升其社会地位；此外，高等学府作为英才汇聚之地，既能够促进各族青年的平等交流，又能够开阔他们的眼界，使其抛弃狭隘的价值观和种族观

❶ 2000年美国的人口普查表的一大革新。允许填表人在报告自己的“族裔”时进行多项选择。由此出现“多族裔人口”一词。

念，为孕育异族婚姻准备适宜的条件。

第五，美国公众对于异族婚姻的宽容度还将继续增加。佩优研究中心在2009年做了一项关于异族婚姻的调查。结果显示，63%的被访者可以接受自己家人与其他族裔（主要是黑人、西班牙裔和亚裔）成员结婚，80%对家庭中有外族（以上三种）成员的加入表示无所谓。对与亚裔通婚的支持率达到75%。对比2001年的类似调查，如今白人的宽容度增加，支持家庭成员异族通婚的人数已达到63%。

当然，异族婚姻的发展不会是一帆风顺的，原因之一，异族婚姻的上扬趋势可能因为其他因素的干扰而减缓甚至回落。这些因素包括持续不断的亚裔和西班牙裔移民潮。它将导致第一代移民人口增加，因而提高移民族内交往的概率，抑制异族婚姻的产生。原因之二，在民调对公众的态度表示乐观的同时，其结果不断遭到质疑。许多专家认为，民调结果受到太多主观因素的影响，并非完全客观和准确，譬如，被调查者并非完全诚实，或者他们的回答受到社会舆论的左右等等。（Wickham，2001）在现实生活中，偏见依然存在。公众行为，包括不友善的评论和带有敌意的目光都似芒刺在背，是异族夫妻不得不面对的问题和挑战。

第三节 异族婚姻的社会意义

人际关系是特定社会和文化的产物，它在一定程度上折射了个人对自我的认知、对社会认同的追求，甚至于对某种社会和文化权利的渴望。人与人之间的亲密关系和婚姻纽带是人们塑造自我、建立社会身份的工具。通过这一工具，我们得以了解特定社会和文化内部不同群体间关系的构造和变化。传统的婚姻即已如此，异族婚姻所承载的社会和文化意义则更为重大。因为它是不同种族、文化、性别和阶级互动的结果，反映了更为复杂的人群关系。美国的异族婚姻就是一个典型的例子。对于美国社会，它具有相当重要的意义：

首先，异族婚姻将在很大程度上改变美国的人口构成。虽然历史上，涌入美国的移民潮从来没有中断过，少数族裔的构成也在不断地发生变化，但白人从来都是社会的主流人口。在过去的四十年间，亚裔、西班牙裔移民的数量远远超过欧洲移民，使美国国内的这两个族裔发展迅速，并呈现出持续增长的趋势。由于这两大族裔跨族通婚率高于其他族裔，所以，未来多族裔人口数量激增，将使美国人口构成比现在更加多元化。多元化人口为社会发展提供新的动力，同时也将为主流社会带来许多新的挑战和问题。以2000年的美国人口普查工作为例。为了反映人口构成的复杂性，美国政府不得不重新设计人口普查表，增加选项，允许人们在申报族裔时进行多项选择。

其次，异族婚姻改变了美国社会的种族关系和概念。由于异族婚姻是两个不同族裔的成员跨族交往的结果，大量异族婚姻的出现标志着美国社会种族距离在一天天缩短。当越来越多的家庭成员跨族通婚，大量的多族裔人口出现以后，“种族”的内涵必然发生巨大的改变。正如阿尔巴和倪所预测的那样，种族界限将被“跨越”、被“移动”甚至被“模糊化”。如何定义种族的概念、内涵和意义将是新世纪美国人不得不解决的一个难题。

异族婚姻和家庭为美国社会提出的另一个难题是如何搜集和利用其混血子女（即多族裔后代）的人口数据。一方面，人们期待有一种更复杂的手段来替代原有的单一族裔的统计和分类法，界定种族的类别，以便于公正、全面地表述这一群体的生存现状；另一方面，国家机器和社会相关机构又要求统计数据尽量简单、直接和精确，以方便其制定法律制度和规矩。如果立法机构不能界定种族类别，又怎么能够制定有力的反种族歧视法呢？如何既复杂又简单地完成统计，这已令美国政府机构颇费思量。再举一个简单的例子，多年来，教育界实施“反歧视行动”（affirmative action）已成为惯例，少数族裔在申报大学时可因此免受种族歧视之害。然而多族裔申请人的出现却使校方陷入了两难的境地。当他们面对一个纯种华裔学生和一个具有一半华裔血统、一半白人血统的学生时，政策该不该倾斜呢？如果该，应该如何倾斜？舍此顾彼的理论依据又是什么？这些问题将在很长一段时间里困扰着美国社会，但是异族婚姻的发展之势已不可逆转，关于异族婚姻、家庭、子女的讨论不但不会停止，反而将吸引越来越多的关注，使其向更深更广地方向发展。

第四节　本书的局限性和未来研究的方向

本书的局限性

由于各种客观和主观的原因，本书使用的数据不可避免地带有偏差，但这并不只是本书的不足之处，而是目前相关社会学研究都面临的比较普遍的问题。

首先，本书只是针对一小部分中美异族夫妻展开的，他（她）们只能代表美国异族夫妻中的小众。因此，本书无意用这些少数人的经历来诠释美国所有的华裔异族婚姻，更确切地说，此项研究与结论只适用于本书的被访谈人。再者，无论运用何种研究方法，笔者能够了解到的只是当时婚姻关系尚存的异族夫妻，而无法亲自接触那些不成功的案例。然后，由于美国地方政府提供的婚姻（结婚和离婚）登记材料中没有专门栏目反映夫妻双方的族裔，笔者也就无法通过二手资料获悉任何已离异的异族夫妻的基本状况。最后，即使是本书接触过的成功婚姻案例，它们的未来也存在诸多不可预测性。随着时间的推移，其中有一部分家庭可能由于各种不可调和的矛盾不得不解体，个中细节，笔者无从知晓。当然，如果这些家庭确实出现解体，本书结论的说服力和有效性必将受到一定程度的影响。

为了弥补类似不足，今后的相关研究首先需要以更大规模的采样展开调查。比较理想的采样应包括三十对异族夫妻。在通过访谈收集定性数据的时候，可以尝试对研究对象以及他们的子女分开、单独采访，使数据更加客观和准确。此外，未来的研究需增大访谈对象的地域差异性。美国是一个地域辽阔，人口组成复杂多元的国家，从南至北，从东到西，不同的地区（或州）之间存在比较大的差异。人们对婚姻的认识和看法也不尽相同。所以，如果社会性调查或研究能够在不同的地区采样，那么数据分析的结果会更加具有普及性和代表性。未来研究还可以加大时间的跨度，使横向比较的内容更为丰富。譬如，在研究中增加1965年前的华裔异族婚姻，以便于横向比较不同时期的异族婚姻产生的具体原因和影响因素。

未来研究的方向

由于篇章结构所限，笔者在本书中略去了关于华裔与白人的婚姻家庭生活的讨论，然而有许多问题还依然困扰着笔者。众所周知，任何一种婚姻关系的维系都不是一件轻松的事情，哪怕是同族夫妻，也会因为个体、家庭文化等方面的差异而产生许多的矛盾。那么对于那些来自不同种族的夫妻，双方的差异应该更大，他们所面临的挑战是不是会更多，需要克服的障碍也将更多呢？如果答案是肯定的，这些挑战和障碍具体体现在那些方面？它们对异族夫妻的婚姻生活将产生什么样的影响呢？是强化还是削弱他们的婚姻纽带？他们又将如何应对这些矛盾和挑战？较之华裔的同族婚姻，华裔与白人的异族婚姻是更稳定还是更脆弱？这些都是非常值得发掘的课题，笔者将在未来的研究中继续深入下去。

除缔结婚姻关系的夫妻双方，他们的混血子女也是异族婚姻家庭中不可忽视的元素。据美国人口统计局数据显示，1970 年，亚裔与白人家庭混血子女数量超过 16 万人次，到 2000 年，总数已经增加到 50 万人次。同年，美国所有混血人口的数量达 340 万人次。（Lee，2005：21）美国学术界已经有不少针对这一群体的研究著述，包括鲁特的《美国混血人种》（*Racially Mixed People in America*）（Root，1992）、洛克摩尔）的《如何抚养混血子女》（*Raising Biracial Children*）（Rockquemore，2005）以及吉尔森的《那是你的孩子吗?》（*Is That Your Child?*）（Kilson，2009）等。但这一领域仍然有许多可以突破的地方，譬如混血子女如何认证、建立和选择自我种族身份？促使他们作出选择的诱因是什么？他们的家庭在这一过程中扮演了怎样的角色？他们为异族父母的婚姻生活将产生何种的影响？

最后，根据笔者在旅美期间的观察，中美之间正悄然掀起一股网络婚姻的热潮。近年来，大量的美国男性（为主）通过网络的方式在中国大陆（为主）寻找终身伴侣。借势在两国出现的婚姻中介机构的生意因此颇为红火。这种婚姻模式与笔者的研究对象有诸多不同，婚姻的动因、婚姻生活的质量、社会舆论的评判又该如何？婚姻中介机构在网络婚姻中所扮演的角色怎样？这些问题都有待于未来的学者进一步解决。

参考文献

[1] Alba, Richard D. *Ethnic Iidentity: The Transformation of White America* [M]. New Haven: Yale University Press, 1990.

[2] Alba, Richard D. and Reid M. Golden. Patterns of Ethnic Marriage in the United States [J]. *Social Forces*, 1986 (65): 202 –223.

[3] Alba, Richard D. and Victor Nee. *Remaking the American Mainstream: Assimilation and Contemporary Immigration* [M]. Cambridge: Harvard University Press, 2005.

[4] Barringer, H. R. , R. W. Gardner and M. J. Levin. *Aisan and Pacific Islanders in the United State* [M] . New York: Russell Sage Foundation, 1993.

[5] Berry, John W. , David L. Sam and Amanda Rogers. Conclusions [A]. In David L. Sam and John W. Berry. (ed.) . *The Cambridge Handbook of Acculturation Psychology* [C]. New York: Cambridge University Press, 2006: 525 –528.

[6] Blau, Peter M.. *Inequality and Heterogeneity* [M]. New York: Free Press, 1977.

[7] Blau, Peter M. , Carolyn Beeker, and Kevin M. Fitzpatrick. Intersecting Social Affiliations and Intermarriage [J]. *Social Forces*, 1984 (6): 585 –606.

[8] Blau, Peter, and Joseph Schwartz. *Crosscutting Social Circles: Testing A Crosstructural Theory of Intergroup Relations* [M]. New Brunswick: Transaction Publishers, 1997.

[9] Blau, Peter M. , Terry C. Blum, and Joseph E. Schwartz. *Crosscutting Social Circles* [M]. Orlando: Academic, 1984.

[10] Blau, Peter M.. Heterogeneity and Intermarriage [J]. *American Sociological Review*, 1982 (1): 45 –62.

[11] Blumberg, Rhoda Goldstein, and Wendell James Roye. *Interracial Bonds* [M] . New York: General Hall, 1979.

[12] Brunsma, David L.. Interracial Families and the Racial Identification of Mixed – Race Children: Evidence from the Early Childhood Longitudinal Study [J]. *Social Forces*, 2005 (2): 1131 –1157.

[13] Burma, John H.. Research Note on the Measurement of Interracial Marriage [J]. *American Journal of Sociology*, 1952 (6): 587 –589.

[14] Burma, John H.. Interethnic Marriage in Los Angeles, 1948 – 1959 [J]. *Social Forces*, 1963 (5): 156 – 165.

[15] Chan, S.. *Asian – Americans: An Interpretive History* [M]. Boston: Twayne Publishers, 1991.

[16] Chan, S.. The Exclusion of Chinese Women [A]. In S. Chan (ed.), *Entry Denied: Exclusion and the Chinese Community in America*, 1882 – 1943 [C]. Philadelphia: Temple University Press, 1991.

[17] Chang, T. S.. The Self – concept of Children of Ethnically Different Marriages [J], *California Journal of Educational Research*, 1974 (2): 245 – 252.

[18] Cheung, K. K.. The Women Warrior versus the Chinaman Pacific: Must a Chinese American Critic Choose between Feminism and Heroism? [J]. In M. Hirsch and E. F. Keller (eds.), *Conflicts in Feminism*, New York: Routledge, 1990.

[19] Collins, G.. Children of Interracial Marriage [N]. *New York Times*, March 20, 1984.

[20] Coolidge, Mary. *Chinese Immigration* [M]. New York: Henry Holt & Company, 1909.

[21] Crary, David. Interracial Marriages Surge Across U. S. [N]. *Washington Post*, April 13, 2007.

[22] Cretser, Gary, Joseph J Leon, and Marvin B Sussman. *Intermarriage in the United States: Marriage and Family Review* (*Vol* 5) [C]. New York: Routledge, 1982.

[23] Daniels, Roger. *Asian America: Chinese and Japanese in the United States since* 1850 [M]. Seattle: University of Washingtong Press, 1988.

[24] Daniels, Roger, and Harry H. L. Kitano. *Asian Americans: Emerging Minorities* [M]. 3rd ed. Alexandria: Prentice Hall, 2000.

[25] Davis, K.. Intermarriage in Caste Societies [J]. *American Anthropologist*, 1941 (3): 376 – 395.

[26] Divorce Rate in America [R/OL]. [2010 – 11 – 6]. http: //www. divorcerate. org/.

[27] Espiritu, Yen Le. *Aisan American Women and Men* [M]. 2nd ed. Lanham: Rowman & Littlefield Publishers, 2008.

[28] Fitzpatrick, K. M., and S. S. Hwang. The Effects of Community Structure on Opportunities for Interracial Contact: Extending Blau's Macrostructural Theory [J]. *Sociological Quarterly*, 1992 (1): 51 – 61.

[29] Foeman, Anita Kathy, and Teresa Nance. From Miscegenation to Multiculturalism [J]. *Journal of Black Studies*, 1999 (4): 540 – 557.

[30] Fong, Colleen, and Judy Yung. In Search of the Right Spouse: Interracial Marriage among Chinese and Japanese Aericans [J]. *Amerasian Journal*, 1995 (3): 77 – 98.

[31] Fowler, David H.. *Northern Attitudes toward Interracial Marriage* [M]. New York: Garland Publishing, Inc., 1987.

[32] Frideres, James S.. Offspring of Jewish Intermarriage: A Note [J]. *Jewish Social Studies*, 1973 (2): 34 -41.

[33] Gardner, R., B. Robey, and P. Smith. Asian Americans: Growth, Change, and Diversity [J]. *Population Bulletin*, 1985 (4): 40 -45.

[34] Geisler, Jill.. A Few Good (Asian American) Men [R/OL]. 2004 [2010 -8 -3]. http: //www. poynter. org/content/content_ view. asp? id =64151.

[35] Gonzalez, Sandy, Intermarriage and Assimilation: The Beginning or the End? [J]. *Wicazo Sa Review*, 1992 (2): 48 -52.

[36] Gordon, Milton M.. *Assimilation in American Life: The Role of Race, Religion and National Origins* [M]. New York: Oxford University Press, 1964.

[37] Graubard, Stephen G.. Why do Asian Pupils Win Those Prizes? [N]. *New York Times*, January 29, 1988.

[38] Grofman, Bernard. *Legacies of* 1964 *Civil Rights Act* [M]. Charlottesville: University Press of Virginia, 2000.

[39] Hamamoto, Darrell Y.. Kindred Spirits: The Contemporary Asian American Family on Television [J]. *Amerasia Journal*, 1992 (2): 35 -53.

[40] Heaton, Tim B. and Stan L. Albrecht. The Changing Pattern of Interracial Marriage [J]. *Social Biology*, 1996 (4): 112 -130.

[41] Hing, B. O. *Making and Remaking Asian - America through Immigration Policy*, 1850 - 1990 [M]. Standford: Standford University Press, 1993.

[42] Hirshman, Charles, and Morrison G. Wong. Trends in Socioeconomic Achievement among Immigrant and Native - born Asian - Americans, 1960 - 1976 [J]. *Sociological Quarterly*, 1981 (4): 496 -513.

[43] Hirshman, Charles, and Philip Guest. Multilevel Models of Fertility Determination in Four Southeast Asian Countries: 1970 and 1980 [J]. *Demography*, 1990 (3): 369 -396.

[44] Hodes, Martha. *Sex, Love, Race: Crossing Boundaries in North American History* [M]. London: NYU Press, 1999.

[45] Hw, Lisa. The High Rate of Divorces in America 90 [R/OL]. [2010 - 06 - 14]. http: //hubpages. com/hub/The - High - Rate - of - Divorces - in - America.

[46] Hwang, Sean - Shong. Structural and Individual Determinants of Outmarriage Among Chinese - , Filipino - , and Japanese - Americans in California [J]. *Sociological Inquiry*, 1994 (4): 394 -414.

[47] Jacobs, Jerry A., and Teresa G. Labov. Gender Differentials in Intermarriage among Sixteen Race and Ethnic Groups [J]. *Sociological Forum*, 2002 (4): 521 -545.

[48] Jacoby, Tamar. ed. *Reinventing the Melting Pot* [M]. New York: Basic Books, 2004.

[49] Kalmijn, Matthijs. Intermarriage and Homogamy: Causes, Patterns, Trends? [J]. *Annual Review of Sociology*, 1998 (24): 395 –421.

[50] Kalmijn, Matthijs. Trends in Black/White Intermarriage [J]. *Social Forces*, 1993 (1): 119 –146.

[51] Kelsky, Karen. *Women on the Verge: Japanese Women, Western Dreams (Asia – Pacific)* [M]. London: Duke University Press, 2001.

[52] Kennedy, Randall. *Interracial Intimacies: Sex, Marriage, Identity, and Adoption* [M]. New York: Pantheon Books, 2003.

[53] Kennedy, Ruby Jo Reeves. Single or Triple Melting Pot? Intermarriage Trends in New Haven, 1870 –1940 [J]. *American Journal of Sociology*, 1974 (4): 331 –339.

[54] Kilson, Marion and Florence Ladd. *Is That Your Child?* [M]. Lanham: Lexington Books, 2009.

[55] King, Desmond. *Making Americans: Immigration, Race, and the Origins of the Diverse Democracy* [M]. Cambridge: Harvard University Press: 2000.

[56] Kitano, Harry H. L.. *Race Relations* [M]. Englewood Cliffs: Prentice –Hall, 1980.

[57] Kitano, Harry H. L.. Stereotypes as a Measure of Success [J]. *Journal of Social Issues*, 1973 (2): 83 –98.

[58] Kitano, Harry H. L., and Wai –Tsang Yeung. Chinese Interracial Marriage [J]. *Marriage and Family Review*, 1982 (5): 83 –98.

[59] Kitano, Harry H. L., Wai –Tsang Yeung, Lynn K. Chai, and Herbert Hatanaka. Aisan –American Interracial Marriage [J]. *Journal of Marriage and the Family*, 1984 (1): 179 –190.

[60] Kristof, Nicholas D.. Blacks, Whites and Love [N]. *New York Times*, April 24, 2005.

[61] Koshy, Susan. *Sexual Naturalization: Asian Americans and Miscegenation (Asian America)* [M]. Stanford: Stanford University Press, 2005.

[62] Labov, Teresa (ed.). Intermarriage in Hawaii, 1950 –1983 [J]. *Journal of Marriage and Family*, 1986 (1): 79 –88.

[63] Larsson, Clotye Murdock. *Marriage across the Color Line* [M]. New York: Lancer Books, 1965.

[64] Lee, Joann F. J.. *Asian American Experiences in the United States: Oral Histories of First to Fourth Generation Americans from China, the Philippines, Japan, India, the Pacific Islands, Vietnam and Cambodia* [M]. Jefferson: McFarland & Company, Inc. Publishers, 1991.

[65] Lee, Sharon M. et. Trends in Aisan American Racial/Ethnic Intermarriage: A Comparison of 1980 and 1990 Census Data [J]. *Sociological Perspectives*, 1998 (2): 323 –342.

[66] Lee, Sharon M., and Barry Edmonston. New Marriages, New Families: U. S. Racial and

Hispanic Intermarriage. *Population Bulletin*, 2005 (2): 1 -36.

[67] Lee, Sharon M., and Keiko Yamanaka. Patterns of Asian American Intermarriage and Marital Assimilation [J]. *Journal of Comparative Family Studies*, 1990 (21): 287 -305.

[68] Levin, Gene N., and C. Rhodes. *The Japanese American Community: A Three Generation Study* [M]. New York: Praeger, 1981.

[69] Liang, Zai and Naomi Ito. Intermarriage of Asian Americans in the New York City Region: Contemprary Patterns and Future Prospects [J]. *International Migration Review*, 1999 (4): 876 -900.

[70] Lieberson, S.. The Impact of Residential Segregation on Ethnic Assimilation [J]. *Social Forces*, 1961 (3): 52 -57.

[71] Lieberson, Stanley, and Mary C. Waters. *From Many Strands: Ethnic and Racial Groups in Contemporary America (The Population of the United States in the 1980s)* [M]. New York: Russell Sage Foundation Publications, 1990.

[72] Luvwefwa, Byyatrice. *Mixed Marriages, Mixed Heritage: My Own Experience* [M]. New York: Xlibris Corporation, 2006.

[73] Marcson, Simon. A Theory of Intermarriage and Assimilation [J]. *Social Forces*, 1950 (3): 75 -78.

[74] McNamara, Robert P., Maria Tempenis, and Bailey Walton. *Crossing the Line: Interracial Couples in the South* [M]. Westport: Greenwood Press, 1999.

[75] Mealey, Linda M.. Prejudice Against Chinese as Seen from Within American Society: The Experience of an Interracial Couple [A]. In Nobuya Tsuchida (ed.). *Asian and Pacific American Experiences: Women's Perspectives.* Minneapolis: Asian/Pacific American Learning Resource Center [C], 1982: 185 -192.

[76] Merton, R. K.. Intermarriage and Social Structure: Fact and Theory [J]. *Psychiatry*, 1941 (4): 361 -374.

[77] Monahan, Thomas P.. Are Intermarriage Really Less Stable? [J]. *Social Forces*, 1976 (4): 461 -473.

[78] Morgan, Charlie V.. *Intermarriage across Race and Ethnicity among Immigrants* [M]. El Paso: LFB Scholarly Publishing LLC, 2009.

[79] Moran, Rachel F.. *Interracial Intimacy: The Regulation of Race and Romance* [M], Chicago: University Of Chicago Press, 2001.

[80] Mura, David. How America Unsexes the Asian Male [J]. The New York Times, August, 1996.

[81] Nagel, Joane. *Race Ethnicity & Sexuality Initimate Intersections Forbidden Frontiers* [M]. Cambridge: Oxford University Press, 2003.

[82] Nemoto, Kumiko. *Racing Romance: Love, Power, and Desire Among Asian American/White Couples* [M]. New Jersey: Rutgers University Press, 2009.

[83] Nguyen, Huong H.. Acculturation in the United States [A]. In David L. Sam and John W. Berry. (ed.). *The Cambridge Handbook of Acculturation Psychology* [C]. New York: Cambridge University Press, 2006: 311 -330.

[84] Okihiro, Gary Y.. *From Margins and Mainstreams: Asians in American History and Culture* [M]. Seattle: University of Washington Press, 1994.

[85] Osumi, Megumi Dick. Asians and California's Anti - Miscegenation Laws [A]. In Nobuya Tsuchida. (ed.). *Asian and Pacific American Experiences: Women's Perspectives* [C]. Minneapolis: Asian/Pacific American Learning Resource Center, 1982: 1 -37.

[86] Oxnnam, Robert B.. Why Asians Succeed Here? [J]. *New York Times Magazine*, November, 1986.

[87] Panunzio, Contantine. Intermarriage in Los Angeles, 1924 -1933 [J]. *AJS*, 1942 (1): 690 -701.

[88] Park, Robert. The Concept of Social Distance [J]. *Journal of Applied Sociology*, 1924 (8): 340.

[89] Parkman, Margret A., and Jack Sawyer. Dimensions of Ethnic Intermarriage in Indiana [J]. *Population Studies*, 1967 (2): 593 -608.

[90] Pascoe, Peggy. Miscegenation Law, Court Cases, and Ideologies of 'Race' in Twentieth - Century America [A]. In Martha Hodes. *Sex, Love, Race: Crossing Boundaries in North American History* [C]. London: NYU Press, 1999.

[91] Passel, Jeffrey S., Wendy Wang, and Paul Taylor. Marrying Out: One - in - Seven New U. S. Marriages Is Interracial or Interethnic [R/OL]. 2010 [2010 -7 -20]. http://pewsocialtrends. org/files/2010/10/755 - marrying - out. pdf.

[92] Patel, Tina G.. *Mixed - up Kids? Race, Identity and Social Order.* Dorset: Russel Publishing House, 2009.

[93] Price, C. A., and J. Zubrzycki. The Use of Inter - Marriage Statistics as an Index of Assimilation [J]. *Population Studies*, 1962 (16): 58 -59.

[94] Qian, Zhenchao. Breaking the Racial Barriers: Variations in Interracial Marriage Between 1980 and 1990 [J]. *Demography*, 1997 (2): 263 -276.

[95] Qian, Zhenchao, et.. Asian Amreican Interracial and Interethnic Marriages: Differences by Education and Nativity [J]. *International Migration Review*, 2001 (2): 557 -86.

[96] Qian, Zhenchao, and Daniel T. Lichter. Social Boundaries and Marital Assimilation: Interpreting Trends in Racial and Ethnic Internarriage [J]. *American Sociological Review*, 2007 (1): 68 -94.

[97] Quinn, Robin. US Business School Grads Seek Work Abroad [R/OL]. 2009 [2011 - 03 - 06]. http: //www. newser. com/story/76388/us - business - school - grads - seek - work - abroad. html.

[98] Risdon, Randall. A Study of Interracial Marriages Based on Data for Los Angeles County [J]. *Sociology and Social Research*, 1954 (4): 92 - 95.

[99] Rockquemore, Kerry Ann. *Raising Biracial Children* [M]. Lanham: Alta Mira Press, 2005.

[100] Romano, Dugan. *Intercultural Marriage* [M]. Yarmouth: Intercultural Press, Inc., 1988.

[101] Romano, Renee C.. *Race Mixing: Black - White Marriage in Postwar America* [M]. Cambridge, Mass: Harvard University Press, 2003.

[102] Root, Maria P. P.. *Love's Revolution: Interracial Marriage* [M]. Philadelphia: Temple University Press, 2001.

[103] Root, Marla P. P.. *Racially Mixed People in America* [M]. 1st ed. Newbury Park: Sage Publications, Inc, 1992.

[104] Rose, Peter I.. Asian Americans: From Pariahs to Paragons [A]. In Nathan Glazer, (ed.). *Clamor at the Gates: The New American Immigration* [C]. San Francisco: ICS Press, 1985: 181 - 212.

[105] Rosenblatt, Paul C., Terri Karis, and Richard R. Powell. *Multiracial Couples: Black & White Voices (Understanding Families series)* [M]. Thousand Oaks: Sage Publications, Inc, 1995.

[106] Saenz, R., S. S. Hwang, and B. E. Aguirre. Persistence and Change in Asian Identity among Children of Intermarried Couples [J]. *Sociological Perspectives*, 1995 (2): 175 - 194.

[107] Sam, David L.. Acculturation: Conceptual Background and Core Components [A]. In David L. Sam and John W. Berry. (ed.). *The Cambridge Handbook of Acculturation Psychology* [C]. New York: Cambridge University Press, 2006: 11 - 26.

[108] Scheick, William J.. *The Half - Blood: A Cultural Symbol in Nineteenth - Century American Fiction* [M]. Kentucky: University Press of Kentucky, 1979.

[109] Schoen, R., and J. Wooldredge. Marriage Choices in North Carolina and Virginia, 1969 - 1971 [J]. *American Journal of Sociology*, 1989 (5): 465 - 481.

[110] Selbert, Roger. Middle America: Problems and Prospects [R/OL]. 2011 [2011 - 02 - 18]. http: //www. newgeography. com/content/002001 - middle - america - problems - and - prospects.

[111] Shinaawa, L. H., and G. Y. Pang.. Asian - American Panethnicity and Intermarriage [J]. *Amerasia Journal*, 1996 (2): 127 - 132.

[112] Sohoni, Deenesh. Unsuitable Suitors: Anti - Miscegenation Laws, Naturalization Laws, and the Construction of Asian Identities [J]. *Law & Society Review*, 2007 (3): 587 - 618.

[113] South, S. J., and S. F. Messener. Structural Determinants of Intergroup Association: Interracial Marriage and Crime [J]. *American Journal of Sociology*, 1986 (6): 1409 – 1430.

[114] Spickard, Paul R.. *Mixed Blood: Intermarriage and Ethnic Idenity in Twentieth – Century America* [M]. Madison: University of Wisconsin Press, 1991.

[115] Spickard, Paul R. *Mixed Marriage: Two American Minority Groups and the Limits of Ethnic Identity* [M]. Madison: The University of Wisconsin Press, 1989.

[116] Stephan, Cookie White, et. After Intermarrage: Ethnic Identity among Mixed – Heritage Japanese – Americans and Hispanics [J]. *Journal of Marriage and Family*, 1989 (2): 24 – 31.

[117] Stuart, I., L. Abt (Ed.), and P. Adams (ar). Counseling with Interracial Couples and Children [A]. In Irving R. Stuart and Lawrence Edwin Abt. *Interracial Marriage: Expectations and Realities* [C]. New York: Gorssman, 1973: 20 – 25.

[118] Sung, Betty Lee. *Chinese American Intermarriage* [M]. 1st ed. New York: Center Migration Studies, 1990.

[119] Swidler, Ann. *Talk of Love* [M]. Chicago: The University of Chicago Press, 2001

[120] Taylor, Paul, Cary Funk, and Peyton Craighill. *Guess Who's Coming to Dinner* [M]. New York: Pew Research Center, 2006.

[121] Tinker, J. N.. Intermarriage and Assimilation in a Plural Society: Japanese Americans in the U. S [J]. *Marriage and Family Review*, 1982 (5): 61 – 74.

[122] Thompson, W. and J. Hickey. *Society in Focus* [M]. Boston: Pearson, Allyn & Bacon, 2005.

[123] Tuan, Mia. *Forever Foreigners or Honorary Whites?: Asian Ethnic Experience Today* [M]. New Brunswick: Rutgers Up, 1999.

[124] U. S. Citizenship and Immigration Services. The Triennial Comprehensive Report on Immigration [R/OL]. [2011 – 2 – 13]. http: //www. uscis. gov/USCIS/Resouces/Reports%20 and%20Studies/tri3full report. pdf.

[125] US Interracial Marriages Double from 1980: Report [R/OL]. 2010 [2011 – 6 – 10]. http: //www. moneycontrol. com/news/world – news/us – interracial – marriages – double1980 – report_462329. html.

[126] Wei, William. *The Asian American Movement: A Social History – Asian American History & Culture Series* [M]. Philadelphia: Temple UP, 1993.

[127] Wickham, Dewayne. Poll Has Numbers Too Good to be True [N]. *USA Today*, July 10, 2001.

[128] Willerman, Lee. Intellectual Development of Children from Interracial Matings [J]. *Science, New Series*, 1970 (3964): 234 – 250.

[129] Wilson, William J.. *The Decline Significance of Race* [M]. Chicago: University of Chica-

go Press, 1978.

[130] Winfield, Michael J.. *Marriage and the Legal Construction of Race in the Americas, Argentina, Brazil, Cuba, and the United States*, 1850 – 1914: *A Comparative Analysis* [D]. New York: St. John University of New York: 2007.

[131] Wong, Morrison G.. Changes in Socioeconomic Achievement of the Chinese Male Population in the United States from 1960 to 1970 [J]. *International Migration Review*, 1980 (4): 511 – 524.

[132] Wong, Morrison G.. Post – 1965 Asian Immigrants: Where Do They Come From, Where Are They Now, and Where Are They Going? [J]. *Annals*, *AAPSS*, 1986 (487): 150 – 168.

[133] Wong, Morrison G. 1989. A Look at Intermarriage among the Chinese in the United States in 1980 [J]. *Sociological Perspectives*, 1989 (1): 87 – 107.

[134] Woodrum, Eric. An Assessment of Japanese American Assimilation, Pluralism, and Subordination [J]. *American Journal of Sociology*, 1981 (1): 157 – 169.

[135] Xie, Yu. The Racial Identification of Biracial Children with One Asian Parent: Evidence from the 1990 Census [J]. *Social Forces*, 1997 (2): 547 – 570.

[136] Yen, Espiritu. *Asian American Women and Men: Labor, Laws, and Love* (*The Gender Lens*) [M]. 2nd ed. Lanham: Rowman & Littlefield Publishers, Inc., 2007.

[137] Yi, Matthew, et al.. Asian and Pacific American Experience [N]. *San Francisco Chronicle*, October 16, 1877.

[138] Yu, Henry. *Thinking Orientals: Migration, Contact, and Exoticism in Modern America* [M]. New York: Oxford University Press, 2001.

[139] 姬虹. 美国新移民研究（1965 年至今）[M]. 北京：知识产权出版社，2008.

[140] 姬虹. 美国移民跨种族婚姻的历史和现状研究：从泰格伍兹的种族说起 [J]. 中国政法大学学报，2008，(3)：55 – 62.

[141] 梁茂信. 美国移民政策研究 [M]. 吉林：东北师范大学出版社，1996.

[142] 莫里森 · G · 黄. 美国华人家庭 [J]. 黄昭群，译，世界民族，1993 (4)：19 – 31.

[143] 欧阳贞诚. 1965 年以来美国的外来移民及其经济影响 [D]. 长春：东北师范大学，2010.

[144] 王恩铭. 美国黑人领袖及其政治思想研究 [M]. 上海：上海外语教育出版社，2006.

[145] 王恩铭. 也谈美国多元文化主义 [J]. 国际观察，2005 (4)：10 – 19.

[146] 张丽丽. 上海中西跨文化婚恋关系发展之定性研究 [D]. 上海：上海外国语大学，2006.

附录1　访谈问卷

访谈问卷（1）

<u>Chinese American Interracial Marriage in California</u>

Questionaire A for the Chinese Spouse：华裔配偶请填写此问卷

I. Personal Information（个人信息）：

AGE

年龄

SEX

性别

ETHNICITY

种族

OCCUPATION

职业

EDUCATION

教育程度

IMMIGRATION

STATUS

移民地位（移民时间或写第几代移民）

PLACE OF BIRTH

出生地

PLACE OF RESIDENCE IN CA

在加州的居住地

II. About family background / childhood experiences（关于您的家庭状况或童年经历）：

Note: If you were born and raised outside the United States, please answer the following questions. 如果您是在中国（任何地区）出生并长大的，请回答以下问题。

1. Where are you from and where did you grow up?
   您的家乡在哪里？您在那里长大的吗？如果不是请说明。
2. When did you come to the states? For what purpose?
   您何时、为什么到美国的？
3. Where are your parents?
   您的父母现在在哪里？
4. If you came here for education, who supported your education?
   如果您当初是来求学的，那么谁资助您上学呢？
5. What school/ university were you in and your major?
   您在美国哪里上的中学（或大学）？您的专业是什么？
6. What was your university/school like? Can you describe it a little bit (was it dominantly white or diverse? Were there many Chinese students? Did you hang out with them?
   您能描述一下当初上学的大/中学是什么样的吗？比如那里的学生或老师来自与不同的族裔还是比较单纯的白人？那里中国学生多吗？您经常跟他们在一起玩吗？
7. Were you conscious of your own ethnicity at college? Why? Can you give examples to explain this if necessary.
   您在学校里的时候，有没有觉得您作为中国人（或少数族裔）身份很别扭？为什么？请举例说明。
8. When first came to the states, did you experience any racism or discrimination? Can you specify them? Have you ever personally felt that being a Chinese was a handicap to fully participating in American society? Was it hard for you to fit in the culture? How much did you try? Can you give me examples to explain this: e. g. language, dressing, manners, emotional expression, friends, residence, school …?
   Do you feel comfortable with those Chinese – Americans born in the States?
   当您刚到加州的时候，有没有感觉到种族歧视？请举例说明。作为一个中国人（或少数族裔），您觉得要进入主流社会难吗？困难有哪些呢？

请根据您的经历举例说明。

9. Before you came to the United States, what was your impression of Americans or whites in the United States? Where did you get the impression, e. g. through media, friends or correspondences from the United States?
您到美国之前，对美国人（或美国白人）的印象是什么样的？您的印象是如何形成的？是通过媒体、网络、国内朋友还是国外的书信往来？

Note: If you were born and raised in the United States or were born outside the United States but immigrated here at an early age, please answer the following questions.

1. Where did you grow up? What kind of neighborhood did you grow up? How do you describe it: all white, all Chinese, mixed, friendly/unfriendly, racist (Were you treated differently because of your ethnicity?) or else?

2. Can you describe the school you attended? What kind of people did you go to school with? Their ethnicities? Do you think you had a preference over one another when making friends?

3. Which one of your parents is an immigrant? What did/do your parents do? What language did/do they speak at home?

4. Was it hard for your parents to fit in the culture? How much did they try? What did they do to help with your assimilation process? Can you give me examples to explain this: e. g. language, dressing, manners, emotional expression, friends, residence, school …?

Do you think you fit pretty easy as a child in this culture? Do you consider you a Chinese American or simply an American? Do you identify with those foreign born Chinese?

5. Did they tell you a lot about Chinese culture? /How much has the culture influenced you? / How much does it weigh to you or them? Do you think of them as more Chinese or American or a combination? How do you sum up your exposure to Chinese culture in one word?

6. Were you conscious of your own ethnicity in your growth? Why or why not? Be specific please.

7. Have you ever personally felt that being a Chinese was a handicap to fully participating in American society? Did you experience any racism or discrimination? Can

you specify them?

8. Do you know any stereotypes of Chinese or Chinese – Americans here? What are they? How did you know them?

II. About your romance（关于您的婚姻）:

1. How did you get to know your husband/wife? Where did you meet him/her? On a blind date or else?
   您和您现在的先生（或太太）是如何、在那里认识的？请具体说明。
2. What was your first impression of her/him, e. g. physical appearance, manners…?
   您对他（或她）的第一印象是什么，比如相貌，礼节等？
3. How did your friends or family react when they knew you were dating a non – Chinese? Is it common among your friends?
   当您的朋友和家人得知您们在谈恋爱，他们的第一反应是什么？在那个时候不同种族的人谈恋爱普遍吗？
4. What were your previous dates like before him/her? Describe a bit.
   您在这之前有约会过吗？您以前的男（或者女朋友）是什么样的？什么族裔的？您们相处得如何？是什么原因会分手呢？
5. When you were dating, were you particular about your dates' ethnicity?
   当您在约会的时候，对方的种族是不是考虑的因素？
6. What were you looking for in a boyfriend/girlfriend? What were the most important qualities he/she should have/possess?
   您认为您的未来的结婚对象应该是什么样的？您认为他（或她）应该具备的最重要的素质是什么？
8. Why did you want to marry him/her? Why were you attracted to him/her? Besides the common ground, were you ever fascinated with the ethnic and cultural differences between you, e. g. physical appearance, communicative styles, life styles, religion, socioeconomic status, immigration status etc.
   为什么要和他/她结婚？您认为他（或她）最吸引您的地方是什么？除性格以外，有没有因为种族和文化的差异而使您们互相吸引？如果是，请具体说明是在那些方面。比如相貌特征、表达方式、生活方式、经济地位、移民可能性、宗教信仰等。
9. Was there any struggle or hindrance before you decided to go steady with/

marry him/her? Why would that be?
您们决定交往或者结婚的时候有没有过犹豫或者不确定的时候？为什么呢？

10. Do cultural or ethnic differences cause misunderstandings between you and your spouse? Please check the following items if they are true in your marriage and give examples to explain.
文化或种族差异会在您们的婚姻生活中引起误解吗？请选出在您们中容易引起误解的内容，并举例说明。

- Ways of thinking 思想理念（思维方式）
- Habits 生活习惯
- Family management（esp. about money）
家庭管理（金钱价值观）
- Relationship with each other's family
家庭观念（夫妻与父母或兄弟姐妹的关系）
- Communicative style（e. g. jokes，volume，tones and intonations，body language）
表达方式（比如，笑话的内容，说话的音量、语气、身体语言）
- Child education 儿童教育观
- Customs and holidays（e. g. who is to pay the wedding，maternity customs in China…）
文化习俗（比如，哪方家长为婚礼买单，是不是要坐月子）
- Others：Please add yours if you check this item.
其他：如果选此项，请具体说明

11. In case of misunderstandings，how do you cope with them?
当误解产生，您们如何解除误解？

12. In you opinion，are intermarried couples any different from couples who are not intermarried?
您觉得您们跟别的同族结婚的夫妻有什么不一样吗？有没有感受到过别人的另眼相看？您觉得如果您们回到中国，别人会如何看待您们？在中国对异族婚姻的夫妻有偏见吗？您会在乎吗？

III. About parents' and friends' attitudes（父母和朋友对您们的态度）：

1. Did your parents have any preference for your dates or marriage partner?

您的父母对您的约会或者结婚对象的种族有明显倾向吗？

2. In what stage of your relationship did your boy/girlfriend meet your parents?
您的先生（或太太）什么时候第一次见到您的父母和家人？
3. How was the meeting? How did your parents respond to the news about your marriage? Was it an issue for the respective family?
请描述第一次见面的情形？他（或她）做了什么特别的准备吗？两家父母对您们决定交往或结婚的反应如何？
4. Did you care how your parents would look at your boy/girlfriend?
您在不在乎父母对他（或她）的看法？
5. Would you not date or marry him/her if they disapprove of it?
如果父母不同意，您会跟他（或她）交往或者结婚吗？为什么？
6. Do you get along with your parents – in – law? Does your spouse get along with your parents? If yes, how do they manage it? Do you think it's mainly because of his/her ethnicity?
您跟您的公婆（或岳父母）以及他（或她）的其他家人经常见面吗？相处得好吗？您们如何交流？您们如何处理互相间的关系？
7. How did your or your spouse's friends look at your marriage?
您或者您配偶的朋友如何看待或评价您们的婚姻？
8. Do you have any difficulty communicating with them, e. g. in getting jokes, understanding their pop cultural references or cues? How do you get over them?
您和您配偶的朋友们交流的时候有困难吗，比如，您能听懂他们的笑话或者谈话中涉及的电视剧人物、音乐等。

V. About off springs（混血子女与异族婚姻）：

1. Do you have kids or do you plan to have kids? Does/did your marriage pattern affect your family plan?
您有孩子或者计划要孩子吗？您有或者计划要几个孩子？您的婚姻模式会影响您的家庭计划吗？
2. Is it important for your kids to have knowledge of your own culture? If yes, how do you accomplish this? If no, please explain the reasons.
您希望您的孩子了解您的文化吗？如果是的话，您是（或打算）如何做的？

3. How do you expect to describe your kids' identity? Chinese American, Asian - American or just American?
   您希望将来会如何描述您孩子的族裔？美国人，华裔美国人还是亚裔美国人？
4. How do your kids look at your marriage? Are they aware that mom and dad are from different ethnicities?
   您孩子是如何看待您们的结合？他们意识到您们是不同种族吗？
5. Do you think your kids (will) have trouble in finding where they belong? Please give some examples. How do you help them in that case?
   您认为您的孩子会在同龄人中缺乏归属感吗？您如何帮助他们客服这个困难？

This is the end of the questionnaire.
Thank you for your time and patience.
Happy New Year to you and your whole family!
问卷结束.
万分感激您贡献了宝贵的时间和精力。
祝您和您全家一切顺利，新年快乐！

访谈问卷（2）

Chinese American Interracial Marriage in California

Questionaire B for the CAUCASIAN Spouse:

I. Personal Information:

AGE

SEX

ETHNICITY

OCCUPATION

EDUCATION

IMMIGRATION

STATUS

PLACE OF BIRTH

PLACE OF RESIDENCE IN CA

II. About family background / childhood experiences:

1. Where did you grow up? What kind of neighborhood did you grow up? How do you describe it: all white, all Chinese, mixed, friendly/unfriendly, racist (Were you treated differently because of your ethnicity?) or else?

2. Can you describe the school you attended? What kind of people did you go to school with? Their ethnicities? Do you think you had a preference over one another when making friends?

3. When was your earliest exposure to Chinese culture?

4. Do you know any stereotypes of Chinese or Chinese – Americans here? What are they? How did you know them?

5. Do you think your spouse is Americanized? If yes, in what ways?

II. About your romance:

1. How did you get to know your husband/wife? Where did you meet him/her? On a blind date or else?

2. What was your first impression of her/him, e. g. physical appearance, manners…?

3. How did your friends or family react when they knew you were dating a non – Chinese? Is it common among your friends?

4. What were your previous dates like before him/her? Describe a bit.

5. When you were dating, were you particular about your dates' ethnicity?

6. What were you looking for in a boyfriend/girlfriend? What were the most important qualities he/she should have/possess?

7. Why did you want to marry him/her? Why were you attracted to him/her? Besides the common ground, were you ever fascinated with the ethnic and cultural differences between you, e. g. physical appearance, communicative styles, life styles, religion, socioeconomic status, immigration status etc.

8. Was there any struggle or hindrance before you decided to go steady with/marry him/her? Why would that be?

9. Do cultural or ethnic differences cause misunderstandings between you and your spouse? Please check the following items if they are true in your marriage and give examples to explain.

- Ways of thinking
- Habits

- Family management (esp. about money)
- Relationship with each other's family
- Communicative style (e. g. jokes, volume, tones and intonations, body language)
- Child education
- Customs and holidays (e. g. who is to pay the wedding, maternity customs in China…)
- Others: Please add yours if you check this item.

10. In case of misunderstandings, how do you cope with them?

11. In your opinion, are intermarried couples any different from couples who are not intermarried?

III. About parents' and friends' attitudes:

1. Did your parents have any preference for your dates or marriage partner?

2. In what stage of your relationship did your boy/girlfriend meet your parents?

3. How was the meeting? Did you make special preparations for the meeting?

4. How did your parents respond to the news about your marriage? Was it an issue for the respective family?

5. Did you care how your parents would look at your boy/girlfriend?
Would you not date or marry him/her if they disapprove of it?

6. Do you get along with your parents – in – law? Does your spouse get along with your parents? If yes, how do they manage it? Do you think it's mainly because of his/her ethnicity?

7. How did your or your spouse's friends look at your marriage?

8. Do you have any difficulty communicating with them, e. g. in getting jokes, understanding their pop cultural references or cues? How do you get over them?

V. About off – springs:

1. Do you have kids or do you plan to have kids? Does/did your marriage pattern affect your family plan?

2. Is it important for your kids to have knowledge of your own culture? If yes, how do you accomplish this? If no, please explain the reasons.

3. How do you expect to describe your kids' identity? Chinese American, Asian – American or just American?

4. How do your kids look at your marriage? Are they aware that mom and dad are from different ethnicities?

5. Do you think your kids (will) have trouble in finding where they belong? Please give some examples. How do you help them in that case?

This is the end of the questionnaire.

Thank you for your time and patience.

Happy New Year!

附录2　被访谈人个人信息表

访谈人姓名	年龄	性别	种族	职业	教育程度	移民地位	出生地（或成长地）	在加州的居住地	婚龄	婚史
Alice	30	女	华裔		博士研究生	第二代移民	加州洛杉矶	圣地亚哥		
Jill	30	男	白人	软件工程师	学士		加州雷诺	圣地亚哥		
Amie	30	女	华裔	股票分析师	学士	第二代移民	加州圣何塞	圣地亚哥	7年	
Mike	30	男	白人	生物技术质检师	学士		加州棕榈泉	圣地亚哥		
Bailey	52	女	白人		学士		加州圣塔克拉拉	圣地亚哥		
Sean	48	男	华裔	生意人	学士	第一代移民	中国台湾	圣地亚哥		
Cathy	69	女	白人	自由职业者	硕士		明尼苏达州	圣地亚哥		
Daemon	70	男	华裔	自主经营者	博士	第一代移民	中国香港	圣地亚哥		
Donna	42	女	华裔	验光师	博士	第二代移民	加州旧金山	旧金山	13年	
Sidney	43	男	白人	计算机技师	高中文凭		加州旧金山	旧金山		
Milan	65	女	华裔	退休	学士辍学	第一代移民	中国台湾	旧金山	40年	
Derrik	63	男	白人	退休	MBA		爱达荷州犹他	旧金山		
Emma	33	女	华裔	教师	硕士	第一代移民	中国台湾	圣地亚哥		第二次婚姻
Kenny	38	男	白人	会计师	学士		华盛顿州西雅图	圣地亚哥		第二次婚姻

续表

访谈人姓名	年龄	性别	种族	职业	教育程度	移民地位	出生地（或成长地）	在加州的居住地	婚龄	婚史
Jammie	48	女	华裔	家庭妇女	学士	第二代移民	纽约	圣地亚哥	22 年	
Jon	48	男	白人	房地产开发商	硕士		纽约	圣地亚哥		
Jean	30	女	华裔		博士研究生	第一代移民	中国大陆	圣地亚哥	7 年	
Jacob	29	男	白人	计算机软件工程师	学士		华盛顿州西雅图	圣地亚哥		
Judy	37	女	华裔	中学心理咨询师	博士	第一代移民	中国大陆	旧金山		
Paul	37	男	白人	公司部门经理	硕士	第一代移民	德国	旧金山		
Kim	42	女	华裔	花艺师	学士	第一代移民	中国台湾	旧金山		
Bright	46	男	白人	公司部门经理	学士		加州旧金山	旧金山		
Kortney	24	女	华裔	教师	学士	第二代移民	加州旧金山	洛杉矶	1 年	
Smith	25	男	白人	工程师	学士		伊利诺州芝加哥	洛杉矶		
Lacey	39	女	华裔	公司部门经理	硕士	第一代移民	中国大陆	圣地亚哥		
Ben	40	男	白人	软件工程师	硕士		德克萨斯州	圣地亚哥		
Linlin	34	女	华裔	家庭妇女	学士	第一代移民	中国大陆	圣地亚哥		
Stanley	30	男	白人	计算机工程师	学士		加州洛杉矶	圣地亚哥		
Pamela	67	女	华裔	家庭妇女	大学肄业	第一代移民	中国大陆	圣地亚哥	10 年	第二次婚姻
Oliver	不详	男	白人	果园农场主	不详		加州橘子县	圣地亚哥		第二次婚姻
Rose	57	女	白人	护士	学士		加州橘子县	洛杉矶		
Paco	57	男	华裔	公司部门经理	硕士	第一代移民	中国台湾	洛杉矶		
Shuhua	40	女	华裔	金融分析师	硕士	第一代移民	中国大陆	圣克莱门托		
Daniel	41	男	白人	物流管理	硕士		加州旧金山	圣克莱门托		

续表

访谈人姓名	年龄	性别	种族	职业	教育程度	移民地位	出生地（或成长地）	在加州的居住地	婚龄	婚史
Sue	60	女	华裔	自由职业者	硕士	第二代移民	美国图莱里	圣地亚哥	27 年	
Rodney	59	男	白人	医院管理人员	硕士		伊利诺州芝加哥	圣地亚哥		
Tina	41	女	华裔	家庭妇女	硕士	第一代移民	中国大陆	圣地亚哥		第二次婚姻
West	61	男	白人	房地产咨询师	硕士		爱荷华州	圣地亚哥		第二次婚姻
Willa	49	女	华裔	平面设计师	学士	第二代移民	加州旧金山	旧金山	23 年	
Joe	48	男	白人	企业主	硕士		德克萨斯州麦克金利	旧金山		
二手资料										
Betty Ann Bruno	50～60	女	华裔	社会活动家		第四代移民	夏威夷	南加		
Jody Sandler Hom	40～50	女	白人	不详	学士		纽约	洛杉矶		
Tony Hom		40～50	男	华裔	职业经理	硕士	第二代移民	纽约	洛杉矶	
Linda M. Mealey	40～50	女	白人	教师	硕士		明尼苏达州	橘子县		
Linda 的丈夫	40～50	男	华裔	餐馆老板	学士	第二代移民	明尼苏达州	橘子县		
Lorelei Fong	45	女	华裔	艺术家		第二代移民	纽约	南加州		
Vivian Hom Fentress	50～60	女	华裔	不详	学士	第二代移民	纽约	旧金山		
Mark Fentress	50～60	男	白人	不详	学士		纽约	旧金山		
Wes Gin	67	男	华裔	职业经理		第二代移民	加州	洛杉矶		

附录 3　Derrik 的求婚信

我未來的岳父岳母大人：

您們好嗎？我的名字叫智勇，我在B.Y.U.念書，念四年級，我念的是電子工程，我以後要念MBA，可以有机會做經理。我認識美燕有四年，我很愛她，我的父親也很愛她，因為我很愛她，我要愛護她。在她生病時愛護她。我要和她永遠在一起。我希望您答應我和美燕結婚。請您們決定結婚日期好嗎？請您回信給我好嗎？謝謝您。

祝好

智勇 敬上

中華民國五八年
十月二日

附录4 访谈纪要

访谈（1）

对象：Alice and Jill

时间：2010 年 1 月 13 日 6 点 30 分

地点：加州圣地亚哥访谈人家中

方式：私人访谈

I. Childhood Experiences：

Alice：Sometimes I think my parents are very strict, especially compared with my friends whom I grew up with. I wasn't allowed to go out at night. They would give me curfew, etc. But in other ways, they are liberal minded.

Jill：My parents moved here in 1980s. They lived in Canada a long time before moving to California. They were somewhat like Alice's parents, very strict. I grew up in an Irish Catholic family. My parents are very religious and conservative. I would go to church every Sunday with my mom. My dad is more of republican whereas my mom is an old – school democrat.

Jill：The neighborhood in Reno where I grew up was very conservative. It was predominantly white. 50% was Spanish, but there was not much mingling.

Alice：I was born in Irvine between SD and LA. It's actually become an Asian neighborhood. When we just moved there, there weren't many Asians. But after a while, there are more and more Asians moving in. My high school is very Asian.

Jill：My earliest exposure to Chinese or Asian culture was in Berkeley.

Alice：I was aware of my ethnicity as a child. My elementary school didn't have many Asians. I used to bring 卤蛋 to school. The other kids would go like "why do you have brown eggs?" I was very embarrassed and didn't know how to explain and threw them into trash. They didn't do anything nasty. It was always verbal abuse.

They made fun of my family name. It was in 1980s. There was still a lot of racism even in California.

Jill: In my childhood, there was a lot of racism. A lot of racist jokes. When my dad's Chinese coworker came by, my sister (7 or 8) would make sounds (of "chin chong chong") to imitate their speech, which was very offensive.

Some people don't know the culture and will make very superficial jokes about others. Stereotypes come from those who never have friends from the culture.

II. Romance:

Alice: I was dating a guy from his dorm, so we went out together as a group. We knew each other as friends for three years before we started dating. Before Jill, I just seriously dated a guy from high school. He was Jewish. My parents connected a lot with Jewish people. They had a lot of Jewish friends. I don't as much.

Jill: The girls I dated were all white. The qualities I admire in her are that she is a very funny person and very easy – going person. She is warm. She is not over sentimental.

Alice: We are very social people and like to be with friends a lot. I think we have compatible personalities.

Jill: In Berkeley, the population is either white or Asian. A lot of our friends are dating interracially. There are many white guys with Asian girls.

Alice: Jill is intelligent. He likes to argue a lot, which is fun. I respect the fact that he is religious and serious with his faith. I don't have any other religious friend. He is not very romantic.

Alice: Our families are very similar. Our parents really get along. They all value education, discipline and health.

Jill: I heard that white guys like Asian, because they are submissive and hypersexual. First of all, Alice is not submissive at all. We think there are 3 categories: Jewish guys with Asian girls, very tall white guys with Asian girls, older white guys with Asian girls just from China, nerdy white guys with Asian girls.

Alice: I think I have preference for Caucasian guys over Chinese guys. Physically, growing up in America, all the images you see are white guys. They appear on TV, magazines and everything, defining what is good – looking. So it makes sense that you want to look for a white guy that fits the ideal of looking. Mass media is very powerful in influencing people.

Jill: Personally, I do find Asian women physically attractive. I don't know for sure what it is. Probably it is exotic. Sometimes, I think it's just the personality. I am still Catholic. Alice is not religious at all. I'm just intermittently religious right now because Sophie (the baby daughter) is more of my focus.

(Did that bother you that Alice is not religious at all?)

Alice: We went through it sometime ago and went over it. I didn't grow up religious and my parents were not.

Jill: On a personal level, that doesn't bother me. It's more of a social pressure. When you see other couples with their kids at church, they are doing the same things as family. I don't want to force it. Sometimes I don't even go, so how can I force her to…

Alice: There was a time when I considered converting, but it would be strange.

Jill: It would be a show. It's not necessary.

Jill: My family lives very far from each other, so we don't see each other very often. Alice's family is different. She grew up with her cousins all of whom live in Orange County.

Alice: My extended family is very close. We see each other all the time, every holiday and every birthday. It's very important for me to live close to my family, which is also the reason why I am here in San Diego.

Jill: My family really stresses independence. In my extended family, careers seem to have outweighed the family. We love each other, but we don't want to change our life to live close to each other.

III. Parents' and Social Attitudes:

Alice: They prefer that I would marry somebody that is Chinese, (for some convenience reason, maybe) but they are fine with me dating Jill.

Jill: I never felt any resistance. I speak English with them.

Alice: They came in 70s and their English is fine.

我们的朋友大多数都是跨族结婚的夫妻，所以他们根本不觉得跨族婚姻有什么。就是有些父母会有意见。我的爸爸的家人有些意见，我跟 Jill 分开过，那时姨妈就赶紧跟我介绍中国男生给我认识，她说“虽然中国男生不是很有趣，但是……”

Jill：In Berkeley, the population is either white or Asian. A lot of our friends are dating interracially. There are many white guys with Asian girls.

（注：由于与本书无关，此处略去婚姻生活、子女部分的内容。）

访谈（2）

对象：Amie and Mike

时间：2010年3月9日7点

地点：加州圣地亚哥访谈人家中

方式：私人访谈

I. Childhood Experiences:

Amie: I grew in San Jose, California, which is in the north. The neighborhood where I grew up is nearby San Jose State University. The school I attended was mostly Caucasian and Hispanic. In the second grade, we moved to a town called North Parcle (15 min away from San Jose). The population became mostly white and Jewish, so I had a handful of friends who were Korean and Chinese. We were very much the minority. The majority we grew up with were white. I had an Indian friend too. But we were the minority.

It was an affluent society, so most of my neighbors were doctors, lawyers. At school, there was a guy whose dad was the founder of Apple. There was a lot of Jewish people, very successful professionals.

I don't remember experiencing any racism or discrimination. I was pretty successful socially and academically. I ran for students' body office many times and was elected many times. So I don't think there was racial discrimination of any sort. Those teachers were very nice and I even had relationship with some of the older teachers. 90% of teachers were Caucasians.

I started an Asian club on campus which was called Asian Cultural Exchange. It was aimed at educating the rest of the school about Asian traditions and different cultures. Because there were so few of us, so we were always mixed together and no one knew the differences between Vietnamese, Chinese or Korean. Even that club had only 20 people or so. I just wanted to celebrate the diversity with our race.

My parents are from Taiwan. They speak mostly Mandarin at home. When we were young, my parents were pretty strict with speaking Chinese at home. They did it intentionally to keep the cultural heritage. We were forced to go to Sunday Chinese school for a long time. I didn't enjoy it but I appreciated it because when I went to UCLA, I could speak Chinese with students there. I actually ended up going to Beijing for half a year as an exchange.

My parents speak Mandarin at home mainly to preserve our relationship with the older generation. My grandfather lived with us for several years. Two of my parents' sisters came to live with us for 2 or 3 years. So to my parents, esp. my dad, it is very important to maintain that relationship with my grandfather. I'm very close to my grandpa only because I speak Chinese. Otherwise, our communication could be very limited.

90% of my parents' friends are Chinese. But my dad is in import and export business for many years, so most of his clients are Americans and Hispanics. My mom is in financial services. Her colleagues are mostly Caucasians, but her clients are mostly Chinese.

They didn't tell me a lot about Chinese culture. They mainly rely on my Chinese school teachers. My grandpa talked a little bit, but not much. We celebrated the food holidays, e. g. , yuanxiao, Chinese New Year. Other than that, I didn't know much about it.

I've always realized I am a Chinese, but I've never gone out of the way to feel different. I feel I've been given the ability to adapt pretty well. The real place where I felt uncomfortable as a Chinese is China. When I was there, a lot of people thought I might be a Korean or Japanese because the way I carried myself out was different from their expectation. It was surprising because I thought China should be the place which I can identity myself with most, but the truth is I don't.

After Mike and I got married, I kinda forget I am a Chinese, because he were like an mirror to me. When I am looking at him, I see this Caucasian guy here. Mike actually has more Chinese tendency.

In high school, the stereotypes (of hardworking Chinese good at math) were reinforced when I sat in a math class with half of students were Chinese. The stereotypes were good and bad. I fulfilled them but they also put a lot of pressure on us. So at the end of high school, I felt kinda tired of it.

Fortunately, my parents didn't overreact upon grades. They supported us in doing something we were really interested in. At the end of high school, I wasn't that good at math any more. I didn't really want to spend my time learning. I wanted to be more social, be more expressive of my opinions.

Mike: I was born in Palm Spring, CA. Before I turned 1, we moved to Escondido (San Diego country). I lived in a middle – class neighborhood, mostly Caucasian, some Hispanic, 70% white.

A lot of my Asian friends grew up in a family very much like mine, adapting this American culture by raising their kids to be independent (a type of American value), but they express of their love not by having communication but by providing financial support (from best cars to study without work).

I grew up with a variety of people, Caucasian or Hispanic. My high school good friends were one Caucasian, one Pilipino, one Japanese. I had a girlfriend who was Vietnamese.

I enjoyed dealing with different cultures. My parents also appreciated people from different cultures. They taught me to think that way and to appreciate it from a young age. My mom had a lot of Chinese friends. My dad was a public school teacher and my mom was a physical therapist. They are open to different ethnicities mostly because they are Christian. They believe that God made people from different countries, there is beauty in that creation.

There weren't many Asian in my school. 30% Hispanic, some Vietnamese and Philopino. In Ranch Bernado which is south of Esconido, there was a larger Chinese community there. We had family friends over there. My mom had a number of friends over there too. I got to learn about Chinese cultures, e. g. , the food, chopsticks. When we are eating Chinese food, I will use chopsticks.

My enjoyment of Chinese culture and appreciation of it. In the future, we have talked about living and working in China.

(Amie: When we were dating, I realized that Mike used chopsticks better than I did. That was a big surprise to me.)

The stereotypes of Chinese I knew are Chinese are good at maths, good businessmen, bad drivers, bad English speakers.

II. Romance:

Mike: We met at UCLA. We also were going to the same church, same club on campus. We got to know each other on these venues. We met each other in the first year, but had a lot of mutual friends. We started spending time together only from the junior year. We didn't get to know each other very much until the third year. We found we had same goals, values, and went in the same direction.

Amie: We had a mutual friend. At one point, he said to Mike that he should marry Amie even before Mike expressed any interest in me. He knew both us to the extent that we would be a good match. We didn't have a lot of chemistry when we just started. We just knew we had a lot of common ground, e. g. , intellectual and family background, personality. We might probably work out.

Mike: We also were going to the same church, same club on campus.

Mike: We both value family. We all believe that once you marry someone, you marry her/his whole family. we have the same faith, Christianity. (I wouldn't have married anyone who didn't share the same faith with me.)

That affects our views of marriage, e. g. , we don't consider divorce is an option. From very beginning, we have been very committed that no matter what happens to our marriage, no matter how hard it is, we will always love each other and be committed to each other. To me, I should always love her and serve her. we both value people, friendship.

We like to grow together. We all feel connected that way. My enjoyment of Chinese culture and appreciation of it. In the future, we have talked about living and working in China.

Amie: That might not be the most comfortable place for me to be. But I deal with international investment. I don't feel I have to stay in the states as an American. We both had experience in Asia and really appreciate the cultures there. As the states is going in a certain direction which we are not completely happy with, I think it might be ideal to raise our kids in China.

Mike: I had 2 serious relationships before Amie. They were all Philopinos.

Even back in high school, I wasn't very attracted to white girls. I think Asians are more beautiful. I never thought I would marry a Caucasian.

I think Asian girls are physically beautiful and I also enjoy the culture.

Asian girls are attractive with almond - shaped eyes (vs. Caucasians' round eyes), smooth skin (vs. hairy skin) which ages more slowly.

Amie: Before Mike, I pretty much dated all Chinese except one Indian. I always thought I would marry Chinese or Chinese - American.

I felt if I married a Chinese, I might have to get into a family with a dominant Chinese mother - in - law. My mom is dominant. I know it's the family dynamic.

I dated Chinese people because I identified better with them. You know the food, the culture and you can always laugh together. The tendency of parents are the same. But in a lot of Chinese families, Mom is very dominant and Dad is passive. I saw that and didn't like it. I wanted someone who can lead our family who would make a decision based upon our good, who would care for me more than financially. I also thought I would marry someone who had a stronger opinion than I did, who would be louder and more able to lead a party. Mike is actually more even in his personality. He is emotionally stable. He doesn't have a stronger opinion than I do, but I do respect him very much.

I was physically attracted to Chinese guys, but I didn't see it that way. To me, it is the whole package that I did care about.

But I think it might be easier for my kids if I marry a Chinese because there won't be so much cultural gap.

In a very early stage of our relationship, I was introduced to Mike's parents. I value his relationship with his parents very much. That's no something I have seen in Chinese American culture in terms of involving parents in a lot of different levels, not just asking for permission, but counseling or advice. I didn't see that in Chinese families. I saw it in Mike.

Mike: My parents are very wise and gentle. They wouldn't say I should do this or that. They let me make my own decision, but I feel they know a lot, so I always seek advice from them. When I first dated Amie, I made sure she met Amie. I asked for my mom's approval. She said yes.

Amie: I look at my relationship with my parents. I realize that I usually inform them on a need – to – know basis. My parents raised me a very independent person, because they realized that they wouldn't be there for me to make a decision all the time. In that family there is possibility to be independent, but it is also possible to have this relationship with your parents where you are not necessarily equal but you have the opportunity to talk things out. It's not usually a short conversation. You talk about the pros and cons, consequences and benefits. At the end, he is responsible of his own decision. I really appreciate that and I want them to be my parents and my children's grandparents.

A lot of my Asian friends grew up in a family very much like mine, adapting this American culture by raising their kids to be independent (a type of American value), but they express their love not by having communication but by providing financial support (from best cars to study without work).

Amie: He doesn't necessarily have more Chinese tendency than me, but more than I anticipated.

He gets craving for tofu and rice. He can eat virtually any Chinese food offered to him. I used to think Caucasian guys are usually loud, very much into parties, sports, Sunday football, super ambitious and nothing will get in their way. Mike doesn't fit into this identity. There is nothing I would've normally identity a Caucasian guy with.

His communication skills. He respects different generations. He is very respectful for my parents, my grandparents, which is how I think he earns their affection. My mom talks to Mike more often with me. He knows how to communicate better with them, which is what I still need to learn. It's exceptional.

We see a lot of interracial couples. There is not a lot of Mike.

III. Parents' and Social Attitude:

Amie: I was also concerned about my parents' reaction. But when I started dating Mike, I asked them how they would feel about a Caucasian guy, they sounded very fine with it. I think they just wanted me to marry someone I loved.

In a very early stage of our relationship, I was introduced to Mike's parents. I value his relationship very much with his parents. That's something I have never seen in Chinese American culture in terms of involving parents in a lot of different levels.

Mike：My parents just wanted me to marry someone who shared a common belief, common goals and a good match with me. After I got engaged, my mom told me that she was secretly hoping I would marry a Chinese.

Amie：I met his parents before we started dating.

Mike：I told her that I wanted to meet her father to ask for his permission before dating. He said okay. We had a meal and got to know him a little. I didn't make any special preparations.

Amie：His parents were very easy going. The morning we came down to San Diego to visit them, he introduced me to his mom and then disappeared for a while, intentionally. His mom and I prepared food together and set the table and got to know each other. Unknowingly, I was being checked out.

Mike：I told my mom to talk to her and find out what she thought.

If my mom hadn't approved of her, I wouldn't have dated her. I loved my mom very well and she knows me well. I wanted to marry someone who is like my mom in a lot of ways.

If Amie's father hadn't approved, I would've given up right away. I would've waited and got to know him more before we got into serious relationship.

Amie：To me, my parents's opinion doesn't matter as much as Mike's did. I just wanted them to meet him, but I realized that their interaction with him was quite limited. Also my parents don't like to make a decision for me, so I know they will leave it to my own best judgment.

I don ' t think my dad would've said no to Mike based on the limited information they had about him when he went for permission. He would trust my judgment unless he saw something really troublesome.

Mike has very good relationship with my grandpa. When I go seeing him alone, he will always ask about him. He is more concerned about him than about me. My parents treat him well. Mike talks to her mom more often than Amie does.

Amie：Some of my friends were surprised to know we were dating because they saw me as expressive. They didn't see us spending too much time together.

Mike：Among my friends, a good number of them married interracially. So it was just very normal. They congratulated us.

Mike：We don't feel different as an interracial couple here, but in China. My mother is from West Virginia, where people are quite racist. There is hardly any Asian. But my mother's father is very racist. He would call me when I was dating Amie and told me different stories to persuade me out of it. That's why we didn't invite him to the wedding.

Several years after our marriage, we traveled to visit him with my parents. We were very nervous, but the meeting went very well. He talked to Amie about his financial situation which he didn't discuss with my mom and even let her drive his antique car which very few people drove before.

But when we went around in the town, both of us got funny looks.

In China, Chinese are very kind and gracious to me, but Amie was not treated very well. I felt discriminated against.

（注：由于与本文无关，此处略去婚姻生活、子女部分的内容。）

访谈（3）
对象：Sean and Bailey
时间：2010 年 1 月 26 日午 12 点
地点：加州圣地亚哥一餐厅
方式：私人访谈

I. Childhood Experiences:

Sean: I was born in Taiwan and went to Vancouver at 10 for middle school, high school.

My father passed away. He was a mechanic engineer. He was a jack – of – all – trade. He did a lot of things, kinda entrepreneur – type of guy. My mom was a teacher. She taught Chinese at a school.

They did speak Chinese with me all the time, but they didn't force me to speak Chinese. In Vancouver, we did have a lot of exposure to Chinese culture.

When I grew up, I mostly hung out with English – speaking kids. There weren't many Mandarin – speaking people available there. At that time, 30 years ago, Taiwan didn't allow a lot of people to move away, so most of the Asians moving there were from Hongkong. I couldn't speak Cantonese. I went home and asked my mom how come they only spoke Cantonese while they all looked Chinese. I was sad about it.

People from Hongkong tended to group together just for convenience's sake. They could go to Cantonese restaurants, sharing the food and conversations which few Mandarin – speaking people will understand. But things have been changed drastically now. Since then, many Taiwanese moved in and lived in Richmont. They developed a very large Mandarin community where later mainlanders moved in. Vancouver is a huge melting pot. Canadian culture per se isn't really existing. It's a lot more than California. There are not many white people.

(Did your parents hang out with Asians?)

Yeh. My mom mostly hung out with Asians because it was comfortable. We went to the Asian church, which embraced the Asian culture even more. When we were in the church, we spoke Mandarin. Even that day, our services would be half Chinese and half English.

I graduated in 1979 from high school. We arrived in 61 in Vancouver. I came to the states for college.

My college didn't have many Asians because it was not a public school. You see many Asians going to those UC schools because they are quality yet less expensive/more affordable. But my college had mostly white kids from rich middle – class families.

I felt connected with Asian culture but I didn't hang out with Asian kids at that time also because my interest was really in sports. There weren't many Asian kids (at high school) interested in sports, so I couldn't find any to hang out with except English – speaking kids.

(All through your growth, was there anything that made you aware of your ethnicity?)

Yeh, but never felt treated badly or discriminated against. I never felt bad about being an Asian. It's more interesting and provoking to be from a foreign culture.

Bailey: I think right now it's a big advantage for him to be able to speak Chinese because he is doing business with Chinese. He speaks both languages without any accent.

Sean: yeh. It's a huge advantage right now. When I first started my business 25 years ago, China hadn't opened up yet. So my business partners were mostly from

Taiwan and other south Aisan countries like Singapore, Malaysia, Thailand. 10 years ago when mainland opened up, I started doing business with more Chinese there. In the first place, there were foreigners with more knowhow and money starting firms and businesses there. Right now there are more Chinese who have more knowhow and are able to start their enterprises.

Bailey: I was born in Santa Claire, California and grew up all over California. The neighborhoods were generally Caucasian, middle – class. There weren't many Asians.

My mom was a nurse and dad was in air force.

I'm the fourth children. When I was in high school, both of my older sisters had a black boyfriend. My Mom and Dad were not racist, so they didn't care what race they were. They were accepting different cultures. My older sister had a very nice boyfriend. I liked him a lot and was around them a lot. That was my very early exposure to different cultures.

I don't know whether because of that or not, I have always been drawn by dark hair and dark skin. I am not attracted to typical Asian people who are shorter with glasses. but to me Sean didn't seem to be a typical Asian. He has different facial features (good – looking with deep set eyes), he is very tall and dark. A lot of people think of him as Philipino. Typical Chinese act differently and think differently. Sean is very Americanized. He doesn't behave like a typical Chinese guy. He is half black and half white, no Asian. When my son was in the fourth grade, he had a Chinese language class. The Chinese teacher had seen Sean before and she asked him whether his dad was a Chinese. My son (who was 10 years old) said, "No. He is not, but he speaks Chinese." You see he has no idea about ethnicity. We never really emphasize that. I didn't feel the need to.

When asked how interracial marriage is like, I don't consider it so much because he doesn't resemble any of those Chinese people.

But Sean's mother is a lot more like Chinese than him. She speaks Chinese. She hangs out with Chinese and goes to the Chinese church. She lives in an Asian culture in America. She loves Chinese food.

Sean: A typical 20 – year – old Chinese guy is not as mature as an American guy. They are studious and more intelligent. They are not physically smart but mentally smart. He lives a different life, acts differently. But personality is very different.

Bailey: They are more naive and innocent. Asian women are naive and innocent and easy to be taken advantage of.

Sean: A lot of Asian women will settle for less. They will settle for 87% of contentment and work around it whereas American women are different. They have higher expectations.

Bailey: Asian women's self - esteem is not as high as American women. They are less valued, less important. They are subservient to men.

II. Romance:

Sean: We met at school and I was the best - looking guy on campus.

Bailey: We both lived in the dorm. We went to the same place to eat and hang out. In the first two months, I noticed him. I think he is tall and handsome. I asked a friend to invite him and got to know that he asked a friend to invite me as well. After that, we started dating and dated for 4 or 5 years all through college.

Sean: When you like somebody, you just wanted to meet him/her. I had other girlfriends at that time. My first girlfriend was an Asian, but it didn't last long. All the other ones were all Caucasians. It is not anything to be compared. I didn't have many choices. There weren't many Asian girls who could share my interests and do sports. Physically, I'm attracted to some Asian women, but below average.

Bailey: Sean is more social and athletic. Since their childhood, he and his brother have taken different paths. He has always been independent and didn't care very much what her mom wanted him to do whereas his brother was more conservative, and studious and obedient to his mom.

Sean: Asians tend to overachieve. Everybody got to be a lawyer, a doctor. You don't have to get a PhD to achieve success. Asians are not happy.

Bailey: Everyone should be different. Asians want everyone to go down the same path.

Sean: I wasn't fighting anything. I just didn't like studies. I didn't care about it. I am fun - loving. I like baseball.

Bailey: He is care free, expressive and affectionate and likes hugging.

III. Parents' and Social Attitude:

Bailey: Our friends all knew we were dating. No comments on his ethnicity. My parents met him and they all liked him. He is Christian. My friends and my family, no one ever talked about whether it was okay to marry a Chinese.

Sean: I am looked at as American. Other than looks, I don't think I'm different from other Americans. My ethnicity is never a factor.

Bailey: I have a feeling that his mom actually expected him to marry a Chinese because she is very into Chinese culture. I wouldn't marry a non – Christian.

Sean: It would be very hard to marry a non – Christian. At that time, I would've married a non – Christian, because I didn't value religion as much as I do now. If I could do it again, I would say it is important. But at that time, I didn't care about it that much. To me, it was more of a fashion.

Sean: Bailey met my parents in the second year of college. We went to my parents' house in Vancouver.

Bailey: I stayed in Vancouver for the summer. I lived in an apartment. It was fun and I got along with my parents. I made friends with some blacks, Asians. I didn't feel his mom looked down upon me.

I couldn't understand his mom very well as she speaks Chinese all the time. That is the only thing that bothers me very much. When we are in a group like this outside, she will face Sean and speaks Chinese with him. I don't think that's right. It's okay if she speaks Chinese with him at home. Her habits like eating Chinese food don't bother me. (also can be the ethnic differences in marriage life)

Sean: We have a lot in common with each other. Bailey is very independent. I didn't like girls who always wanted me to be there. I don't like girls who are always checking me when I'm coming home and stuff. It's not just an Asian girl. Some Caucasian girls are like that too. They need a lot of attention, very dependent. "What do you do?" "When do you go home?" (frowning)

My mother was okay with my marriage for two reasons. One is that my brother had got married. He is married to an Asian. One thing she said to me is you are a Chinese and you will always be a Chinese.

Bailey: Chinese do emphasize that. They really want to maintain that (heritage) of theirs.

Sean: I don't think she shared with me her wish that I should marry a Chinese.

Bailey: She probably wished this in her inner heart, but she realized coming to California, he had a lot of chance to date Caucasians. She might have known that he would end up with a Caucasian woman.

(注：由于与本文无关，此处略去婚姻生活、子女部分的内容。)

访谈 (4)

对象：Cathy and Daemon

时间：2010 年 1 月 26 日午 12 点

地点：加州圣地亚哥

方式：电话访谈

I. Childhood Experiences:

Cathy: I was born in … and grew up in Minnesota. The neighborhood was a blue – collar one. My father was a professor in a Christian seminary, teaching other preachers.

It was completely white. As a child, I had no idea about Asian cultures. My parents were open in a way because they were missionaries in South Africa for about 5 years. They were very understanding.

I went to high school in Washington State. The school was very a blue – collar Caucasian school. The kids there didn't care about going to college.

I made it to the college because of my father's influence. He had a PhD in theology. My family was very educated with high expectations, like Daemon's family which also had high expectations.

I read a lot of books about Chinese. When I went to college in Seattle, there were a lot of Hongkong students. They were very special. They were very outstanding students, interesting and kind people. I ate with them a lot of times in the canteen. There was a girl who was very kind and interesting. I loved her. They were all the time together.

Daemon and I went to the same college. Daemon was about to graduate when I just started.

We were very aware of the stereotypes of Chinese, e. g. , Chinese are extremely high achieving, always aiming at UC Berkeley. So the school has discrimination against Chinese people. The early stereotypes of Chinese are that Chinese were just cheap laborers, poor.

Daemon: I came here alone at the age of 19 for higher education in early 60s. It was not that hard to fit in although I did have to make new adjustment to the different city.

I grew up in a Christian family. I was too busy even to date in a fashion American usually do. I had friends of different ethnicities. At that time, there were very few students from mainland China.

I was aware of my ethnicity. I always felt like a foreign student, but language was not a barrier for me.

II. Romance:

Daemon: Cathy and I started as friends and then separated for 3 years. 2 weeks before I left Seattle, Cathy suddenly showed up in the building where I worked and we got back in touch. It was a chance meeting. (中国人说是缘分。)

After I graduated, we kept communicating with each other by phone, by letter or by other means for a while. We were dating. We were married in Washington by …

I didn't date very much before Cathy. I knew there were laws banning interracial marriages, but it was a new thing.

I saw the qualities in her that attracted me. She is helpful and caring and submissive. She knew really what she wanted. She is an attractive person.

I didn't have any particular expectations of my future dates or girlfriends.

Cathy: When I first met him, we were both very focused on studies. We had educational goals. I had several boyfriends, but I had no desire to marry. It was just fun to have a boyfriend. My previous boyfriends were all Caucasians.

I had a lot of respect and admiration for him. He surpassed my father in his research abilities. Some girls do hope to marry someone who is like her father.

The day I met him was a very beautiful day on campus. The whole campus was totally closed for holiday. I heard some music coming from the physics building. I went to the door, but it was locked. I was very curious how people got in through a locked door. Then there was Daemon opening the door. I was surprised and recognized it was him.

Daemon: I've practiced playing the piano for years.

Cathy: I was attracted for other reasons: he is so good – looking, friendly, very open. His smile and laughter just attracted me. He also has chrisma. I was attracted to everything about him. In Hongkong, he was considered as a genius.

Interracial relationships were not common on campus, but it is not in Daemon's and my family. Daemon's two brothers married Caucasians, and my younger brothers married a Chinese.

Daemon's older sister (Judy) was mentally ill. Ever since she was ill, Daemon's brothers' Caucasian wives and I had been much more open and helpful than the other family members (esp. those Chinese spouses they have.) The Chinese wives in the family were dreaded to have Judy with them for fear that she would affect their kids or life. I think this is very interesting to observe.

We took care of her, so she had a lot of respect for Daemon. 15 years of treating Judy has affected my daughter (Joana) 's plan for her future. She now has become a psychologist at UCSD.

III. Parents' and Social Attitude:

Daemon: When we first got married in 1965, there was miscegenation law forbidding interracial marriages in 17 states here. We went to the State of Washington to get married.

When my parents got to know I was married to a Caucasian woman, they said okay. They celebrated our wedding in HK. They all happened on the same day when we were married in a church in Seattle. We invited a professor as our parent.

I paid for the wedding in Seattle.

Cathy: My parents paid 300 dollars for the church and other things.

Cathy: 1960s was a very turbulent age. As a part of it, we were very open – minded and non – prejudiced. Most of my friends were fine with our relationship.

My parents were surprised. They were open – minded.

Cathy: Being in a university which is very open, being with parents both well – educated, with friends who were all university people, I didn't feel anything really bad. Besides, our kids are really cute and intelligent, which is a big plus for us.

（注：由于与本文无关，此处略去婚姻生活、子女部分的内容。）

访谈（5）

对象：Donna and Sidney

时间：2010 年 1 月 19 日 9 点

地点：加州旧金山市访谈人家中

方式：私人访谈

I. Childhood Experiences:

Donna: In Melbreak, there weren't a lot of Chinese. 15 - 20% Asian. I hung out most with Asian population. The school had a lot of Asian people.

I felt comfortable with people. I wasn't bothered although I did get "China girl", "chinkie."

I hung out with all kinds of people. I didn't isolate myself from others.

My mom is from Canton, speaking very little English. We speak back to her in English. She never worked. My dad is always the money maker. He worked so hard that we didn't see him very much. He speaks English because he was born here.

My mom usually hangs out with relatives in Chinatown in SF. She doesn't have many Caucasian friends. It took her some time for her to become open to American culture.

We didn't go to the Chinese school. We got to know some basics like Chinese festivals, herbs. They never forced me to learn Chinese. I actually wish I did learn some.

I knew I was a bit different from others, but I have always been proud of being what I was. So I didn't feel bad about that.

Sidney: My dad was an office manager. My mom has done pretty much everything. She is still working. My childhood neighborhood was a small community. It was all white. I hung out with an Egyptian or Hungarian couples. As a kid, I wasn't aware of racism at all. One of my friends in 6th grade was a Chinese although there weren't many of them. We played baseball together for a year. I became good at sports and protected myself from nasty kids at school. (in the same way Paco did.)

II. Romance:

Donna: We got to know each other through a blind date. A friend of mine introduced me to Sidney and we talked on the phone several times and then we met at a Pizza parlor. We started dating afterwards.

My first impression of him is he is very easy - going and easy to talk to. I dated a couple of times before him.

The first one was a Caucasian who I dated for 3 years. I didn't mention him to my mom because it was a big deal. Even now, she doesn't know anything about. The other one wasn't very steady. He was a Caucasian. I hung out with Asian guys. I was open to any Asian guy or friend. It didn't click.

Asian guys are not very aggressive, not good at making decisions. But I tried not to distinguish Asian guys from Caucasian guys.

Sidney was good - looking and very into sports. I was into sports too. He had good sense of humor too.

There is good and bad about staying with an Asian guy. With them, it's easier to understand the culture and tradition. But they are way too quiet and passive in relationships.

We decided to get married after dating him for 4 years. When we were dating, he was very caring. Sidney met my parents a year after we got married. In the first place, we wanted to move in together, but it was backfired. He ended up proposing to me and we got married.

Sidney: Her parents were totally against the idea. She said she would do it any way although they told her she would be in very big trouble. I thought I would be better to get married. Someone told me that even if they don't like me, as soon as we had kids, they would like me. It was very true. They liked me already, but once we had kids, they love me now.

Sidney: I never even thought about her as Chinese. I was just looking for a person who would click. The last girlfriend was an Irish. She was polar different from Donna. Donna is educated and family oriented. In English, we have that saying that you grow up and marry a woman who is like your mom. She is like my mom. Sometimes it drives you crazy. She is so set in her ways that she can't change a little bit. She was raised in a certain way.

III. Parents' and Social Attitudes:

Donna: I did tell my mom about our dating because I was living at home. My older sister was dating a Caucasian, which made it easier for my mom to accept it. When my sister told my parents about her date, they didn't allow him in our house. It's like you bring someone black back to the house. (Author's comment: I think it's racism against whites.)

My dad is prejudiced against different races. He lived in Chinatown and was raised that way. He makes little comments on this or that. I assumed that he must have been treated very differently and developed a very negative attitudes. They did yield to my sister because they realized there was nothing they could do about it. They gave them a phone call and said they could get married.

I told my parents about Sidney a year or two after I dated him because I wasn't sure whether they could accept it or whether I wanted to be serious with him.

He came to our house for dinner. He was very nervous. It went fine. When we had dinner, other people were also there. They didn't talk to him directly. He knew it was important for me, so he was very willing to face that challenge.

I met his parents shortly after we started dating. The first meeting was pretty casual. It went fine. I assume that his parents are proud that Sidney married someone Asian who can keep him straight.

Even if my parents disapproved of our relationship, I would've still married Sidney or other Caucasians. I never dated a Chinese. How could they expect me to marry a Chinese?

Interracial relationships (1990s) weren't a big deal. Our friends all knew about us. They didn't make it a big deal.

When I introduced myself as Dr. Hunter, my patients are always surprised and shocked that I am an Asian when they actually meet me. They would say "oh, you must have married someone Caucasian." I would say, "Yeh." So I think people do have expectations. I'm proud of it. I don't shy away. I don't feel uncomfortable at all. We never get any funny look because it's been very common in 1990s.

Sidney: Donna's parents didn't like me in the beginning. I thought if they still didn't like me after really getting to know me, I would not have pursued the relationship. I know it would've been a big deal for her and for everything. The Chinese community is a huge deal.

Her older sister is married to a white guy. He was rejected for 10 years. He couldn't even drive on the parents' drive way and meet her for the date. He had to park the car outside and walk up the drive way. I thought I wouldn't do that. It's not worth it.

My parents were pretty liberal. They will be happy with anyone that can make me happy. They have no problem with her ethnicity.

The first meeting with her parents went fine. I ate everything. Her mom piled up food and asked me to eat. They didn't talk very much. Her dad didn't talk at all. I asked a Japanese colleague of mine and he said the Asian dad was just like that. He didn't say much, but looked at you and measured.

My dad would be different. They would keep talking to get things going. Her mom was very friendly. If she spoke English better, she would've done that. Right now, we get along very well. Now I could say anything I'm comfortable with and don't have to worry about the consequences.

Sidney: When we started dating, my dad asked Donna what she would do with me. They were happy that I was marrying somebody who is well – educated, hands – on – the – shoulders.

None of my friends had an issue with me dating Donna. It's a lot easier than a white girl marrying a black guy. People still look at "wow". That's more considered as "interracial marriages". Only when we went to Arizona before we got married, Donna told me people looked at her in a weird way.

（注：由于与本文无关，此处略去婚姻生活、子女部分的内容。）

访谈（6）

对象：Derrik and May

时间：2010 年 1 月 21 日 12 点 30 分

地点：加州旧金山市一餐厅

方式：私人访谈

（Derrik 和 Milan 请我在旧金山市的一家餐厅吃了一顿午饭，边吃我们边聊。令我又惊异又感动的是，Derrik 为我准备了一大堆的照片和资料。虽然采访的过程因为服务员上菜、他们的朋友插话等多次被打断，而且我不得不在适当的时候将扯远的话题再拉回来，我还是深深地被这一对热情、可爱的老人和他们的故事所吸引了。）

I. Childhood Experiences：

Derrik：I grew up in Utah, State of Idaho. It's a very conservative area. My father had a furniture store. We had to help with his business as children. My mother was a nursing professor.

When I was 19, I was sent to Taiwan as a Mormon church missionary. I stayed there for 2 and a half years. I learned how to speak Chinese. I spent some time in HK, so I could do Cantonese too. I only wrote a little bit of Chinese. that was in 1965 until 1968.

Milan：I was the first Chinese student at BYU（Brightham Young University）in 1968. I became the president of the international students club. I had a scholarship.

我当时很想家。很多东西都不习惯，比如天气，食物。我觉得当地的人对我很好，没有感受到过种族歧视。

Derrik 的妈妈是学校的教授，她让我住在她的家里，教了我很多生活的技巧，比如煮蛋、烧饭等。在台湾的时候，我们整天就是读书，都没有做过家务。

我爸爸是个生意人，他很重视教育。那个年代女孩一般都不能接受教育，但是我们家三个女孩都上了学。

我从小身体不好，所以跟外面的社会接触很少，我很单纯。

II. Romance：

Derrik：I met Milan in Taiwan. She was also a Mormon missionary, a Chinese missionary. Then I came back for college. She came here for college too. Then we started dating in BYU.

I wrote her parents a letter to ask for their permission. Milan's family was very nervous. They didn't want her to marry me because I was living in America and it was too far, too out of their reach. At that time, we were planning to get married, but Milan insisted that we settle something with her parents, so I wrote this letter（见附

录3). She helped me with a few characters.

We were married in 1970 and next week it will be 40 years.

(Wedding)

We had a western wedding.

Milan：我到美国来以后，只有 Derrik 请我出去玩一玩，没有半个中国人请我出去玩。有一个男生很喜欢我，但是他不敢请我出去，因为我是学生会会长，而且只有我才有车。他们都怕我拒绝，觉得我地位太高，其实我不会的。

Ⅲ. Parents' and Social Attitude:

Milan：我父母收到 Derrik 的信以后非常担心，他们说不可以。因为都不认识他，只见过他一面。而且我什么都不会，我从小身体很不好，所以家里的人对我很呵护。当时有个医生要跟我结婚，我说我在美国读书，不想回去。我的父母说那个医生可以到美国来跟我结婚。

我还是不同意。后来我妈妈到关帝庙去抽签问我应该嫁给谁，结果签上说应该嫁给他（Derrik）就可以幸福，那我父母就同意了。后来我带 Derrik 回台湾的时候还专门去关帝庙谢关帝了。

Derrik: In Idaho, Chinese were very rare and interracial marriage was very rare too. We spoke Chinese most time with each other and I knew the culture well, so for us, there was no problem.

She met my parents on the first day after arrival in America. My mother and I went to the airport to meet her. She communicated with my parents many times before that.

Milan：他向我求婚，我说我不懂，要问我的父母。他就给我的父母写了一封信，结果我父母不同意，他很难过，就告诉了他的妈妈。有一天晚上，他的妈妈来到我的房间，握着我的手说，"如果你做不了我的媳妇，我希望你能一直做我的女儿。"她妈妈很喜欢我，什么事情都教我。她并不介意我是中国人，当我就像她的"掌上明珠"，我们之间非常亲密，比我跟自己的妈妈还要亲密。我婆婆到哪里都带着我，而且跟人介绍说是她的女儿。我的公公也是一样。我们的婚礼一切都是由他的父母来准备的，但是我姐姐代表全家来参加婚礼的时候，他妈妈跟我姐姐说她不是在娶媳妇而是在嫁女儿。我什么都没有，什么都没做。

我的父母反对，主要是他们不了解 Dawyne 的家庭，担忧我的身体。婚后，我们回到了台湾。

Derrik：我毕业了以后，那是我们结婚一年以后，我们回到了台湾，见到了她的全家人。我会说中文，但是 Milan 的妈妈只能说台语，所以我们的交流比较有限，这是我最大的遗憾。他们对我很热情。他们早就接受我了。

当 Milan 的妈妈去世的时候，我们回去参加了她的葬礼。我作为大女婿，我还为她披麻戴孝。

Derrik：As an interracial couple here in Bay Area，we don't feel very different from here.

（注：由于与本文无关，此处略去婚姻生活、子女部分的内容。）

访谈（7）

对象：Emma and Kenny

时间：2010 年 3 月 15 日 13 点和 18 点

地点：加州圣地亚哥

方式：电话访谈（夫妻分开采访）

Emma

I. Childhood Experiences：

I went to school in Canada. My parents were originally in Taiwan. I grew up in Louisiana.

The neighborhood where I grew up was mostly white，black and Hispanic. It was a middle class society.

I didn't hang up with my neighbors very much. I hung out mostly with people from my church with my family.

The school I went to didn't have many Chinese. I spoke Portuguese，so I could talk with Hispanic.

I spoke Taiwanese（闽南语）at home. My parents always wanted to make sure that we didn't lose our cultural heritage，by making us speak Taiwanese at home. They believed that we had many opportunities to learn to speak English，but they are the only chance for us to pick up Taiwanese.

I don't think I'm Americanized right now. I've been exposed to a lot of cultures.

What I'm trying is to keep the best things of these cultures. I didn't deliberately learn to speak the language in the way Americans do. It's just because I came here at a young age. It's easy for me to pick up the language.

In some ways, I am American. For example, Chinese people tend to do more group thinking. They like to stay together. I don't. Some other ways, I am more Chinese. For example, some of my values are still Asian, like respecting the elderly. I do have some Asian habits too, like taking off shoes to keep the house clean. But I don't bow that often.

I am very open and direct. I do dress like Americans. (she does as I observed.)

My friends are very diverse. It depends on where I live. Right now I'm going to this Chinese church and I have a lot of Chinese friends. When I was in Louisiana, I went to an American church and had more American friends. My friends are very international. I don't pick up my friends because of their races.

In my childhood, I did feel discriminated against from time to time. Children pointed out differences, like my features. As a child, I just wanted to fit in and didn't want to be different. So when people asked me about chopsticks, I would want to talk about it very much. I didn't know how to handle the situation, so I chose to be quiet. But when I grew up, I started to appreciate my own culture and like to talk about it.

I went through some identity crisis: there was a period when I tried not to be Asian. I didn't reject it, but just try to downplay it, didn't talk about it or appreciate it. It's just growing up and be comfortable with who you are. It's not only cultural thing. Everybody goes through it.

I was in a lot of clubs and that was how I got connected with a lot people. I was shy as a child.

People stereotype Chinese people as the ones owning restaurants. If you are in a drama club, they won't take you for a certain role, like Shakespeare's Julia. But I don't remember that much though.

II. Romance:

Kenny and I met on the internet. He found me and wrote to me.

We wrote to each other for a few weeks and then we met each other. I looked at his profile on the internet and felt he is pretty nice – looking. He looked a little bit different from his profile, but not really bad. He made an impression on me with his kindness. He ordered food for me but he didn't eat any of it. I thought it was very wasteful. But later I realized that he ordered seafood only for me because he doesn't like seafood. He did something only for me.

I didn't put any ethnicity in my profile, but I had that picture of me there. He didn't include his ethnicity. He dated a Chinese girl before.

I didn't date a lot. One Caucasian, one Asian. I don't think I have a preference over ethnicity. I'm looking at the person. I'm attracted equally to Chinese and Caucasians.

Kenny didn't have any preference over ethnicity. He had a Chinese girlfriend and was married to a Caucasian before. I was married to a Caucasian too.

My previous marriage didn't work out because he had an affair with another woman.

His ex – wife was very controlling. She would take trips by herself. He suspected that she had an affair with somebody else.

III. Parents' and Social Attitude:

We got engaged pretty quickly. I think my friends all like him. After we were engaged, some of my relatives met him and they all liked him.

There wasn't any struggle or surprise for us to get married. We are very compatible and similar. I felt comfortable with him.

We are similar in the way that we share many values with each other. For example, we both have the same faith, we both look at families (she meant their own family) as important. Our personalities are similar: open, sociable, value family.

I never notice people treated us differently as an interracial couple.

When I was young, my parents told me they preferred that I dated a Chinese so that they could communicate with them. As we were dating, we didn't know many Chinese people. Most of the people in my church were related. I didn't have that many options. My sister's dates were non – Asians. I didn't date until I was in graduate school. They had a negative impression of black people. When my sister was dating a black guy, he was not happy. But when they were talking (about the issue), my sister made a good point that God created a lot of different people, white or black, my mom started to understand that. My parents didn't like my first husband not because he was white but because he was not responsible. (So to them, his personality matters more than the race.)

My dad met Kenny at the wedding. My mom was in Taiwan and she talked to Kenny on the phone and met him in person a year after we got married. (My parents are divorced.) My parents like Kenny. We talk a lot about each other's family. During the wedding, Kenny tried to include my dad in the preparations and help him to open up a little bit.

I get along with his friends.

I don't think physically Caucasians are cuter than Chinese. It all depends on the person.

My family very focused on music whereas his family focused on sports. Our lifestyles compliment each other.

My faith is very important. It might affect every aspect of your life. Both Kenny and I are very active in church. If we don't have the same faith, that will be really hard for us.

When we got married, I was a student and he was working. We are both from middle – class families.

(注：由于与本文无关，此处略去婚姻生活、子女部分的内容。)

Kenny:

I. Childhood Experiences:

The neighborhood I grew up was a farming community. There weren't many Chinese people. I didn't have any Chinese people. Racism was obvious in my hometown. There were stereotypes of people.

The school I attended didn't have many Chinese either.

I didn't have any preference over one of another race when making friends. I moved to Richmond, Vancouver. There is high concentration of Chinese people and I felt left out as a "foreigner". I went to Chinese church there. All my friends are

Chinese. In my Bible study group, 90% of people there were Chinese. I learned some Chinese culture, such as taking off your shoes before entering one's home, the way family members take care of each other. That's not common in American families. I'm very independent of my own family. I wouldn't expect them to baby – sit my child for a long time.

I think Emma is Americanized. She is very blonde, very straight and direct.

II. Romance:

My impression of her when we first met is she is very smart, she knew what she wanted, and I was very attracted to her.

Generally, I am attracted to Asian women more than Caucasian women. Asian women are very respectful for people. Caucasian women, speaking from my personal experience, can be really dominant and domineering. Asian women are physically attractive with their eyes and their facial features. Asian women tend to be slimmer. I am attracted to Asian women's eye shape (apricot – shaped).

When I dated the Asian woman, I didn't tell my parents because they lived too far from me. No other reasons. My parents didn't have any preference over my dates or future wife.

The qualities I was looking for in my woman are good sense of humor, close to family, complementary with me.

One reason why I was attracted to her is she was going through some very hard times when I met her. We helped each other and I shared with her sorrows and helped her deal with her past. That was great.

III. Parents' and Social Attitude:

I met her dad at the wedding day. He was polite and okay to me. He was a little shy and I had to take the initiative to talk to him.

I met her mom a year and a half after we married. I didn't ask for her dad's permission or something, but I did talk to her younger sister who got really mad at me. She was worried that I couldn't take good care of her. I just assured her that I had a good job and would take good care of her. Now we get along great and become good friends.

Before we got married, we went to New York to meet her sister. One of her relatives was getting married. We helped a lot and got the family's approval.

Her family speaks very good English and there is no difficulty in communicating with each other.

My friends look at our marriage as good. All my friends are Asian. I feel more comfortable in Asian culture. It's probably because I stayed in Vancouver for many years and made friends with a lot of Chinese people. When I go back to my hometown, I feel out of place.

（注：由于与本文无关，此处略去婚姻生活、子女部分的内容。）

访谈（8）
对象：Jammie and Jon
时间：2010年1月24日15点
地点：加州圣地亚哥访谈人家中
方式：私人访谈

Jon: Under Asian tradition, they look at men as more important by that he shouldn't marry outside the race culturally. The Asian man who marries a western woman must be very deviant, more westernized or modern.

Jammie: I was born in America. My exposure to Caucasian men was prevalent. Back in 1970s or 1980s, you wouldn't find many Asian men married to Caucasian women because they didn't feel comfortable here and didn't get the chance to get to know many Caucasian women.

Jon: My generation is probably the last generation to see Asians were looked at as minority. Nowadays, they are still minority but a bigger minority, the majority of minority.

I. Childhood Experiences:

Jammie: It is a small town of NY city, suburban, middle - class, predominantly white. I would say very safe, protected. The first time I was made to be aware of my ethnicity was when I was 9 or 10. One day I was riding a bike, some older kids said slang, "You chink." to my sister and me. I didn't know what it was and had to ask my sister. There was no other race there, so the kids were learning to bully us because there was no other target for them.

Jon: Both of her parents were very westernized, so she was brought up in a very westernized way.

Jammie: I didn't speak Chinese. They never spoke Chinese with each other, never hung out with many many Chinese people. Occasionally, they would invite friends to come over to play Majiang, but they didn't include it in my upbringing until my teenage.

When I was in my teens, my parents made us go to Chinese school. I hated it. I rebelled. I cried. I hated because it was Saturday morning. I just wanted to play. It wasn't easy. I didn't understand why they made me do that while they didn't even do that. I wasn't really rebelling against my own heritage. It was just the way they did it. It wasn't a good time. it wasn't fun. I cried and they finally pulled me out of it. I was so mad.

Jon: I was brought up in a middle – class neighborhood in NY. It was basically Irish, Italian middle working class or upper middle working class neighborhood.

In my high school, there were only Chinese kids but we weren't friends.

Jammie grew up in an era when there weren't many Asians or Chinese here. She grew up not knowing she was a Chinese because her parents didn't enforce the culture on her. My parents didn't enforce Irish culture upon me either. I knew I was Irish, but I didn't learn Celtic or the dancing.

Jammie: We are just vanilla, which means we are all the same flavor of ice cream. We are just Americans.

Jon: We don't call ourselves Americans within America, but we are sure when we are overseas, we will say we are Americans. With friends, we are just us. We don't bring our ethnicities into the place. If you are in NY doing this interview, there is more rigid ethnicity. NY is very diverse, but the diversity is less known here in California.

Jon: There are slang words of all kinds of different people.

Jammie: We knew all the words, but we were brought up respecting people. The slang word the kids threw at me didn't really hurt me until I was older and more conscious of my body, fashion. When you started to use make – up and you looked at the mirror and realized you are different. I had different friends. They looked at me as Jammie more than any other person. When they talk about me, they would be more complimentary, e. g. , you have straight hair, nice skin; you never look fat. Asian stereotype is being fit (not fat), more smart. We eat healthy, gentle, nice. They are nice stereotypes.

At college, I took a Chinese class because we were required to. I tried to join an Asian club.

Jon: If she had an accent, or acted more Asian way, people would've thought of her as Chinese.

Jon: We went to college in late 1970s and early 1980s. There weren't so many Chinese.

II. Romance:

Jammie: I was told that we should marry someone for the inside instead of the outside. I never dated an Asian because there weren't any Asian men available. If there were, I wouldn't have excluded them. I would go out with anybody I fell in love with. At college, there were very few.

Jon: Before Jammie, I never dated any Asian girls or black girls. I fell for her because she is a wonderful person. I wanted to marry someone who could take care of herself no matter I was good or not.

Jammie: I am an independent person.

Jon: I don't like wives who would sit and ask "what am I gonna do now?" You should have your own mind. That's the person she is. I wasn't looking at her as a Chinese, just as a person.

Jammie: The stereotype of Asian men in my time is he needs a subservient woman. I am not a subservient woman. I wasn't with any man because when I went to an Asian man's place, I was surprised that he wasn't even helping her cook dinner. The guy just expected his woman to do this or that for him. To marry someone who would put work on me was not on my radar. I was looking for someone who could take care of himself and me and treat me equally.

Jammie: I find Caucasian guys better looking than Chinese guys. For example, Caucasian guys have more muscle by working out in the gym, better sense of humor, more extroverted. They are taller as I'm tall. I don't know as many Asian men. It's harder for me to speak to an Asian person because I don't speak Chinese and don't know what to say with them.

Jammie: We met at college. We hung out with a group from our dorm. We all had good time together and we were friends throughout college.

Jon: Our first date was at a commencement party as good friends. After I graduated from college, I moved back to NY and Jammie moved to New Jersey. When friends came to visit, she would come down to the city to hang out. We started with corporate date for her work place and then became lovers and got married. We dated for 2 years. Before that we were friends for years.

Jon: In business term, we are partners.

III. Parents' and Social Attitudes:

Jammie: My father was disappointed because I wasn't marrying an Asian man. He didn't forbid me to do it, but still felt disappointed. He let me know it. The situation for me was not that hard because my sister got married to a Caucasian before me. She had to fight and struggle. She had paved the way for us.

Jon: Her mom was more open. Her dad asked me how I was supposed to take care of his daughter, which is more of an Asian mentality. I had to assure him that I have a job, future.

We didn't have chance to have confrontations with him because we moved away immediately. The funny story is that when we told them we were getting married, there was dead silence. Then we told them that we were going out for a bit and let them talk about it. When we got back, they were pretty okay with that. I met her parents before and knew them.

Jammie: We didn't really sit down and talk about getting married with his parents.

Jon: Jammie's parents were pretty westernized, so they didn't expect my parents to pay anything for the wedding. Even if they had asked, my parents wouldn't have said no. They all enjoyed the wedding because they got to be exposed to a different wedding culture and nice traditional wedding apparels. Jammie wore different types of "tea gowns" through the ceremony. They thought it was cool. They were happy to see something out of their norm.

(Relationship with in – laws)

Jammie: We don't see our parents very often. All we do is talk on the phone about good things.

Jon: If we lived closer to our family, I guess my parents might have picked more on her because they are very outspoken. Both of us are the younger kids in our family. Our parents are all very old now, so they won't expect us to bring the kids over to play with them.

(注：由于与本文无关，此处略去婚姻生活、子女部分的内容。)

访谈（9）

对象：Jean and Jacob

时间：2009年11月5日中午12点

地点：加州圣地亚哥

方式：私人访谈

I. Childhood Experiences:

Jean: I grew up in Guilin, China. I came here after I graduated from high school. So I was eighteen. My parents are still in China. I went to University of Washington in Seattle.

We don't have many Asian students at UCSD, but the Asian population isn't very large in general. Because it is a public school, it doesn't offer much financial package to international students.

Jacob: The demographic in the university reflects the demographic in Seattle very much. So mostly white, at most 10% ~20% Asian. Mostly Japanese. There are very few blacks.

Jean: I was mostly very busy with course work. My grandparents live in Seattle, so I mostly visited them. I talked to them and went to their circle of friends. Some of their friends are Buddhist practicioners. In terms of college students, I really didn't know many Asian students. My grandma's friends are all Chinese, some from Taiwan, some from Hongkong and very few from mainland China.

Seattle is very different from California. It's not as diverse as CA. At the same time, Asian kids there don't tend to group together. It's not so segregated. In Jacob's circle of friends, there are Chinese and Jews. He doesn't think of his friends in terms of ethnicity, along that line.

Jean: In California, people tend to mingle a lot across the racial line. It's because immigration culture is stronger in California whereas in Seattle people don't have them for many many generations. We don't have a subculture for it.

Jacob: It might be it. In a sense, it has to do with how these two places were established. California is an overflow for eastern America and immigration from the canyon because this is the best place. Washington is almost overflow for California. So those who escape from Cal will escape to Washington. So the more you want to get away from the center of civilization, the less you' re concerned. There is less taboo. At kindergarten, I had a friend who I became aware only a few years later was a Latino. It doesn't occur to children.

(About stereotypical assumptions)

Jacob: I was looking for pretty and smart girls. There is no rank in the girls I would really be interested.

Jean: I had very very vague idea about what kind I wanted to date. Pretty much the same as he had imagined: handsome and intelligent. It doesn't really matter which ethnicity he came from.

Jacob: There is something we have in common that we are not particular about what types. We were after the specific individual.

Jean: Probably because we don't have any stereotypical assumptions about how people behave unless we talk to them in person and get to know them individually.

Jacob: I think it's mostly the characteristics that drew us together. We both share some outlooks on other people. We both try very hard not to categorize people in any particular way, not based on English or on ranks or hierarchy. There are certainly some people who tend to mark people with their ethnicity.

Jean: But I've never seen anybody in my life who would really do that. I know a few American guys, all of are females, maybe not as open - minded as Jacob. But I've never seen any sign of generalizing or stereotyping.

II. Romance:

Jacob: I was looking for pretty and smart girls. There is no rank in the girls I would really be interested.

Jean: I had very very vague idea about what kind I wanted to date. Petty much the same as he had imagined: handsome and intelligent. It doesn't really matter which ethnicity he came from.

Jacob: There is something we have in common that we are not particular about what types. We were after the specific individual.

Jean: Probably because we don't have any stereotypical assumptions about how people behave unless we talk to them in person and got to know them individually.

Jacob: I think it's mostly the characteristics that drew us together. We both share some outlooks on other people. We both try very hard not to categorize people in any particular way, not based on English or on ranks or hierarchy. There are certainly some people who tend to mark people with their ethnicity.

Jean: But I've never seen anybody in my life who would really do that. I know a few American guys, all of are females, maybe not as open - minded as Jacob. But I've never seen any sign of generalizing or stereotyping.

(How did you meet?)

我老公性格特别好，喜欢帮助弱者。当时我因为刚到美国，所以很多东西都不懂，就是个弱者，有什么问题我都会去问他。他就是我美国文化、语言、生活的启蒙老师，一切都是他教我的。我们谈恋爱的时候也没怎么出去旅游，就是在家里坐着看书，他会把小时候妈妈给他讲的儿童书搬出来一页一页的讲给我听，五六个小时就会很快过去了。

Jacob: We were in the same class from the 1st quarter. It was an advanced class. The one who wasn't asking questions understood the class. Jean carried herself as an entirely competent student. It wasn't until the 3rd quarter that I learned that she had been struggling with the professor's accent.

Jean: It was not a problem in the second quarter because it was a subject I understood. But when we got to the third quarter, linear algebra was a big problem for me.

I took the initiative in our relationship out of piles of misunderstandings. I didn't know how to engage in relationships. I had no experience. He was very nice to me. I invited him to a study group but he didn't have any faith in study groups, so we sat down in the lounge to study together. I didn't realize how popular he was among girls until then when we got into the lounge and all the girls were like "Hi Jacob!" That made me uneasy because I never knew I would be with a popular guy. Later, I found out that people liked him but he was not very sociable.

Jean: His friends were very open even though they appeared to be cool in an intellectual way. They tried to make music instead of following the trend.

He helped me with my algebra and I knew he got the highest score in the class. Before that we never talked. Every time when I went to him, he would drop his homework for me. I was moved.

I was attracted to him because he was so different from anyone I'd ever met. So different in every single way. All the other guys I've met are smart, but they are very utilitarian. You' ll never meet someone who would talk about poetry, openly discuss Greek or Chinese history with you. Everybody was hedonistic.

Jacob: I' ll help anyone who would need my help, but at college, there were very few people who would like to talk about ideas after they were done with the course work. They didn't care to think. For me, the class was empty. I needed desperately someone to talk or share with my ideas.

He never cared about grades or getting jobs. He wanted to do things or talk about real stuff with people.

I didn't date before Jean. I grew up in a very EvAngelical household and took it seriously. I was confused about what to do, so I ended up trying nothing.

Jean: At middle school, we were forbidden to date. But I was a rebellious overachiever (meaning I got high grades but tried everything that was forbidden by teachers), so I did go out with boys.

III. Parents' and Social Attitude:

Jean: Having dated for a year, he met my grandparents. He likes to talk to old people. He is polite and is everything Chinese people really like. They think he might be too quiet and polite. Tea broke the ice and it's so convenient that you can easily find common topics to start with.

Jacob: Tea is different from coffee. There is a lot to discuss tea. With tea, if you do it in an English way, if you prepare black tea and pour into it milk and sugar, they form a unified drink. It feels like another character. It forms another drink, not tea any more. Coffee never becomes another drink. It's just a mixture of different things and flavors and never go together.

Jean: He is good at analyzing. He can think in terms of flavors. He has always been good at making drinks.

I remember once he offered to make me some spice cider, I didn't know what it was and said "no." He was very hurt. He was incredibly Paco with me. He made me some tea and I left one third of it, he said if you didn't want to have the whole thing, please let me know.

Jacob: That issue came up all the time especially tea.

Jean: He is very Paco and sometimes can be pretty sharp. If he doesn't like anything or anybody, he will express it but not in the way Chinese language will convey. For example, my mother would say, "It's bad drink. I don't like it." Americans would have another way to express it. It's not round - about, but it's very graceful. It's partly because of how English works. They don't really come out saying things "no". They would …

Jacob: Take the cider as an example, the kind of answer I would have expected was "I don't want hot drink right now" or "it's quite strange to my taste." "No." doesn't offer any information. I was confused and a little bit offended.

In the first two years, when we were talking about something, she would stand up and leave to wash up or something. She didn't say anything. She would just stand up and go.

Jean: I wasn't mad. It's just a Chinese way of doing things.

Jacob: To me, I didn't know what had happened.

Jean: He brought it up to me and said at least I could say "I'll be right back." or something like that. So he knows I didn't get angry. In those times, misunderstandings happened so often that I would get upset with him knowing why. He got worried and anxiety was always there. Now if I rise and leave, it'll be fine. I will tap his shoulder and let him know I'll be right back. In case of misunderstanding, he would approach me and try to reconstruct what happened and talk me through it. I would do the same with him.

It doesn't happen very often right now. I used to offend him very often by just being quiet and passive because I didn't know what to say. The quieter I am, the more desperate he feels he needs to say something. He thought I was punishing him by being quiet, but in my mind I just didn't know what to say.

He never gets upset. He is always understanding.

Jacob: When we were decorating our place, she was very much into those cute Asian cultural things, e. g., Hello Kitty pink things, Japanese toys and things that are small and pink. Hello Kitty is a kids' fashion here. After we got those kittens, she started to understand what cuteness really means.

Jean: His ascetic sense is very pragmatic. He prefers simple, natural things like wood, real fabric. Things you find in nature are pretty to him. Mine is more artificial, but not as artificial as most Chinese girls. So I was more assimilated into his culture.

Jacob: I have desperate need for dignity, for simple, quiet reality. Jean compromises more in this case and yield to my ascetic standards.

Jean: Yes because I got to understand and appreciate his styles. Speaking of compromise, he gave up Seattle to come down to San Diego for me although the climate here is so wrong to him. Everything is wrong for him, but he is still here for me. He basically gave up everything he loves in Seattle just for me.

Jacob: I like to live in a place below 16 degrees.

Jacob: We had a very simple wedding here. It was simple. We just had cheesecakes and wine. Flowers were cut from their garden.

Jean: Afterwards, my parents wanted to throw us a fabulous wedding, so we flew back to China. Before we went, my mother made sure I brought enough gifts to friends or even people I didn't know. That was a thousand candies. We complied and ordered lots and lots of candies and brought them back with some Ginsen. We spent a thousand dollars on gifts. They were very happy.

Jacob: I was upset and it was culturally offensive to me, but I understood the purpose of it. It was easier just to do it. It was for her mother.

Jean: Even within my family, there are two different cultures. My mother is a party type of person with wide circle of friends whereas my father is more pragmatic and solitary, simple man. They do get along but live in different spheres. Simply because my mother wanted to show American candies although we could easily get in China, we had to drag a hundred pound of them back. We had arguments with them. We stood up on our ground for almost everything. We would sit down together with them. We two were mostly on the same side. They would value his opinion more than mine. I would try to translate and solve a lot of issues.

Jean: My parents love him so much that they would make tea for him. They like his temperament and the fact that he likes tea. He is so funny that sometimes he would say things in Chinese unexpectedly. He would suddenly stand up and give a show. People like that. My parents are not men of principle. They are fine if we do things politely and reasonably. There were some conflicts but none of them lasted for a day.

Jacob: Speaking of the wedding, I didn't like it but I hid my true feelings. My mother hired a woman to be an MC. We were asked to prepare a very short speech. Yet we prepared a 3 – page thing. The audience was interested in the food and wine rather than the MC's or our speech. We talked about our feelings and future and possible death. It went contrary to people's expectations. They told us we were not supposed to talk about death on that day. Some people kept telling us to stop, but we continued. I heard cups clipping and people getting impatient during the speech. They should've the grace to wait but a lot of them didn't. Surprisingly, there was a line in the speech that finally caught their attention and some people were even moved to tears. We were really happy to have turned the whole situation over.

Jean: we didn't do any of the wedding photos, but there was a great deal of fight over that. I don't like that type of thing because everybody looked the same. I love the photos his father did for us at their backyard. My parents love them too.

I think I was to some extent influenced by Jacob, but I believe I had that tendency before I met him. I just didn't realize it until I saw a model in him.

Jean: His parents are so good. His mother is the mother I wanted to have as my mother. She has been so thoughtful and caring. She taught me to sew. They accepted me immediately. They are never bothered by my ethnicity.

Jacob: They never said anything about my future girlfriends. We don't feel uncomfortable here at all. But in China, we got a lot of staring. My dad was very uncomfortable, but we weren't.

Jean: My friends were very happy with our relationship. Before my mother's friends saw him, there was rumor among them that I married an old American man because I wanted to stay in America. When they saw him, they were surprised that he was not an old man. Especially in Guilin, most foreigners there are old men or old women.

（注：由于与本文无关，此处略去婚姻生活、子女部分的内容。）

访谈（10）
对象：Judy
时间：2010 年 1 月 22 日 18 点
地点：加州旧金山市访谈人家中
方式：私人访谈

I. Childhood Experiences:

我是 23 岁（96 年）来到美国读博士，去的是 Pennsylvania University.

学校的 African - American 比较多，它的 school of psychology 很好，而且给的奖学金最高，给了我 10 万美金（四年）。

我这么多年在美国，完全感觉不到有种族歧视，我自己都感觉到很奇怪。完全没有，我在八间学校工作过，校长都是白人，但是我从来没有感觉到过种族歧视。我的公公是意大利人，婆婆是德国人，他说他们在七十年代的 Rhode Island 的时候就能够感受到歧视。但是我从来没有感到任何一点点。如果有的话，就是 treat me specially。因为我的 program 组里只有我一个中国人，黑人也很少。他们觉得我很不一样，就给我把笔记复印一份。班里有什么活动的话也都叫着我，因为我不会开车，他们就专门开车来接我。我们班里除了我，一个黑人和波多黎各人外，都是白人。

（文化同化：语言）

刚来的时候英语不那么好，虽然我本科是外语系毕业。我研究生的时候读的是心理学。我本来觉得没有问题，可是我同学在毕业的时候才告诉我说我刚去的时候他们听不懂我说话。因为还是有口音，他们完全没有因此而瞧不起哦。

（文化差异的魅力：族裔身份；文化同化：职业选择）

我是中国人这个事实，对我的工作是一个 plus. 因为湾区很多的中国孩子，会讲中文是个很大的有利因素。当时毕业的时候我找工作非常容易。我去应聘了两个工作，两个工作都给我 offer 了。他们特别需要会讲两种语言的心理专家。在我们这个行业（school psychology），特别好找工作。

（丈夫）是独生子。妈妈是德国人，爸爸是意大利人。爸爸是军官，在德国驻军的时候认识了妈妈，所以他出生在德国。后来他们来到美国，但是他妈妈一直不适应，讲话也有口音。妈妈去世了，爸爸身体很好。我觉得我的公公还是比较传统的，如果有选择的话，他当然 prefer 意大利的媳妇。不过在美国，父母和儿子分得很清楚，不会互相干涉。自己的家是直系亲属，父母只是 extended family.

他出生在德国，一岁的时候到了 Rhode Island，在哪里长大。他长大的社区是完全白人的社区，没有一个中国人。我去的时候也没有觉得别人会对我不一样，但是放眼望去，看不到一个中国人，不像湾区那么多。

II. Romance：

他一直喜欢亚洲文化。在我之前他唯一的女朋友是日本人。我认识他之前他读的书里就有中国、日本、亚洲的历史书。他都读过，而且很喜欢。他也没有特意去找什么亚洲女孩。

（文化差异的魅力：亚洲女性和白人女性）

他的性格比较内向、不太浪漫，比较沉稳，所以不太吸引美国女孩，但是亚洲人比较喜欢。

他找女朋友没有特别的族裔倾向，我自己倒是一直希望找一个中国人。他到现在还在笑我。

我们是在 match. com 上认识的。当时我的工作特别忙，又在写论文，所以没有机会出去交朋友。我的朋友推荐我用这个网站，我就注册了一下，因为如果你不给别人写信的话就不用付费。我没有放照片，写了三个条件：1）中国人，2）博士学位，3）比我大十岁；我不喜欢年纪小。他后来笑我，因为他自己不符合我的任何一个条件。我觉得这个就是缘分。后来好些人给我写信，而且都是白人，我就给所有的人写了一封信，说我需要找一个中国人。

其他人回信里面都显得很不理解，而且口气不是很友好，只有他在回信中表示非常理解这种文化差异，他认为我很坦诚，所以希望跟我做朋友。我学外语的，觉得跟老外的文化差异太大，不可能跟老外结婚，但是因为他很诚恳，所以我很乐意做朋友。但是当时太忙，我没有再在网上多聊。而是一直是以邮件的形式联系。

后来我去参加一个会议，正好在他家附近的酒店，他就邀请我一块吃个午饭。我们就见面了。我想是公共场所，所以就见了。见了以后没有什么特别的感觉，也没有惊天动地的感觉，我们一直交往了三年，就结婚。觉得我们两个脾气合适，爱好也相似。我对他的第一印象是他比较高，书生气。

我当初对白人没有什么反感，只是觉得自己是中国人我就要嫁个中国人。从来没想过我会嫁给美国人。我也见过两个中国人，但是完全没有共鸣，很不一样。但是我对中国人没有反感。

我的好朋友到我们家来了以后，就觉得我们两个的性格完全一样，都是焦虑型的。我们互补的地方也有很多，我比较乐观，他比较悲观。比较现实，他比较喜欢管钱，我不喜欢。这个对我很好。

（文化差异的魅力：个性）我觉得美国人比较诚实，很简单，没有 gray area。这点很让我放心。

（文化差异的魅力：家庭，宗教，价值观）

我觉得中国人对于白人在家庭和性生活方面的刻板印象是非常不对的。事实完全相反，是 Misconception。帮我们看孩子的阿姨，她女儿在北京，女婿就出轨了。我们阿姨常来美国，她说她回去就常常宣传说美国人最顾家，最忠诚，反而是国内的风气不大好。我认识的人中就没有离婚的。美国离婚率高，主要看教育程度。受过高等教育的人极少有离婚的，离婚的都是一些白人垃圾。这跟宗教也有关系。在美国离婚是一件非常麻烦的事情，因为法律对妇女和小孩的保护很好。离婚的话一半的财产就没有了。离婚比较多的都是下层人。这些人的失学率也很高。根本不拿结婚当回事。在美国光是结婚就得准备一年。

我先生一下班在公司门口就给我打电话，说要出门了，要做晚饭了。他们下班不会去其他的地方，就是回家，没有什么娱乐场所可去。下了班就回家，周末就是带孩子去博物馆或者动物园，就是围着孩子转。特别忙，你想出轨，找谁啊？

III. Parents' and Social Attitude：

在加州跨族婚姻太普遍，所以别人都不当回事的。湾区有 30 万中国人。

我一直很独立，我父母对我（20 岁以后）就管的很少了，他们对我们没有说什么。

我们2003年结婚，2002年8月去中国旅游了一次，所以家人都见了他，挺好的。家人没有什么特别的反应，就是觉得我嫁个好人就行了。他没有做任何特别的准备。我们和父母都很随便。我们出去吃饭的时候，中国人都要客气一下，他拿起来就吃。我觉得很好玩。

我们很少回去，他就只见过我父母一次。

我认识他一年就见过他父母。他爸爸常常来。我们有了孩子以后，他爸爸隔两个月就会来。我跟他爸爸在一起，能够感觉到的文化差别是，我们之间特别简单，不用叫爸爸，都是直呼其名。不像是跟爸爸。美国的人际关系特别简单。

如果当初我们的父母反对，我们还是会结婚的。父母的态度对我们的影响不是很大。

（文化同化：生活习惯；婚姻生活：生活习惯）

生活习惯差别不大。我不太会做饭，我公公会教我做饭。

（注：由于与本文无关，此处略去婚姻生活、子女部分的内容。）

访谈（11）

对象：Kim and Bright

时间：2010年1月20日午13点30分

地点：加州旧金山市访谈人家中

方式：私人访谈

I. Childhood Experiences：

Kim：我的父母30几岁来到美国，他们为了来到美国，牺牲了很多的东西。我爸爸原来在IBM工作。妈妈以前在旅游行业工作。他们的英文不错，融入社会并不太难，但是也有很多的困难。他们在台湾有房子，他们卖了，提着箱子来到美国。所以经济上的落差还有很多的。

我是在旧金山市区的Richmond区里长大的，那里很多的中国人。我8岁到美国的（70年代晚期）。我们住在South Bay。我上学的时候是70年代晚期到80年代早期。那时还没有太多的墨西哥人。犹太人、白人、中国人一半一半。黑人和西班牙裔的人比较少。

（文化同化：家庭教育，价值观）

那个年代比较动荡，有很多不同的运动。我的三叔就是一个很激进的人。我妈妈先来到美国，她最好的朋友是一个同性恋。我妈妈刚来的时候她所有的朋友都是同性恋。对我妈妈来说影响很大。我爸妈的思想都比较开通，他们甚至用她的同性恋朋友的名字给我姐姐取名字。我妈妈的同性恋朋友对我们很好，所以我姐姐很崇拜她，她自己要求用这个阿姨的名字（Jean）。她当时才4岁。

大多数中国父母都比较保守，但是我父母不是，他们非常不一样。我的三叔也很激进。他当时（1975）还有一栋大房子，他和一些志同道合的人住在一起，就像一个公社一样。那个时候这些人都比较左（new leftists），他们很嬉皮。他们就是我们家庭和父母的社会圈子。但是我的父母接受是接受，他们自己的生活还是比较稳定和有规律，而且对家庭总是很重视的。

我的父母离开台湾的原因就是希望能够寻求到更多的自由。那时候的台湾还是太保守，有很多red scare的影响，没有言论自由，政治上没有民主。我爸爸是个很崇尚自由的人，所以他不喜欢当时政治环境，他们当时在台湾是比较富裕的。所以我很敬重他们有勇气放弃自己的物质财富到美国来重新开始，追求政治上的自由。

我小时候，我的朋友是各种族裔的人。一般来说，在旧金山长大的孩子对种族的感念都比较淡，因为对我们来说这些很自然。在中学的时候，我的朋友大多数都是白人，虽然一半的孩子都是中国人。我觉得我跟别的孩子还是有点不一样，因为我不是在美国出生的；那时候旧金山很多的中国孩子都是在这里长大的，他们不说中文（但是他们的父母都不会说英文）。我在小学的时候就听说过FOB这个词。当时是1970s，有很多的越南移民在越战之后来到美国人。但是我觉得这个不是带有种族歧视的词，它不是白人对移民的称呼，而是老移民对新移民的一种歧视性称呼。

我上的中学是比较重视学习成绩的地方，所以学生都比较懂得尊重别人，我没有感觉到太多的歧视或不公正待遇。跟我在一起玩的朋友大多数是犹太人，因为我们个性上比较投契。那个学校本来犹太人就比较多。

我对自己的种族身份总是比较敏感，但是并没有感觉到别人对我的不公正待遇。我的经历还是比较正面的。

Growing up, I thought a lot about myself and my identity. I'm proud of being a Chinese, which is the reason why I'm happy and content. If you are not, you don't emphasize it that much.

However, in high school, we were different. We all wanted to be like everybody else.

As a child, I was always conscious of my identity.

Bright: I went to Berkeley High. I lived at home through the whole thing. The neighborhood was mostly white and I was raised by conservative republican parents. They are older. My dad is almost 90. I was 4 or 5 years old when all the demonstrations were taking place in 1964 -65. I wasn't the center of them, but they fed the culture at that time. Berkeley was a very diverse neighborhood.

Because of the busing system, I was bused in a public school in the ghetto. At that time, rich kids went to public schools in the ghetto. I can remember I got mugged. I started stealing.

We grew up with Asian people. My mom was very active in Japanese flower arranging. My sister took Japanese brush painting classes. When my sister was in high school, she went to Japan as an exchange for 3 weeks. She and her generation had some of her social get-togethers in our house. Every summer, we would host Japanese students. There was a lot of interaction with Japanese culture. But my mom is always interested in Japanese and Chinese cultures. She is very into Asian arts. They always took me to art shows. I did have some exposure to Asian culture.

II. Romance:

Kim：我和老公是在大学的希腊艺术史课上认识的。我当时是大学三年级，19岁。

我跟他初相识的时候，我觉得他很体面，很好的一个人。我们没有马上就开始约会，只是一直在一起上课，他坐在我的旁边。期末的时候（认识5个月后）他主动提出一起约会。

我之前也约会过。第一个男朋友是在中学的同学。是一个中国人。后来的男朋友都是白人。有的中国男生对我来说还是很有魅力的。

但是你提到的话，我可能也觉得白人男子从体格和外貌上来讲确实比较有吸引力。主要是媒体总是突出白人男子的高大、健壮、喜欢运动。

我当时年龄很小，并没有刻意的去寻找结婚的对象，也没有对未来有太多的想法，就喜欢跟长相不错、性格好、脾气相投的人在一起。

My sister dated a black, which bothered my mom. She was very upset about that.

Bright: Things just clicked. I had dated for years before Kim. There was a Japanese American, a black girl and a few white girls. I wasn't looking at their ethnicities when dating. It was more based on the personality. Although my parents are pretty conservative, they weren't bothered by race. There was another interracial marriage in my family, about 6－8 ones and 2 people are married to Asian women.

Kim：在学校的前几年，我住学校宿舍，有很多的机会与男生相处。但是后来搬出宿舍以后，我就觉得有点孤单了。希望能够有一个固定的男朋友陪我去图书馆，一起学习或玩。我当时在 Berkeley 附近有个和很舒服的公寓，Bright 会经常过来。我们会一起学习，一起吃饭。那时候我觉得很有安全感，因为我是第一次拥有自己的公寓，拥有第一段稳定的感情，很享受。

我在约会的时候对种族还是有一点倾向的。我更喜欢白人，因为我觉得很多亚裔男生对我有偏见，（文化同化：穿着）因为我的穿着打扮不是很像亚洲女性，我不觉得我对他们有太多的吸引力，没有太多的亚裔男生约会我（太胖了?）。

这种异族关系在当时的校园里很普通，没有人会觉得有什么奇怪的。但是我觉得亚裔男生约会白人女性却很少。

（外界对白人的印象是性关系比较随便，你认为呢?）

我觉得大学生是有点这样，因为年龄小，不是特别在意，所以在性生活方面比较随便。但是年龄稍长以后，（美国人）在这方面会更谨慎一些。我觉得这个不是种族的问题，是一种文化氛围。

III. Parents' and Social Attitude：

Kim：我的父母在这方面也没有对我施加任何的影响。他们挺喜欢 Bright，所以应该对此没有特别的要求。

我父母知道我们在约会，因为带 Bright 回家吃饭。他们挺喜欢他，因为他很体面很礼貌。

我们在约会的时候我就见过他的父母，他们比我的父母年龄大，几乎大一辈。他们没有对我们说什么，好像一切都是随我们决定。

异族婚姻在加州很普通了，所以我们没有感觉到什么社会压力什么的。但是如果是在 Idaho 这类的小镇上，那么有可能会有些人会很好奇，但是也不是带有什么敌意的。如果是一个中国男人和一个白人女性在一起，可能人们会对他们表示敌意。

我们的婚姻是建立在平等的基础上的，比如我们的教育水平，年龄、经济状况等。如果是一个很年轻的亚洲女性和一个年龄比较大的白人，那么可能人们就会有闲话，有一定的敌意了。美国历史上有很多这种先例。但是在加州这些都不是很特别。

（注：由于与本文无关，此处略去婚姻生活、子女部分的内容。）

访谈（12）

对象：Kortney and Smith（分开采访）

时间：2009年12月9日19点/12月11日

地点：加州圣地亚哥

方式：电话访谈

Kortney

I. Childhood Experiencs:

I grew up in Fremont, the suburbs in San Francisco. It was once rated as the best place to raise your family because it is a quiet and safe residential area with a lot of good schools. So most people there were middle – class because it's very expensive to buy houses there. It's non – racist.

The school I went to was one of the best public schools with a lot of Indians, Chinese, etc. There are a lot of people from Middle East. It's very competitive.

I usually hung out with Asians at high school, including ⋯ , not many Caucasian friends. I did have a few Jewish friends though.

(There were most Asians around you either in your neighborhood, or at school, how come you ended up with Smith?)

I was talking about circles of people with Smith. These are the people whom you are most comfortable with and who are most culturally like you. I think those who are most culturally close to me are Indian women. They are the ones who are easy to make friends with me. Other than that, they can be minority. I have a few friends who I thought to be Caucasians, but they turned out to be Jewish.

Jewish are culturally similar in that to them, education is also very important. They are serious with education. A lot of them become doctors, lawyers⋯ their parents push them to study hard, in the same way as Chinese parents do. So as

Indians, but Indian parents really push them to become doctors.

I didn't have many guy friends at high school, only some at college. But most of them were Asian Americans. I did have some Caucasian friends, but I was never really close to them.

The outer circle is Caucasian guys. They are the furthest. (It seems that Smith is the only Caucasian guy you' re close to.)

Yeh. It's because we are in China. We are all foreigners, so we tend to have more similarities. My friends are more diverse. When I was in California, I felt close to only Asian American women. But in China, I feel close to any foreigner who is more culturally similar.

(It's interesting that when in China, you feel culturally close to all the foreigners from West. I've found the opposite here. When in USA, Chinese almost only cluster with Chinese, no other ethnicities. Why is that?)

My father is a mechanical engineer and my mom is a nurse. They started speaking Chinese at home, but later mixed it with Chinese more and more.

I don't think they told me directly a lot about Chinese culture, but they raised me in a Chinese way, e. g. , hongbao on Chinese new year, bringing fruit when going to someone's house. In American culture, it's more casual.

I'm more American although I'm a combination. I'm more American in China and around my parents, I definitely feel more American than Chinese. When I am with a lot of Caucasian Americans, I feel more Chinese. But since my environment till now mostly consists of being with my family and being in China, most of the time I feel more American because cultural conflicts make me realize I prefer the "American" way of thinking.

Smith talked about parental control. I prefer the American way of parents being a lot freer and less negative with children. He mentioned I was quite affected by (how) my parents who had certain expectations for my career which didn't fit me. As a parent, I think I'm going to encourage my children to do what they want to do and like, even though they might fail or not earn a lot of money.

I mentioned I didn't like the formalities in Chinese culture – such as drinking, fighting to pay, paying back for favors. Because I am more American, these formalities make me tired and sometimes impatient or confused. I especially don't like the system of paying back for favors – I prefer the American way of giving freely and not expecting anything back. Or taking and not having to pay back with a favor.

I prefer American directness rather than indirectness. However, I am more indirect than Smith – so I think it's all relative. Most Chinese are more indirect than I am, though. As an American, it's tiring and almost deceitful, though I know it's not deceitful if you are Chinese and understand the hidden meaning.

I was conscious of my ethnicity when I was forced to do things very Chinese yet I didn't like, e. g. , going to the Chinese school, eating Chinese food all the time… something I don't like about Chinese culture is "客气". When you pay the Bill, you have to fight to pay. There are many protocols, e. g. , you have to wait to get started at table. As a child, I was very impatient with these practices.

Of course, there are things I do like about Chinese culture – such as respecting elders, sacrifice for friends and family, and value education. I am sure if I am around Americans who don't uphold these values, I would feel more Chinese.

I don't think I ever experienced any discrimination or racism because of the neighborhood where I grew up.

II. Romance:

I met Smith in Hu He Hao Te in China while participating a cultural exchange program through our respective schools. We were paired up with our Chinese partners. We went on field trip with him and other people there. But nothing really happened then. After the program, we went back to our schools and separated. We kept in touch online just like ordinary friends. He didn't have feelings for me. Me neither. I thought he was cute, but there wasn't anything between us.

He graduated a year earlier than me.

He took a job from a company in California which could send him back to China, which is what he wants. He moved to CA to take the training for 6 months before going to China. When he came, I was the only one of his acquaintances left there. I was studying Chinese and working in the bay area. So we met up. At that time, I wanted to participate in a marathon and invited him to run together with me as most of my friends didn't want to. He said yes only because he wanted to be kind to a friend. He came really early, not because he liked me. He has always been an early bird. While we were running, feelings started to fall. When I am recalling it, I feel it was the endophine produced by my body while running that made things really beautiful.

I know another reason why Smith didn't like me at that time. He liked a friend of mine who went to China with me. She was born in Taiwan and immigrated to USA with her parents. She is Americanized but speaks good Chinese. Smith never took any official Chinese classes. He learned all these by himself, on the bus to work… he has language exchange with his co – worker in China.

I was attracted to him because first of all, he is a Christian. He is very simple, pure and uncomplicated. I think of him as an arrow that shoots. If he wants anything, he will just shoot. I'm more like a kite that blows everywhere. I never dated officially before him. There was someone I just hung out or wrote to each other, but it never became dating. He is a Chinese (Taiwan) American. I've been mostly attracted to Asian Americans.

I don't think I liked him because he is a Caucasian. In fact, when he agreed to run the marathon with me, I was a bit nervous…you know he is the one on the outer circle of the comfort zone. So his ethnicity could have been more of a barrier between us.

I don't feel comfortable with Caucasian guys because they are more wild, personality – wise. Smith is a bit nerdy. I feel I will go for someone nerdy, an engineer. He is faithful, hard – working, nerdy and more conservative than me. His family raised him this way. His parents even didn't allow him and his sister to watch some of the pop cartoon shows in the US.

Interestingly, Smith came to ask for my parents' permission to date me. When Smith's sister started dating, she asked her boyfriend to come to talk to her parents. I don't know what his reaction was, but he did go and had a serious talk with the father and her. In the end, her father said yes.

Religion plays an important role in our relationship.

I expected to date Asian Americans. However, my best friends (two) said they could see me dating a Caucasian. Out of three of us, I am the most open one. I am close to them because we are all Christians. I am more open to different people. Sometimes I like to meet strange people. I think of it as interesting. One of them will never date a Caucasian guy.

She is a very conservative and traditional, obedient to her parents. Her parents want her to date someone who can speak Chinese. Her parents' attitude really matters to her. She seems more Chinese than me. She is most likely to marry a Chinese guy.

(I think Kya's parents, as well as my parents did, prefer a Chinese spouse because his culture would be the same as theirs. Chinese parents have certain Chinese values (education, obedience to elders, etc.) that you hope your daughter's spouse would share. If values are too different, there will be conflict. Also, Kya's parents speak a lot more Cantonese than my parents do. Kya's whole family speaks Cantonese at home and I think they would like to speak to her husband in Cantonese because it is their "heart language" and would make them feel closer.)

There are many negative stereotypes of Asian men. Some of them are true in that Asian men are more timid. But girls like guys who are brave enough to express their feelings. Smith is good at taking initiatives. He is not afraid. That's what I like about him. I believe guys should take the initiative, which is a common mentality in western culture.

I think it's because white guys are generally more confident and bold than Asian guys. Most women like men to be leaders, to be strong and confident. Maybe there's also a little discrimination for white women to date Asian men, or any minority men for that matter. Before the Civil Rights Movement in America, an African American man could be lynched for being with a white woman. This feeling, though definitely not so serious, probably exists subconsciously today in America. It may be like a Uyger guy dating a Han Chinese woman in China.

III. Parents' and Social Attitude:

One of my friends said her Chinese relatives felt proud for their daughters to "get" a Caucasian guy ... my impression is that her relatives thought a Caucasian guy is better/richer/higher on the socioeconomic status, while a Mexican or black guy would be lower.

My parents prefer me dated/married a Chinese American. They had apprehension at first that they couldn't communicate with Smith very well.

Smith did something that caused misunderstanding between us. He didn't like me at that time, yet he would get up early to meet me for running every morning and he once sent me a jar of potato by mail, which according to him later, was just a joke. But that made me believe he liked me. If it were a Chinese guy who sent u a gift by mail, probably he would like you. I'm guessing maybe Caucasians are more casual with this. Anyway my interpretation was he liked me. Fortunately he ended up liking me. Otherwise, I would have been so heart – broken.

My parents weren't surprised with my engagement. My parents were a bit uneasy in the first place. But every time when Smith came, he wouldn't just pick me up and leave. Instead, he would come in and spend some time talking with my parents. My parents really like that and started to like him. My mom always compares my little brother with Smith.

My parents' English is pretty good, so there is no communication problem. It's just that Chinese is the heart language. To me, my parents' attitude really matters to me. If my parents hadn't approved of him, I might date him but not necessarily marry him.

I believe that after getting married, we should form an independent family from either my parents or in – laws. Smith feels the same way.

When I first met his parents, his mother didn't say anything. I don't know whether she liked me or not, but his father and sister are pretty vocal and positive. Maybe it's harder for a mom to take it while someone is taking away her son.

My brother is like a mystery. I don't communicate with him very well. He is talkative with friends. When my whole family was visiting me, we went to a tour together. Smith joined us for a while in Shanghai. When my parents tried to put him in the same room with my brother and parents, my brother got angry. He used loud words. I didn't know why. He didn't talk to us. My theory is he is private. When my mom asked him about it, he asked why I wanted to marry a white guy. During the wedding, he wasn't bitter or resentful. He seemed fine. My theory is maybe he feels that all Asian girls have been picked by white guys. Now he is quite used to it.

There wasn't any staring at us in California. In mid-west, people did notice me because I am an Asian. But they were pretty nice and polite. In California, people are not bothered by interracial marriage. However, it could be a different story for my mom's generation. It is a bigger issue for a Chinese girl (born and raised in China) to marry a white guy.

Smith's family is very supportive. His family is very liberal because they travel a lot and are open to different cultures. They are completely fine with me being Asian.

Follow – up Questions:

Hi HS,

Here are my answers to your questions:

1) In China and around my parents, I definitely feel more American than Chinese. When I am with a lot of Caucasian Americans, I feel more Chinese. But since my environment till now mostly consists of being with my family and being in China, most of the time I feel more American because cultural conflicts make me realize I prefer the "American" way of thinking.

Smith talked about parental control. I prefer the American way of parents being a lot freer and less negative with children. He mentioned I was quite affected by how my parents have certain expectations for my career which didn't fit me. As a parent, I think I'm going to encourage my children to do what they want to do and like, even though they might fail or not earn a lot of money.

I mentioned I didn't like the formalities in Chinese culture – such as drinking, fighting over the West, paying back for favors. Because I am more American, these formalities make me tired and sometimes impatient or confused. I especially don't like the system of paying back for favors – I prefer the American way of giving freely and not expecting anything back. Or taking and not having to pay back with a favor.

I prefer American directness rather than indirectness. However, I am more indirect than Smith – so I think it's all relative. Most Chinese are more indirect than I am, though. As an American, it's tiring and almost deceitful, though I know it's not deceitful if you are Chinese and understand the hidden meaning.

Of course, there are things I do like about Chinese culture – such as respecting elders, sacrifice for friends and family, and value in education. I am sure if I am around Americans who don't uphold these values, I would feel more Chinese.

2) I think Kya's parents, as well as my parents did, prefer a Chinese spouse because his culture would be the same as theirs. Chinese parents have certain Chinese values (education, obedience to elders, etc.) that you hope your daughter's spouse would share. If values are too different, there will be conflict. Also, Kya's parents speak a lot more Cantonese than my parents do. Kya's whole family speaks

Cantonese at home and I think they would like to speak her husband in Cantonese because it is their "heart language" and would make them feel closer.

3) I think it's because white guys are generally more confident and bold than Asian guys. Most women like men to be leaders, to be strong and confident. Maybe there's also a little discrimination for white women to date Asian men, or any minority men for that matter. Before the Civil Rights movement in America, an African American man could be lynched for being with a white woman. This feeling, though definitely not so serious, probably exists subconsciously today in America. It may be like a Uyger guy dating a Han Chinese woman in China.

4) Haha, I don't know. My answer is the same as before. Let them learn about Chinese culture. Tell them that they are both Chinese and American and can accept both culture or choose the one they identify with more. I will just talk and support them when they are confused. I don't think I can protect them from their peers or other people, but I can give them a stable and loving home.

Hope this helps!

Take care,

×××

Smith

I. Childhood Experiences:

As far as I understand, the suburban (2 hours from Chicago) neighborhood where I grew up was originally settled with Swedish population. There were a lot of Swedish and quite a lot of german and Irish. My school wasn't very diverse. It was a private Christian school. The majority (90%) was caucasian. My class had only 2 - 3 Asians, 2 - 3 Africans.

I didn't hang out with them outside class unless we had to work in group projects in class. I didn't click with their personalities instead of their ethnic identity. Since there were so few Chinese Americans in my class, I didn't have any idea about Chinese culture until I came to China for the summer programe.

My interest in China started with the trips my mom made with us to many different countries. I enjoy travelling in different cultures. It's interesting for me to find out how people deal with religion in a different way. Also in my hometown, a lot of jobs were lost to Chinese manufacturers. A lot of people in my hometown think it a good idea to go there to get some experience, learn the language, which will look great in their resume.

But at that time, we didn't have the vision that China is going to become an economic power. We all knew was everything was made in China. My dad took us to Chinatown, Chicago, which was my early exposure to Chinese culture. In my impression, it was a whole different country, disorganized. Chinese people were nice and chatted loudly.

I didn't really date, just asked a girl to prom. Back to high school, I really liked a girl, who was Caucasian. I really liked girls with blond hair. But I never got courage to ask her to prom. While my friend did, I was really jealous. I actually asked the African American girl to prom a couple of times, because there wasn't anyone to ask her and I felt bad if she was left out. She was just a friend and wouldn't expect too much.

Afterwards I went to college, I went out with girls several times but we didn't work out. Then I got hurt by a really pretty blond girl whom a lot of guys tried to date. I was hurt by the way she treated me, so my ideal sort of girl changed ever since then. I don't like blond girls any more. Things changed a lot after I got rejected. That happened in my sophomore year of college. It wasn't traumatic though.

The girl on the trip to China was the first Chinese American I was attracted to. I think she is composed, sincere and has a beautiful form. She didn't hit me as a typical Chinese.

When comparing them together, I feel Caucasian girls are less obligated to obey their parents than Chinese Americans. Even Chinese Americans don't feel as strongly as those from mainland china or Taiwan.

In contrast, my parents gave us a lot of freedom to choose esp. after we reached 18. The thought of living with parents is kinda embarrassing. I believe they want their own space too.

Chinese American girls I liked before tended to hang out in group and their conversation was more group-dominated instead of individual dominated. I mean, their conversation flows better, and is not usually dominated by one girl. When Caucasian girls are together, there is always one or two standing out to be a dominant speaker.

I believe in romantic relationship, the guy should take the leadership/initiative. Mostly I want to take the initiative and be the leader in a relationship. But I don't want to take the intiative all the time. If a girl took the initiative too much, I would feel pushed around or bossed around.

II. Romance:

I met Kortney on Mar 1 on our trip to China. She seemed to be quiet and didn't seem to stand out a lot even we went on the cultural exchange. She seemed very quiet and a little of ··· she also seemed sincere. Since my roommate wasn't fun to talk to, I would talk to Kortney and her roommate on the bus to different places. But we were just friends, for a long while before we became interested in each other.

I became interested as we talked more and I found our differences really made our conversations interesting. I mean differences in personality. I think mostly we had these things in common like learning, coming back to China. Another thing was that the girls I was interested in before back at college, none of them were interested in coming to China. I thought that would become something really dividing us. If I go to China, the girl I'm dating doesn't want to go, how would that work out between us? But Kortney was interested in going to China, but she didn't know exactly when to come to China. The time when she decided to go was basically the time when we started to date. Other things about her that attract me are her faith in Christianity and how she cared about people around her.

I could tell she was someone that I can trust by her personality. She wouldn't meet other people when dating with me, behind my back (faithful). In Caucasian culture, guys usually date behind girls' back but not the otherwise. Girls are more focused on one or two guys.

I am not a very typical Caucasian in my culture because I grew up in a very Christian community. So my culture is mostly white, dominant, Christian culture. My family is very conservative. Within that culture, it would be very uncommon for girls to date 2 guys at one time. It's also true if you get rid of that whiteness of the culture. I mean, it's basically the Christian culture despite any ethnic differences. In college, a lot of my fellow students in my college that would date at least several people through the college. I am sure there was overlapping or people would cheat on each other.

III. Parents' and Social Attitude:

(Was there any struggle before marriage?)

Yeh. I did have some struggle. For one thing, I didn't know how my friends would react, esp. because my best friend had a lot of stereotypes against Chinese. He had this idea for a while.

[Basically he was saying that Chinese are physically inferior (not as strong as caucasians). So if I married a Chinese person and had a kid, then the kid's DNA would be weaker due to the Asian contribution. Of course, I don't agree with him. All that I understand seems to indicate that a person is made stronger by differences in DNA which help to overcome genetic mutations.]

Also I didn't really know whether my family would support it if I marry someone from a different culture because most of them married German or Polish. But my parents are very open to different cultures. They cared more about one's inside character than her race. I think they were pretty open and encouraged me a little bit. I felt I had to pass some of kinda shame to introduce her to my friends. My best friend in his email before meeting Kortney didn't think it was a good idea. But Kortney's first meeting with my friends turned out to be okay. My best friend didn't say anything. Now he and Kortney got along pretty well although they had only met 2 or 3 times.

One of my cousins married a Fillipino American, so now I feel there was even less tension.

I wouldn't marry anyone who is not Christian. Religion with God is probably the deepest value of mine. It wouldn't make sense to date one who can't share the deep value with you, because it only causes conflicts in the future. It makes sense to have your spouse to be someone who appreciates your values. Suppose we are raising our kids, we can't raise them in different ways.

There is a certain amount of difference in value between us. There would be even greater differences if I dated someone who was not Christian.

I sent Kortney a jar of tomato sauce as a joke. I didn't like her at that time. I didn't know she would misinterpret the message. I don't know whether the same would happen if it was a gift to a Caucasian girl. I guess it depends more on the personality instead of the race.

(Do you think there are any arguments related to your cultural and ethnic differences?)

Yeh, there are. e. g. , the differences of paying. Even following her parents' instructions closely has come up not only in the planning the wedding but also planning her own future. I think there is a lot of emphasis from her parents. Her parents want her life. They want to design her life and they talk about the profession they want her to be in. It has caused a lot internal conflicts within herself and caused a lot of tension in our marriage. I know where I want to go for my career, yet she is still figuring out. Her family's words caused a lot of confusion for her. I am trying to ask her questions to help her to find out her interest. I don't care whether she has a clear idea or not, I don't want to her to complain about her career which her parents are happy with. It's not gonna bring us together in the future. I am trying to help her to find out what she really wants for her own future instead of telling her what she wants to do.

(Was there any confrontation between you and her parents concerning this matter?)

I went to ask her parents for permission to date her. I would do the same thing to any girl I wanted to date whether she was Caucasian or not. I didn't had any idea it would be as well received as it was. They were kinda happy. It seemed like a really great idea. I just wanted to show respect for her parents, esp. her dad 'coz the dad is usually the one quite protective of the daughter. Actually my dad wanted the guy who wanted to date my sister to come to talk to him first.

I brought Kortney to my hometown to meet my parents although it wasn't very convenient. At the first meeting, they couldn't say she was a great girl because they didn't know her very well. They didn't have any negative feeling towards Kortney.

We are in China now. When we are back in California, I feel I have less excuse not to be Keqi or not to honor their culture. I think I will bring gifts to them. I don't think I wouldn't like it. That wouldn't bother me that much.

(Do you get stares or extra attention when u r with Kortney on the street?)

There is a lot of Chinese girls dating white guys. If the Chinese girls are dating white guys, it reduces the number of marriedable women. So Chinese guys are kinda resentful. I feel a bit uncomfortable for a while in China dating Kortney even though she is not from mainland but she looks like it. I am getting used to it and ignore them.

Even though California is diverse, I am still wondering how people there, esp. white people will take our relationship. I was not worried but thought about it a few times. There might be questions, stereotypes to get over after we move back.

Also, when we were dating, one other concern that I had about marrying an Asian American was that Kortney would have a low libido, meaning that she wouldn't ever initiate sex or want sex. I think because Asians don't seem to talk about sex with their friends as much as Caucasians, I was afraid that she would just have sex with me to make me happy, but that she wouldn't have a sexual drive. However, I 'm happy to tell you that she has a'normal libido.' Nothing unusual with her.

Follow-up Questions:

Hi HuangShuang,

1. I tried to look for my friend's e-mail to better remember what he said, but unfortunately couldn't find it. However, basically he was saying that Chinese are physically inferior (not as strong as caucasians). So if I married a Chinese person and had a kid, then the kid's DNA would be weaker due to the Asian contribution. He didn't say it in those exact words, but more or less that is what he meant.

Of course, I don't agree with him. All that I understand seems to indicate that a person is made stronger by differences in DNA which help to overcome genetic mutations.

2. I think that caucasians don't really understand Asian culture that well. For instance, most American Caucasians that haven't been to Asia wouldn't understand the importance of an Asian American obeying their parents as they give professional guidance, nor understand how great a role that guanxi plays in finding a job in China (*guanxi*: it's all who you know). As a result, naturally Kortney and I would make decisions, especially in China, that my friends wouldn't understand. Perhaps they might question my role as head of our family.

I'm not sure if I am answering your question directly, but those were some of the things that I was thinking when being interviewed over Skype. Overall in America, I think that there is less and less opposition from American family and friends towards inter – racial marriage though.

3. Also, when we were dating, one other concern that I had about marrying an Asian American was that Kortney would have a low libido, meaning that she wouldn't ever initiate sex or want sex. I think because Asians don't seem to talk about sex with their friends as much as Caucasians, I was afraid that she would just have sex with me to make me happy, but that she wouldn't have a sexual drive. However, I'm happy to tell you that she has a 'normal libido.' Nothing unusual with her.

Take Care!

×××

（注：由于与本文无关，此处略去婚姻生活、子女部分的内容。）

访谈（13）

对象：Lacey and Ben

时间：2010年2月6日午10点

地点：加州圣地亚哥访谈人家

方式：私人访谈

I. Childhood Experiences:

Lacey: I went to Japan for undergrad for 8 years and then I came here for grad 1999.

At that time, there were a lot of Asian people, Chinese, Japanese. If I remember correctly, I feel 40% were Asian. I hung out with mostly Asians, some people from other ethnicities.

At first, I was a little bit self – conscious because of the language barrier. But as grads, we got chance to mingle with different people through the process of our projects. I don't think there was any discrimination here in California. People are quite used to the diversity now. It also depends on how you carry yourself out. If you are in the self – defense way, you might feel discriminated from time to time. If you are open to the surrounding, you wouldn't feel that way. There is a tendency that people want to stay within their comfort zone, but I don't think they would exclude others intentionally.

Before I came to the states, my impressions of American whites were they were selfish and self - centered. We grew up with American movies where Americans are always depicted as heroes, strong - minded and self - centered, never caring about others. But when I came here, I quickly found out it was not true.

I think American men I know are pretty family-oriented. Some of the stereotypes on the Internet are not true, like fooling around with women. They go home and spend time with families after work.

(Ben's childhood)

Ben: We lived in a very typical middle - class neighborhood. It was 90% white. There were some African American. I didn't hang out with many of them. My father worked in Africa and we lived there for several years. So my parents and I are very open to foreign cultures. My father was a TV engineer. The school I went to in Dalas, Texas was mostly white. Then we moved to Illinois. I came here for graduate school at USC. Before that, I worked for a while.

Because of our background in South Africa, my mom got involved in this program hosting kids from different countries in summer. We hosted a girl from Argentina, a girl from Germany and from Japan. Around that time, she also came across this teacher from Japan with a group of students from an English class to the states. When they just came, they had hard time finding their placement. My mom found out and became the coordinator and we became very close friends with one of the teachers at the end of the program. Then every year the teacher would bring kids to the states. My mom would find places for them to stay. The teacher usually stayed with us.

Once I got to high school, there was a Japanese exchange student who I got really close. After he went back, I remembered writing letters to him. We talked about Japanese colleges. I searched for him for years and last month I found him on Facebook. I am really happy.

The class I had at high school had a couple of Chinese. we played the violin together. They were 2 or 3 - generation. I got to exposed to the Chinese culture slightly this way, not very much until I met her.

II. Romance:

Ben: We met each other on match. com. I didn't like to go to bars to check out girls.

Lacey: I was still at school, busy with my school work. I just casually registered and put my profile there without much expectation. I didn't trust Internet dating very much.

My description didn't include any ethnicity.

Ben: I figure that in the past 15 years I am more attracted to Asian women. I dated Caucasian women for the most part. My experiences weren't very pleasant.

Caucasian women are both into their own things. It's really hard to get dynamics together. I tend to have good cooperative relationship with Asian women.

Lacey: In Japan, I dated Japanese and Chinese guys. Here I briefly dated a Caucasian before him. It didn't work out obviously. It doesn't matter which ethnicity it was. If you don't click, you don't click. You have this prince in mind, but the reality is different.

Ben: Our personalities are pretty similar. We are both easy - going people, approaching things in similar ways.

Lacey: Many times I don't care about little things. As long as you don't cross over the line, I am fine with whatever you say. It doesn't affect me in a negative way. 5% of time I do have my own principle, but I will guard that 5% and 95% of time, I am fine. He is pretty much the same personality.

After I put up the profile on match. com, several guys wrote to me. I said it was right before my final, I didn't have time to meet them until after my final. They never replied. But he wrote back and forward to me for 3 weeks.

It really triggered me when he told me that his father just passed away. In order to cheer up his mom and grandmother, he was taking them to a trip to different places, like NY. I felt this guy was at least a good guy, which changed my impression of American guys.

Ben: She put in her profile the fact that she had been to different countries, like Japan. That kinda drew me towards her.

Lacey: We first met at a bus station when I came back from a visit to a friend in LA.

Ben: I saw her first when I was driving around to find a parking spot. When I saw her, I knew right away it was her because she had a picture online.

She looked confident and knew where she was going.

Lacey: I saw his picture online and he just looked exactly like the picture online, like a nice guy.

Lacey: I don't know. I think both can be handsome and attractive to me.

Ben: Compared with Caucasian women, I'm more attracted to Asian women. But there are always special cases. For one thing, I'm more attracted to dark hair. The whole attitude of Caucasians here is very different and crazy. Asian women in general are more quiet, (but I wouldn't say they are submissive.) more passive, less aggressive and domineering. The Caucasian women I dated were rather domineering.

Lacey: I am not dominant at home. I think it's not necessary. I am trying to be fair.

III. Parents' and Social Attitude:

Lacey: I didn't tell my parents until we got married. They knew that his existence. Everything just happened too fast. They knew we were dating each other, but they didn't know we were engaged and got married.

Ben: We got engaged two weeks before we got married. My mom and grandmother were visiting me for my grandma's birthday, we decided to keep it to ourselves and waited for a better time to tell them.

Lacey: I left my parents a long time ago. They don't really care what's happening here. I don't know why I didn't tell them. I told them we were engaged one week before we got married.

Ben: I remember we went to grandma's rehearsal birthday. For one thing, my grandmother was more traditional. Ben was her favorite and first grandchild. She wanted him to marry a white, blonde, blue-eyed Christian girl.

We decided a night before my father's birthday that we wanted to get married because I had a car accident and felt really on a spur of getting married.

Lacey: I called my mom a week later that we got married. My mom paused for 2 seconds and said, "Last week, you told me you were engaged and this week you got married. What are you gonna tell me next week?"

She was just surprised. My parents came 4 months later. When we picked them up at LA airport, my mom gave him a hug first before giving me one. My mom used to be an English teacher, so she speaks English. They get along pretty well.

Ben: I was worried about my grandmother, but not about my mother because she is very open - minded. I just waited for the best time to tell her. When I called her, I asked her "Hey mom, are you sitting down?" She went like "No, but I'm right now. Do you want me to grab anything?" I went "yeh."

And then I told her a few days ago when she and grandma were here, Lacey and I got engaged. We were happy, but today we got married. She went "What!?" Just surprised!

Lacey: I met his maternal grandma first.

Ben: On the day we went to meet her (paternal grandmother), we slowly built up the story and told her we were married. Her reaction was "it's about the time."

Ben: There was another thing: she was very traditional and didn't think men and women should cohabit before getting married. I am sure she wasn't happy about that.

Ben: My mother was very close to my father's mom. After my father passed away, my mom took care of her.

Lacey: That's what attracted me. I thought that kind of thing would only happen in China. A daughter - in - law would bring her mother - in - law to her home and take care of her. They lived very close by, so his mother would go every day to check on her.

Ben: After we bought the house, we decided to have her over here with us. She moved and lived with us for a year.

In the beginning, she was a little bit intimidating. She was kinda quiet and didn't smile very much. It doesn't have to be loud to be intimidating. She wasn't just warm, kinda on guard.

Lacey: Later we got along very well.

Ben: When she passed away, Lacey had a much harder time than I did.

Lacey: She was really fit and willing to help me with cooking. One thing hit me really hard was every day, she knew I was taking vitamins, so she would put vitamins on the table every morning for me. The day after she passed away, the vitamin bottle wasn't there. That hit me really hard.

American parents are more hands off. They don't like to interfere in our life. My parents are not too bad either. I like American parents better because they don't step in our area.

Lacey: We didn't tell anybody we got married, so I didn't think I needed to tell my best friend. So she was very upset.

We had dinner with her when she came down from LA. She asked a lot of questions. He has a much stronger personality. She asked same questions along the same line but in a very aggressive way. Ben got offended. That was okay.

But a month later, I called her for something. She gave me a big lecture for marrying him, not a Caucasian guy, but him. She herself was going to marry a Caucasian in 4 months. She was asking me why I was in a rush to marry a Caucasian guy. She said Ben even couldn't answer my questions. It's just the way she approached it that offended me. I felt it was my choice. She wasn't in the position to say anything like that.

Ben: I have a China Taiwanese friend who is pretty close to me. When I told him about dating a Shanghai girl, he said "Oh, watch out those Shanghai girls. They are bad." I think those are the stereotypes of Shanghai girls.

We actually met a Shanghai woman at the airport when picking up my mom. She saw us and asked us "Hi, are you here to get married? Do you have good time here? You are really lucky. Do you have a green card?"

Most my friends are fine. Some of them are Asians. Some of my friends date Asian women. There are words like "yellow fever" describing men who date or marry Asians, but I am not bothered at all.

（注：由于与本文无关，此处略去婚姻生活、子女部分的内容）

访谈（14）
对象：Linlin and Stanley
时间：2010年1月11日18点
地点：加州圣地亚哥访谈人家中
方式：私人访谈

I. Childhood Experiences:

Linlin：我高中毕业两年后（21岁）就去了日本留学。在日本呆了七年。

我22岁的时候认识了Stanley，因为我们当时都在日本上大学。在一个聚会上认识的。开始是朋友，交往了很长一段时间。大学毕业后我又读了研究生。

后来跟Stanley结婚以后再到美国来的。我觉得我算结婚移民（K1 visa）。

Stanley不是犹太人，他的家庭是基督教，他只是对犹太教感兴趣，所以现在准备加入犹太教。

Stanley：The neighborhood I grew up had white, black and Hispanics. There weren't many Chinese people. Oh, there weren't many Chinese people. I didn't know any Chinese people. When I went to high school, I started to learn Chinese. At college, most of my dorm mates were Chinese or Taiwanese. I did hang out with them.

When I was at high school, Tian' an men Square happened. The stereotypes of Chinese were all related to politics there, e. g. , Chinese didn't have freedom, no human rights and stuff.

Linlin：我在认识Stanley之前以为东西方人无非就是人种的不一样，没有其他的差别。我觉得人都差不多。我在日本接触的大多数都是亚洲人。

II. Romance：

（在遇到Stanley之前你有没有想过你以后的丈夫将是一个白人？）

Linlin：我敢肯定的是他肯定不是一个中国人。我当时不知道自己会嫁哪国人，但肯定不是中国人。我在中国的时候根本就没有机会谈恋爱，因为家里管得太严，高中的时候根本不可能。高中毕业以后我自己打了两年工，然后一直忙着办自费留学。除了父母管得严以外，自己也不是特别懂（男女生之间的事情），开窍得晚。自己根本没有想过这方面的事情。即使我跟Stanley开始谈恋爱了，我都跟他说我对结婚不感兴趣。（这个跟后面的陈述有一定的矛盾：Linlin说选择Stanley就是因为他比较可靠，是个结婚型的男人）

我喜欢了解跟自己不一样的东西，虽然我跟中国男人的交往不多，但是总觉得他们很多方面跟我是一样的，思维方式、生活方式、文化背景，所以完全没有新鲜感了。我喜欢新的文化、新的语言、新的背景……我并不觉得中国的男人不好看，我现在反倒觉得中国的帅哥越来越多，越看越顺眼。（现在谈太晚）

Stanley：My Japanese professors and friends all ended up with Chinese women, so I had that feeling that I may end up with a Chinese too. I don't know why it is not

Japanese. I never expected to marry a Chinese, but I hoped to marry a women who could speak a foreign language with me because I don't like English very much.

I wasn't really attracted to white girls. I thought it should be somebody from another country. The girls I knew at high school couldn't say that they wanted a family (even if they wanted). The idea usually was frowned upon. This is a bit weird and my guess is maybe they felt they are too young to talk about marriage or having a family. I wanted to have a girlfriend who could talk about it with me, but in the states back then, I couldn't find any whereas in Asia, it is not a problem at all. America had a lot of frustrating families and … that was in 1996 – 2000.

I didn't really date any of the girls. Those were just my observations.

Linlin：女儿很喜欢爸爸，两个人关在房间里面不要我，可以玩很长时间。

我跟 Stanley 在日本爱知县的留学生的联谊会上认识的，我跟一个朋友一起去的。我自己现在想找工作上班，教人学钢琴。我们只是朋友而已。我那会只对日本的文化感兴趣，所以没想过要跟白人交往。

而且初见 Stanley 的时候，他只有 18 岁，觉得他看起来比他的年龄要老气，反正跟他不是一见钟情。他看起来很憨厚老实，脾气也很好——这也就是为什么我能忍耐他到现在的原因。

我们确定是恋爱关系的时候已经是 2001 年。之前我有个日本男朋友。很巧的是我和男朋友分手的那天他（Stanley）突然从美国飞到日本。我觉得很机缘巧合。那时候 Stanley 已经毕业了，他是到日本去工作。我们刚分手，就接到他的电话，我一赌气就答应了。跟他接触一段时间后觉得他也挺好的，是个结婚的类型。我以前的日本男朋友都不是家庭型的，不像 Stanley。日本的男人比较专横，下班后经常去酒馆消遣，家里都是夫人在打理。我周围有嫁给日本人的女孩，我觉得她们都没有很幸福的感觉。

Stanley：I didn't want to date her when I first met her. We were just friends. I was after a Japanese girl. I just liked good – looking Japanese girls. I hoped to find a girl who was straightforward, Paco and politically compatible, pro – human rights. Linlin is that type of girl because she stood up for some Taiwanese and was therefore rejected by some communist kids.

Linlin：在爱大的时候，我曾经当过一年学生会主席。我们校庆要摆摊子，我就叫我的台湾朋友摆摊，他们摆出“台湾酸辣汤”，结果被一些大陆的学生抨击，说应该是说中国台湾。学校的有关管理人叫我在大会上检讨，我没有理会。从此以后很多政治感比较强的中国学生就对我不大友好了。我倒是不在乎。

我们交往的时候很重要的一点是我们都能说日语，语言没有问题就很容易了解对方是什么样的人。我们在家里大多数时候都说日语。

（Stanley，do you mind that Linlin doesn't speak English at home?）

Stanley：No. I'd rather we didn't speak English at home. I never like English. I picked up some Chinese just by listening to her. I took some Chinese course for a year at college. Linlin never tries to teach me to speak Chinese. I worked really hard on the language, so in the second year, I passed a test and was put in a class for bilingual kids. Those kids were all Chinese Americans.

Linlin：他的听力不错。

Stanley：We officially started dating in 2002.（Were there a lot of people like you?）There weren't a lot of people like us in the county where we were. Our friends didn't say anything about our relationship. They just thought we were funny as two foreigners speaking Japanese together. It wasn't a big deal for them. Japanese people are not usually very nosy. They don't quite care.

III. Parents' and Social Attitude：

Linlin：我们的父母也没有说什么。其实我爸爸早就觉得 Stanley 这个小伙子看起来不错，挺憨厚老实的。只是当初我有日本男友的时候根本没把他的话听进去。

跟 Stanley 结婚可以获得美国移民身份当然是我考虑的因素之一。

Stanley：跟她结婚的时候我们曾经就婚礼有过争执。因为西方文化中是女方家里出钱，而露露的父母却叫我给他们钱。可是当时我刚刚毕业，才开始工作，是个穷小子。所以拿不出那么多钱。所以有一些争执。

另外她的父母说话声音很大。每次我们回去的时候听见他们说话，我都以为他们是在吵架，所以每次都需要露露给我解释。露露的父母要来跟我们住，来了以后我会慢慢去适应他们的风格。

Linlin：我和 Stanley 的父母相处的时间不多，每次跟他们在一起，因为语言的原因我们交流不多。但是他们当初对我们的婚姻没有太多的意见。

Stanley：当初我的父母要是反对我们结婚的话，我可能会要多考虑考虑。因为我姐姐就是不顾父母的反对结的婚，结果后来很快就离婚了。她后来就是后悔当初没有听从父母的劝告。

Linlin：我们结婚后最大的问题可能不是种族差异造成的，而是我们自己的经济状况。Stanley 的工作不是特别好，我也没有找到工作，所以刚开始的时候争执比较多。解决争执没有什么特别的方法，就是吵得累了就算了。我觉得这跟我们的种族差异没有太大的关系。

（注：由于与本文无关，此处略去婚姻生活、子女部分的内容。）

访谈（15）

对象：Pamela

时间：2010 年 3 月 14 日 18 时

地点：加州圣地亚哥访谈人家中

方式：私人访谈

I. Childhood Experiences：

我们刚来的时候居住在三藩市的一个教堂里。那里的人都是中国人。都是广东人。他们看不起我们大陆的北方人，又说广东话；我们从韩国来，韩语又不好，所以很难交朋友。朋友都是教堂的朋友。我们到美国来是这里的长老会保我们来的。但是里面的人都是广东人。1955 年朝鲜战争结束以后，我们是第一批从韩国（亚洲）来的移民。我们来的时候是同一个航班，但是到了美国后就都分开了。

我们住的地方美国人很少，但是我去的学校都是白人的学校。中国人多，但都是说广东话。所以我没有什么朋友，常常一个人呆呆地坐在教室里。其他小孩子还经常恶作剧，比如我手上带一个东西，常常不小心就会被他们骗去。有的时候我们走路的时候他们会过来推推我们，打我。我就设法跟别人在一起。我有两个 ABC 的朋友，她们对我很好。但是总的来说，我们都受很多外国人的气。当时有很多墨西哥人，他们对我们中国人很坏。那是没有 FOB 这种词，但是我们当时很受气，很可怜。

我们教堂的牧师可以讲几句国语，但是他也不能老是帮我们。外国人的习惯是每天都换一套衣服，而我们一件衣服要穿很长时间，所以他们觉得我们很土、很穷。

我爸爸是传教士，我们这些小孩都需要出去打工，钱都交给爸爸。他们一辈子都没有享到福。我们所有的希望就是活着，希望我们以后有了孩子，可以让他们不用过我们这种日子。

我们到美国的时候是 1957 年，那是美国还很保守，种族歧视很严重。黑人都不可以跟白人在一起。在阿肯色州，很多的餐馆不允许黑人进入。北卡罗莱纳州更保守，我有一次带一个白人小孩进游泳池，他不允许我进去，因为我是“有颜色的人”。但是我当时整天都是为生活而奋斗、挣扎，没有什么娱乐生活。

我父母在家里都是讲家乡话。我们的家教就是三从四德。

II. Romance：

我们全家搬到圣地亚哥后，我就在这里开了一家餐馆。Oliver 和他的前妻常常到餐馆来吃饭，然后他们家和我们家就成了好朋友。

（文化差异的魅力：白人男性）

我第一次看到他的时候，我就特别喜欢他，我的心就跳得特别厉害。虽然我已经有了家庭，但是我第一眼就爱上他了。他第一次看到我，也很喜欢我。他长得很帅，他的声音很甜，我一听到他的声音就会马上不一样。对我来说，美国人的相貌、体格更吸引我。那个时候他每次拥抱我，跟我说再见的时候，我的心都跳得很厉害。每次他们要来吃饭的时候，我就特别高兴。我当时就特别暗恋他。我对别的男人没有过这种感觉，我第一眼看到他，就很想跟他在一起。

（我离婚以后还有很多白人来追我，他们就是喜欢我小巧玲珑、可爱的样子。）

我们认识 10 年以后，（我们两个是认识 25 年以后才结婚的）他和前妻离了婚。我和他的前妻一直是好朋友。我们经常在一起喝咖啡，吃饭，聊自己的丈夫，互倒苦水。他们离婚后，他的前妻告诉我 Oliver 很喜欢我，希望我们两个能好。我当时虽然欣喜若狂，但是表面上装得比较平静。后来我打电话给 Oliver，告诉他我要等到 Mae 结婚以后才会离开我以前的丈夫，如果他愿意，他可以等我。他果然等了我四年。（当然，他其间会有别的女人，但他始终都是我的人。）

到现在，我们结婚 10 年了，他对我非常好。现在他总喜欢拥抱我，吻我，我都 67 岁的人了，他还要跟我说“你很漂亮”。

每次到某个地方去，他总是会帮我拉椅子，帮我拿衣服，然后挂起来或者放在椅子上，帮我开门。我以前的丈夫从来没有这么对过我，把我真正地当女人。以前的丈夫要是先开门，总是自己就先进去了，根本不会理睬我。吃饭的时候也总是自己一屁股坐下去就吃起来，也不会等我什么的。而我现在的丈夫却会帮我做很多的事情。我到树上摘柠檬，他不让我去，怕我把手伤了，会不好看。

III. Parents' Attitude：

我们结婚的时候我的父母已经去世了，否则我父亲一定不会答应的。我以前的丈夫很孝顺我的父母和娘家的人，所以他们关系很好。我父亲在世的时候他就是一家之主，什么事情都得听他的。他过世以后我觉得自己好自由。跟前夫离婚以后就更自由了。

如果在家里 Oliver 要让我给他做事情，他会跟我说"Honey，can you…?"他总是把我放在第一位的。

而前夫心好，对别人好于自己家里的人。但是男人就是男人，都有男人共同的弱点。

我有努力过要进入这个主流社会。我每次到一个地方，我都会认真打扮一番，我会 make a statement. 我要做一个骄傲的中国人。我经常跟我女儿说，你在镜子里看到你自己的时候，你必须跟自己说我喜欢这个人，你必须要对自己有自信。

我以前和前夫都是教会非常活跃的成员。我会插花，会做衣服。那个时候，我看到人家好看的衣服，我就会做出来穿。我也看电视里面白人的女人怎么喝茶，吃饭，拿叉子。我学人家的好处，不学人家不好的地方。把自己的好和别人的好合在一起，就完美了。

我们中国女人的好处就是很贤惠、很会相夫教子，我的丈夫很欣赏我的厨艺，他认为我做的菜是最好吃。我很会使用不同的材料作出不同的菜。

我喜欢滑雪。我每个星期坐公交车，有的时候带着两个孩子去滑雪。我很小的时候在商店里看到一个广告，上面有个女孩从山上滑雪下来，我就觉得滑雪很酷，就把它当作我一生的梦想。可惜一直到我四十五岁那年我才真正有机会和能力实现我的梦想。当我有钱的时候，我买了滑雪的工具，然后和我的孩子们一起去上滑雪课。自此之后，我从没停止过滑雪。因为那是我一直所梦想的事情。心想就去做。如果你愿意，就去做。

IV. Friends' Attitude：

我们结婚以后才把这个消息告诉我的朋友们的。他们都是我们教会的朋友。所有的人都责怪我离婚不好，认为我是不对。因为我以前的丈夫是好人一个。他在教会的名声很好，人家却不知道我的委屈。我没有在人前讲过他（有外遇，喜欢跟墨西哥女人交往）的那些不好的事情，因为我还要顾及我两个孩子的面子和尊严。

我女儿和儿子从小就认识Oliver，很喜欢他。也知道我的婚姻不能给我带来快乐。我以前的朋友知道我离婚，又嫁了白人，所以都不理睬我了。只有一个帮我做工的一个朋友知道我丈夫的事情，所以她一直都非常支持和同情我。

他的朋友认识我以后都很开心。他们的儿子也没有讲话。因为他们跟他的关系不是很亲密。我们结婚以后，我就许了个愿，希望能够让他和小孩的关系有所改善。我们最终达成了心愿。我们和两家的孩子一起去乘坐了一趟游轮。我们这次卖房子还专门请（我们出机票）他三个儿子到圣地亚哥跟他们的父亲一起打高尔夫球。他们表面上对我不错，但心里面对我这个中国女人还是有些不舒服，有一两次他们故意问我对中国的强大有什么感受，结果被他们的爸爸骂了一顿，因为他不高兴他们把我当中国人。

（父母的态度）

我们结婚的时候他妈妈还在世，他的妈妈非常喜欢我。每次母亲节都会来看我，我也会送给她24朵玫瑰。

（父母的态度）

我们结婚的时候我的父母已经去世了，否则我父亲一定不会答应的。我以前的丈夫很孝顺我的父母和娘家的人，所以他们关系很好。我父亲在世的时候他就是一家之主，什么事情都得听他的。比如他从小就不允许我们打牌，赌博，不能去看电影。他过世以后我觉得自己好自由。更前夫离婚以后就更自由了。他在的话，我和Oliver根本不可能结婚。因为他觉得离婚是一种耻辱，嫁给老外就更是一种耻辱。

我们的婚礼很简单，是在夏威夷举行的，只有邀请了四个人参加。

（社会的态度）

我们现在Montana住，每次走进餐馆，人家都会看我们。我们一个高、一个矮，一个帅，一个长相一般的中国女人。他们看我们的眼光就像在问“这个女人到底有什么吸引力”。但是我们在加州没有遭遇过这样的眼光。

十年前，中国人嫁给外国人会有很多人说闲话。比如我原来的朋友都离开了我。

那时候的人认为，嫁给白人的亚洲女性不是好女人，否则她怎么能够嫁给外国人。一个好女人怎么能够外国人呢，无非是在酒吧这种地方，会喝酒。或者是学生生活很随便，很下流。或者他们是嫁给大兵了。

(Pamela's account about Oliver)

Childhood Experiences:

Oliver从小生活就很优越。Citrus growers（种柑橘的果农）很富裕，在美国属于上层社会。他们从小要什么有什么。他生活的地方没有什么中国人，但是他很喜欢中国女人。

（文化差异的魅力：亚洲女性）

他喜欢中国女人的笑容，秀气，灵巧，很顺服丈夫，体贴丈夫，不大声讲话。我们的脸型很好看，皮肤像瓷器一样，很薄、很美、很白、很软。而且中国女人是有一种天然的美，不像美国女人靠很多的化妆品。中国人的五官很美，还有我们的黑头发，棕色的眼珠。身材小小的，脾气很好。（当然现在的女孩可能不一样，那时的女人就是靠着丈夫，所以比较顺服。）

（文化差异的魅力：白人男性）

外国人很喜欢你表达对他的爱情，但是我以前的中国丈夫就不喜欢。他认为你是我的老婆，就应该"do your job（做该做的事）"，不要多说话。外国先生希望能够让你开心。

（注：由于与本文无关，此处略去婚姻生活、子女部分的内容。）

访谈（16）

对象：Rose and Paco

时间：2010年1月10日13时

地点：洛杉矶访谈人家中

方式：私人访谈

I. Childhood Experiences:

Rose: For second grade, I lived in Santa Fein. That was a mixed neighborhood with Caucasians and Spanish. It was a white neighborhood. At college, there was a large Spanish student body, not many Chinese people. There was just one family who were Chinese, which was unusual in Orange County. Orange County was very segregated at that time. You rarely saw any black people there, only Latinos.

I didn't know any Chinese people until I went to UCLA in 1978 when we met each other. There was Chinatown or Chinese restaurants, but you didn't see many Chinese around on the street.

We met because our roommates were dating. We started dating right after we got to know each other, but we got married after dating for 7 years. We dated off and on.

Paco: As I was growing, my family was the only family in Carmel. I was the only Chinese kid at high school. I was always in a Caucasian atmosphere. I spent most of my time with white kids. There was hardly any Chinese; I didn't look for Chinese people. When I went to UCLA, I didn't look for Asians, I didn't look for Chinese. They had fraternities like that, but I didn't want to have anything to do with that. Because I didn't want to belong to any groups. I wasn't even Christian. I didn't accept God until I was 28 or 29.

Rose: Maybe I can add a little bit here. It is because his parents wanted him to be immersed into American culture. They themselves had adopted a lot of American culture. 'coz when I met him, I was surprised at how similar our backgrounds were in the values of family, struggles our family had, education was important, respect and love for family was important. There was nothing I could identify him as uniquely Chinese.

It was fun for me to get to know Chinese festivals, some culture. I don't think his parents focused on that a lot. They wanted him to, I think they recognized that he needed to have the vocabulary and did well at school. I think even your mom is westernized in her thinking.

Paco: I always worked extra hard to be assimilated. At home my parents and I spoke half Chinese and half English, whatever it was convenient. I didn't know any English when I just got here. But it all started from the second grade with a lot of drills and exercises. They never went out the way to say you have to go to the Chinese school. The emphasis was totally toward immersion. That was the focus.

I was made conscious of my ethnicity all the time because my family was the only Chinese family in the whole city. Before we bought a hall, they didn't even sell any little things to Chinese. There were always some kids who would make fun of you, picked on you, all the kids stuff. I knew very much I was different.

I struggled, but I would work on overcoming the struggle by being good at school, good at sports, hanging around basketball. So I hung around with white kids who were big. We had common interests in sports, so we played together. They would protect me. So I was very smart at that. I was accepted by groups I excelled in and very much shielded from all the nasty stuff of kids. Between my maths, science classes, I built a group of friends who would really lead, that really helped with the rest of school. Children were really nasty.

Rose: The stereotypes of Chinese? They are quiet, studious, industrious. I didn't have much exposure until college. I was going from a very conservative small city to a diverse environment. So I learned a lot of Chinese.

Paco: Stereotypes of Chinese are quiet, industrious, submissive, passive. But I tried to play the stereotypes to my own advantage.

I went against the stereotypes and showed them my differences. But I know the stereotypes are still there. It's a white dominated large corporation. If you are equally good, you' re not gonna get the chance before the person who is selecting a project … it's like their son. They look at me and say "oh, this is not my son." It's there, still there. It's just human nature, not right and wrong.

There is a little bit of glass ceiling for women, blacks and Asians. But women have got to remove it because they have numbers. Blacks removed because of their number. Asians are not rebellious, we are not marching down the streets. We just get along and don't want to create waves. There is no avert affirmative action for Asians.

Rose: I think also that Asians came to US fairly well-educated whereas others came to the US not well-educated. So there was … you were very aware that they can't compete academically, but Asians could compete academically. So it's kinda the Asians do not follow the same category of the poor Latinos or Spanics whose situations were attributed to their education. Chinese families come. They would do the farm work, but their goal is to own the farm. They work on a property with a goal to own the property. They understand how to achieve, but are simply not doing it in a corporate management way.

Paco: Yeh. The term model minority is used to describe Chinese, Japanese and

Indians. We are even more so than Japanese because our faith and value have adopted those of Christianity. If you look at me, Cole, Mia, (Paco and Rose's friends) we are good citizens, obeying the law, paying the tax. We are model minorities.

Rose: Those Chinese came from pretty wealthy families ... That made the differences.

Paco: My family was originally from mainland China. All my mom's family is still in mainland China. So I look at myself as Chinese instead of Taiwanese.

(Sue: I don't think Paco dated a lot. He tried very hard to get up the social ladder. He grew only with a mother, so he didn't have a role model to be a Chinese man. When Rose showed him a lot of attention, he was very excited.)

II. Romance:

Rose: I was a Christian, but I didn't go to church often. So I didn't have it in anticipation that I would date a Christian. It took a while for us to fall for each other. We were too young and the priority for us was to finish college. My family was pretty poor and I saw my family struggle financially to achieve they want to have. They married very young and they said you shouldn't marry so young and you should get on your own feet and start your own career. So I focused on my studies. I played around more than I should, but I was determined to get a degree in nursing and get a job that I could reply on. I wasn't looking for anyone to fall in love with or to marry.

Paco: We became good friends first, but we both knew we had to finish college. We liked each other, we attracted each other, and liked to do things together.

Rose: I didn't have any expectations (of my future boyfriend or spouse) because I didn't have any exposure to Chinese culture at that time.

I was surprised that his family didn't observe any Chinese traditional holidays. (Did you date before Paco?) When I was dating, I wasn't actually looking for any ethnicity. I was looking for someone who valued education, had a good career, were able to support himself, and that was on an even keel. I was looking for someone who had a wide range of interests and was well balanced.

Paco: At that time, I was just looking for a pretty girl who valued education. It's important for me to have an equally motivated interest in getting a degree and finding a job. I hope it was a good person, polite, somebody who was respectful. I didn't have any anticipation in terms of ethnicity although I wasn't very interested in Japanese. Caucasians were fine, but there was prejudice against Filipinos and Japanese. There was also prejudice against Cantonese. People thought they were from Canton and lived most in Chinatown. They weren't very well-educated. Some of these preoccupations were pretty stupid. But you know you were young and fooled around. That was basically me, a young person.

Aesthetically, I had the stereotypes that Asian people were really cute. Compared with Caucasians, Asians have more color with tanned skin. I had very little exposure to Chinese culture, so my impression of Chinese was from some movies I saw earlier. There was a movie called Flower Dimsun. The actor in the movie was tanned and a lot of fun. As for sports, sports to me were not huge. It might be important nowadays. To me the tanned skin of Chinese looks nicer although many of them want to be lighter.

The boys I dated were all Caucasians. They were just high school kids. Some of them were emotionally unstable. Paco was emotionally stable. I also wanted someone who could be more romantic. I dated one Caucasian guy who would send flowers and do romantic things to me, but I ended up liking Paco better. So I don't how important being romantic was to me. I don't think it's an ethnic thing. It totally depends on the particular person. I think I was looking for the quality and characteristics of the person: the stable quality, reliable, trustworthy instead of ethnicity.

I didn't see any differences others would see between us ethnically because our backgrounds are very much alike and our thoughts are very much alike. I didn't see the race part of that, but I think other people did.

Within the university, we were well accepted. But outside the university, there was something there. After I gradutated and started working in San Diego, a man said something that really took me back. He was of my same age. He said something that was really awkward. One time after we got married, we were at a Chinese store. The clerk gave me a hard time because I wasn't a Chinese. After he came in, they started to serve me.

Paco: It depends on which part of the country. When I go to visit my sister in Dallas, I felt less comfortable. California, especlally. So Cal (South California) is a melting pot even back then. When we were in Dallas, people looked at you, but not so much now.

Rose：Dallas is in the south of America. The southern part of the States is very racist because of the slavery past. It is a very white society. As Asians, you simply can't mix or fit in.

Paco：We lived in Phoenix, which was a very white Midwestern town. There blacks stayed with blacks and Spanish lived with Spanish. The society was very very white. Sometimes people take a look, a second look and a third look. Who knows what they are thinking.

III. Parents' and Social Attitude：

Rose：Friends and family didn't say anything, but Rose's father before we got married… I guess he was more concerned about our children because he said the decision I made would put myself in a position of potential prejudice. The children you have would be put in the same situation, yet have no choice. He wanted to know how I was gonna deal with that.

Paco：Our kids are grace of lord. They are so well balanced, academically and athletically accomplished. They are good people. They turn out very good. They both are pretty.

It took us very long to date before getting married. There were many things there. It was all about the readiness to get married and settle down.

Rose：We didn't have a lot of arguments between us. But my mom… my dad had the concern that we would feel the prejudice. But over the time, he changed his opinion. Now he loves Paco because he is a good son-in-law, good father, good husband. He's earned the respect. The neighborhood I grew up in was very very white. So my father was worried that I would be subject to prejudice and discrimination after marriage.

(Rose encountered the mother denial. Her mother didn't like Paco because it was another race. She was very blond and blue eyes. By the time Rose went to college, her father and mother were divorced. Once her mother passed away, there was no more barrier. Her father approved, so they got married. When her mother was alive, they still dated. — by Sue)

(Did your parents have any particular expectations for your future spouse?)

Paco: My birth father died when I was three. He was in the nationalist airforce and got out of China in 1949 with the family. He died in an air crash. My stepfather was a Chinese American and my mother came to US as an foreign exchange. She got remarried. He adopted his brother to ... He died of cancer when I was at eighth grade. So I didn't really have a father who would say yes or no.

My mother, after a year, remarried. She is still married to this man. He happens to be a Caucasian naval pilot. She certainly wasn't gonna tell me that you can't marry a non - Chinese person. But she is always like that. She is very open. It took us a long time because we were very young. It took us 7 years because we were very young, immature and needed to get our own career. Her mother's disapproval was of a variety of reasons, but was it a hindrance? Not that much as a hindrance. We were young any way.

I had a sister. My sister and my mother, both of them are strong - minded women in my life. They both approved Rose.

They would ask me, short of her being Chinese, she is about as Chinese as they are because of her values, her family orientations, whenever we get together, there is always good relationship we get. Even today my mom is 85 - 86 years old. She got Parkinsons. Rose treats her like her own mom. She works three days a week outside as a nurse. Every Thursday she drives to Orange County, took my mom to her doctor's appointment and grocery shopping and to have lunch. As my mom said, Rose is more Chinese than Chinese. It doesn't matter whether she is a Chinese or white. Her manners and values are very consistent with what we Chinese want. But it's not uniquely Chinese to have such values. (I guess white people also have such values, but we just thought you didn't have) Right. We did think you do. (We do have many things to share)

(Rose is quite into Chinese culture. She likes to cook Chinese food, much better than me. She cooks cold noodles, and rice puddings. I was very surprise. She made Chinese dumplings by herself, chopping the meat, doing wrapping up.

Rose is taking care of Paco's mother. It's just Rose though.

Paco is a proud Chinese. He is so lucky to have met Rose and so accepted to the culture. —by Sue)

Rose: Yeh. That's why I was attracted to him because we were so similar.

Paco: Both of our parents were middle class, both had to work. They worked really hard to buy houses in a good school district, which turned out to be all white in both cases, that's how it works out here. They all really wanted us to go to university, be responsible, be professional. So very very similar values and backgrounds. So my mom and my sister who I am very close to approved.

(How did you, Paco, work on the relationship with her father?)

I was very immature. I didn't ask him. I was very willful (固执任性), independent, very immature for a long time.

Rose: I was too. I am different today.

Paco: I told my two daughters that if you had brought home a man like me, I would've screamed bloody murder, I would've said "no way!" What are you thinking? You brought home that is not Christian, disrespectful, very willful. Yeh, he may be college educated, have a good job, but he is just rough.

Rose: He didn't care about what other people thought sometimes to the point that he would act a way he liked and not care about whether people liked it or not. But underneath I could see that he did care, underneath he was a good person. I was very fortunate that ...

(Did you guys work on that?)

Paco: You know, it's kinda a miracle that when I was 28 or 29, I accepted Jesus Christ. I never had a strong father figure and had other people. So I always had a very strong personality. It's like what Rose said, I know what is right. I am gonna do it. I don't care you like it or not, I am just gonna do it. The little sensitivity of being courteous, being polite and respectful to her father to ask for his permission. I didn't give it a second thought. What I am gonna do, I am gonna do it any way.

Rose: That's the way our generation was. We didn't see how important families to us. We were a little bit rebellious.

Paco: But I did need my mom and sister's approval. I did care about my own family but not hers.

Rose: I had no idea he would do that. His mom and dad were in London at that time. I just got out of school, so we took this trip to London. I thought we were going to Europe. That was great, but actually he was taking me over to get approval to ask me to marry him. I had no idea. Otherwise I wouldn't have gone. He wanted to make sure his mom was okay with that.

(Did you take him to your dad to make sure he was okay?)

Rose: No, we didn't. That's why for him to do that with his mom, I was like "what are you doing that for?" but it turned out okay. I met his mom a couple of times before she went to London. She was very gracious and nice. I came up to visit at her apartment. I liked her.

Paco: I had to remind her that the person she married is not the person I am today. The difference is I accepted the lord and have somebody who is in authority in my life. I changed significantly.

Rose: It had a lot to do with my first daughter's birth. Because at that time, I told my dad how we are gonna protect our kids. My generation was kinda like that, worrying about what exactly we were doing. When our first born was born, I didn't want to work full time. I really wanted to have time to be there. Then it was a huge issue with us because he grew up with his mom working full time. We made the decision that I wasn't going to work. That was big. At that point, my Christian faith became very important to me because one thing missing in my life was I didn't have a family who went to church on a regular basis. Audrey was about 6 months old. He kept resisting church for all kinds of excuses. But one Sunday I decided to take her to church because I think it was important. His sister was very practical and said that was good to have your children involved in church because when they become teenagers, they have youth groups, and other adults that have good value system to give them advice because they don't want to listen to you. I knew this. You were in the church environment, whoever the adults were, they had the right value system and honor the lord and they are gonna help the kids to get focused on the right way. This needs to start very young. That day I decided to go along no matter he went or not. He offered to go with us. That's when he came forward and accepted Lord in his life. That made a big difference in our relationship and how we raise our children.

Paco: I don't understand why she married me. Seriously, I was so against Christianity, against everything. Today would you marry a non-Christian person?

Rose: No, but I am not the same person I was then. He said he didn't care, but I saw that part of him did care, it wasn't just big then. I liked that part. If I were the parent of me, I would've been very concerned because you can't change someone who you marry to. To marry someone isn't based upon what you think they can be instead of what you can see. It's a risky business, but I sensed that the character was there. There is a lot of things happened to him. His dad died. His uncle took care of him for 4 years. They came here. Just a lot of insecurity with a lot of people dying in his young age. He had a little bit of protective shield about him. The kinda wall he had put up. I think that's a protective thing 'coz when he let the wall down, he was a different person. I liked that person. I kept thinking about the wall coming down. Fortunately thanks to the grace of lord, it did come down. If he remained like that, it would be very different with us.

Paco: We're married for 32 years. It's really because of Jesus Christ we are married. Forget about being Chinese vs. Caucasian, there are so many things that happen in marriage and life, it's so easy in this society to just walk away. That's not what Jesus Christ teaches us. It's hard.

(How did you cope with conflicts?)

Paco: If we try to solve it, we would pray and then ask what would Jesus say? If he was there, how ... for instance, it says in the Bible why the wife should be submissive to the husband. A lot of husbands would stop right there. But the verse right after that says the husband should love his wife as Jesus Christ loves the church and gave his life to the church. So if you look at the whole teaching that it's good for the wife to submit to the husband, but the husband should love this wife to the point that he could give his life to protect her, to encourage her, to provide for her. When you work at it together, it will be a successful formula.

Rose: It sounds very idealistic. You still have arguments. When there are arguments, you try to focus on the issue instead of bringing what happened to you two years ago. It depends on what issue is. We are trying to stay within the respectful framework. Our faith definitely influences us.

Paco: Because I watch and I look. There is no prejudice in the Chritian teaching. If you start feeling like you've been treated negatively, you start questioning either your faith or the people you are with. In the 17 years in Phoenix. There was no other Chinese families there. I was the only Chinese in the church.

Rose: I have never noticed or thought about that because he was capable of blending in. He was well assimilated.

Paco: The church was large and fancy, but people there were humble. They in the church didn't care how I looked. What really mattered is what's in your heart, how you live a life, how you love people, how you love God. Even after we moved here, 7 years we lived here. We just do what we normally do. We found this church. We taught Sunday school together. Rose served there. We were happy to help around. There is still not many Chinese families. This ethnicity thing either between us or us within our community... is really not a...

Rose: I think you are a Chinese. You are more memorable. You look Chinese but everybody else is Caucasian. You look more memorable and people are more aware of the things you do. People repected and appreciated it.

Paco: My Chinese is bad. My English is like a native. If you look at the company I work with, there is very good employee policy without much discrimination. You look at our church community, there is hardly any discrimination. When people quickly look at me, at the fruit of his life, his family, his relationship with his wife, his work. He looks different, but he talks like us. People might say that I would like to know more about him because it's something so unusual··· because of the language. ··· God has been very gracious to us.

I don't think Paco dated a lot. He tried very hard to get up the social ladder. He grew only with a mother, so he didn't have a role model to be a Chinese man. When Rose showed him a lot of attention, he was very excited.

I thought it was very difficult to attract a Chinese guy. Probably Paco thought the same way himself. He wasn't really Chinese or really Caucasian. He wasn't very confident. A lot of Chinese kids were like that. They lived very close to their parents most of time and when they went to college, they had too much freedom to know what to do. They were testing the ground.

I was too. I had never gone steady with a Chinese guy at school or dated at high school either. I was socially awkward and behind the Caucasian people. We used to play this age game, which means young people get to do sth in a certain age, e. g. , loss of their virginity. I thought American people moved too fast. I thought I was too young to handle relationships.

A lot of Asian girls want to be Americanized. They will take surgery to take care of their eyes, lose weight, and dress up more remarkably that way. If you ask them, they will always tell you that Caucasians are on the top of the money base.

Rose is quite into Chinese culture. She likes to cook Chinese food, much better than me. She cooked cold noodles and rice puddings. I was very surprise. She made Chinese dumplings by herself, chopping the meat, doing wrapping up.

(Rose is taking care of Paco's mother. It's just Rose though.

Paco is a proud Chinese. He is so lucky to have met Rose and so accepted to the culture. —by Sue)

（注：由于与本文无关，此处略去婚姻生活、子女部分的内容。）

访谈（17）

对象：Shuhua and Daniel

时间：2010 年 2 月 3 日 20 时

地点：加州圣地亚哥

方式：电话访谈

I. Childhood Experiences:

Shuhua：我是 1996 年到美国来上研究生，在加州州立大学。我在大学里申请到助学金，还有一个工作。我是半工半读。我基本上是经济独立的。

加州州立大学我这个专业的亚洲学生很多，班里一般一半以上是亚洲学生。有大陆的，也有台湾的，还有泰国的。我跟亚洲学生的接触比较多。我一直住在校园里的公寓里，里面大部分学生都是亚洲留学生。当地的学生可能都住在其他的地方。我上课都是在晚上，当时美国学生都是一边上课一边上班，下课以后就回家，所以我们接触的机会很少。

学校里亚洲学生很多，所以没有觉得因为自己是亚洲人而别扭。学习上亚洲学生的学习本来就不错，所以更加不觉得自己会跟别人不一样。我总的来说适应起来都很快，感觉就像在家里一样。（她给家人和姐姐打电话说“如鱼得水”）即使我跟亚洲学生（泰国和香港人）在一起，还是总是讲英文，除非碰到了中国的学生，大家用中文。我没有刻意要避开中国学生，本来我们班上的中国学生也没有一定要凑在一起。

从一开始到现在，在加州我都没有觉得受到种族歧视。我刚来的时候，我的英语有口音，但是当时我的老师跟我说，说清楚，别人听懂了就可以了。从事我这个行业（technology）的移民很多，所以周围的环境里听到的英语都是有口音的，所以我自己也就不觉得了。

来美国之前，我对美国人的印象来自于我在工作（在西安做导游）中接触到的美国人。就觉得他们很帅，很友好，很容易相处。我父母对美国人倒有一些不好的印象，他们觉得美国人不可靠、对感情很随便。特别容易离婚，对家庭不重视。现在他们认识到，到哪里都要看个体的人。在接触到 Daniel 之前，他们是很不信任美国人的，告诉我不能找美国人。他们没有接触过，只是从电影电视的得到的印象。

根据我的经验，我觉得总体上讲，美国人比较简单、直爽，文化上没有太多虚假的礼节，打交道更痛快。

Daniel：I grew up in Orange Country, Southern California. It was a dominantly white neighborhood. There were very few minority groups. The school I went to was very white. There was one Chinese guy only. I got to hang out with him a lot because he lived in my neighborhood. I knew Chinese made good foods. There was also a Chinese girl named Chan who was really pretty.

I knew very little Chinese culture except the Chinese food. Speaking of stereotypes of Chinese, I knew that they always stick together, very ethnocentric. They also call me Laowai.

II. Romance：

Daniel：We met each other on a blind date. At college, I dated one Japanese and others were all white girls.

Shuhua：We graduated from the same school, but we didn't meet at the school. I dated some and had one serious relationship before Daniel, but I've never dated Asian guys. I didn't run into any interesting Chinese guys. In my class, I didn't run into any Asian guys who were good-looking, confident with good sense of humor, who were interested in doing things together with me. On the contrary, Daniel and I can do many things together, e. g. , bike riding, jogging, snow boarding. Pretty much all the Chinese guys have glasses and are very nerdy.

I believe I have to be with a guy who has chemistry with me. Taking from there, I will get to know each other and see whether we are compatible.

Daniel：I wasn't particular about girls' ethnicity. I would be attracted to girls who liked to go to beach, go snow boarding, hiking. Generally, I preferred an outdoor person. Shuhua's personality clicked with mine. Shuhua hypnotized me (joking).

I like good - looking girls with a personality, which is funny, open - minded, crazy. All the girls I dated must be subjected to my friends, by being crazy. When I brought Shuhua to a party with some friends, she wasn't afraid of going there. She didn't drink that much, but she laughed and enjoyed with anybody else going crazy.

We dated a little over a year before we decided to get married.

Shuhua: When we were dating, we didn't have any fights or arguments. But now I find him a bit different from before. I tell him I don't remember you being impatient or yelling at me.

Daniel: She is a Chinese, but she acts more like Laowai than Chinese. She is very fashion conscious, trendy, very outgoing. Most Asians are pretty reserved and quiet. She is not a party girl, but she is very bubbly and open to talk to people. She is not shy. My perception of Asian people is they are more reserved and quiet. They don't tell you directly what they think. They just tell you what they think you want to hear, like traditional Japanese.

She is more like an American Chinese instead of a Chinese Chinese. Her younger sister is very Chinese in every way.

Shuhua is physically attractive to me.

Shuhua: I really enjoy the freedom here. I love the options I've been offered here. There is beach and are all kinds of activities going on here. You could go with any life style you want to have. You can always be who you want to be and what you want to do.

Daniel: Shuhua doesn't know anything outside Orange County. She doesn't know life outside her socio - economic range. She probably only knows life of top 5%. She knows nothing about Ohio, or Alabama, where there is not much choice. She is not exactly sure about how American life is really like. This is like a bubble here. She's been exposed to a well - to - do society.

Daniel: At work, I have to use spicy terms to make requests, e. g.. I need you to do this or that.

Shuhua: Socioeconomic - wise, we had an equal footing, both owning a condo. But his is better than mine, located in an upper - middle class neighborhood by the beach. I had had a green card before I got married.

Daniel: She reminds me every day that she doesn't need me to stay here.

III. Parents' and Social Attitude:

Daniel: When we started dating, my friends and parents knew.

Shuhua: My friends knew, but my parents didn't because they were strongly against dating any white guy. I didn't tell them until they came to visit me 6 months after we started dating. While they were here, I told them.

Daniel: I made a very nice and special dinner with potatoes and red beef. I didn't know I would've been better off making pork or chicken. Her mom didn't like it, but she saw me try very hard.

Shuhua: I told my parents about Daniel the night before they met. My mom got so upset that she didn't sleep all night. When the following day when Daniel came for a visit, she found him really charming, good tempered and smiled all the time. My mom liked him right away.

Daniel: We couldn't communicate directly with each other, but Shuhua and her younger sister translated for us. I bought them a gift. In the first place, I didn't know what kind of gift I should give to her mom. Should it be a box of chocolate or silk scarf? I didn't know what the culture was, so I had to ask the Chinese girl at the store for it and finally bought a scarf for her mom and a wallet for her dad.

Shuhua: I did tell him he might want to prepare a gift, but didn't tell him what exactly he should prepare because we were just dating for 6 months. I wasn't quite sure about our relationship. I just wanted him to be himself. I didn't want to give him any pressure.

My mom is very traditional. I told my dad and sister about Daniel before he came. My dad was okay with it but he didn't want to tell my mom.

Shuhua: I met his parents when we just started dating. His mom cooked dinner. She was very easy – going and friendly. I felt she was like my own mom. They are totally opposite of Chinese parents. They always asked me to make decisions. What happens to us is exactly what happens to all daughter – in – law and parents – in – law.

Daniel: When we were in China, all those Chinese ladies thought I was a bad guy by marrying a Chinese lady. All the ladies there look at me like "Laowai, get away!"

Shuhua: Here, we don't feel treated differently. It is so common.

（注：由于与本文无关，此处略去婚姻生活、子女部分的内容。）

访谈（18）

对象：Sue and Rodney

时间：2010年3月19日14时/4月2日14时

地点：加州圣地亚哥某大学图书馆

方式：私人访谈

Sue:

I. Childhood Experiences:

The neighborhood I grew up is very diverse. There were a lot of retired people. A lot of Hispanics and a few black families on the other side. The high school, the Hispanic has the bigger population, blacks had 20%, Chinese less than 8%.

So I told my mother that it was unfair for her to expect us to marry Chinese with such a low availability.

I hung out with neighbors and high school kids. I had more friends from other ethnicities than Asian, e. g., Hispanic, Thai. My friends are very diverse. We hung out with anybody.

My parents hung out only with family and folks, all Chinese. My father had this theory that God loves Chinese people because he made so many of us. Rodney's theory is God loves Jewish people because he made so few and they are the God - chosen.

My parents spoke Chinese with each other, but they spoke English to kids.

I tried to be assimilated into the culture. My father had a little store where a lot of people would come for grocery. My dad was very talkative. He didn't have an accent. His English was really good. (My father never complimented me in front of others. He would say something like "my daughter was dumped in an alley and I found her in there." "She is smart at school and dumb at home". He made me go to the store. I was shy, but by working in the store, I had to talk to the customers and be nice to them. So I got out of my shell and started to talk to those older people.

Then he made us go to church. It was not a Chinese church. My father wanted to raise us correctly.

When I went off to the nearby college, it was a big change. The college had more students than the population of the town. There were a lot of different people and parties. But when I was at home, we didn't get the chance to go out very often except the church.

I felt more behind than my other sisters because I was the oldest daughter who they were most strict with. We had to fight for our freedom. I didn't know how whereas my younger sisters did. I was obedient. I was too close to them. (Sue's personality and her parents' education) Sue 的文化同化程度不如她的姐妹们，原因是她的性格和家里长女的地位，这也是 Rodney 认为他们夫妻生活中矛盾比较多的原因。

At college, I joined the Asian – American clubs and Japanese societies. I went to as many parties as possible. I only went to the Asian parties.

I never thought of dating another race until I got the job where Asian men were so far. My parents would ask me every week whether I had found a Chinese guy. I told them there were no nice guys in San Diego.

I didn't feel prejudiced as an Asian. The UC school system was set up to accept Asians. That was 1970s when I was in college.

II. Romance

I dated Rodney for a very short time before he popped the question of marrying him. I was surprised. I said "no" and this was too difficult.

I knew him for 7 – 8 years as a friend. I said no because it was really hard for me to switch from one mood to another. Rodney broke my bubbles by saying that you might never be able to find your Chinese knight with the shining armor. That changed my thought.

He knew I had hard time meeting Chinese guys. With my work schedule as it was, I didn't know how I was gonna meet somebody. I was not a bar kind of girl. I didn't like to go to parties to drink and find somebody. It was very hard to socialize. I ended up with a Caucasian because I couldn't find a Chinese guy although I had always wanted to.

My sisters are attracted to Chinese guys and Caucasians. I think in relationships, race is not the issue. It is the compatibility.

By contrast, my brother married a Chinese woman because he went to LA where there were a lot of Chinese.

When I met Rodney, I made a list of positive and negative points of Rodney. They came out even. I asked myself what I wanted most in a marriage. The No. 1 factor that attracts me about Rodney is he talked a lot at parties. People zoomed for him because he knew many stuff. He is a party person and I'm the wall flower. I am standing in a corner and thought to myself "don't ask me anything." But after marrying him for 20 years, I don't want to hear him talk any more.

So communication is really important. In a traditional Chinese family like mine, there was very minimal communication. My father never explained why to us.

I was attracted to Rodney because of his expressiveness. He gets his feeling off the table. I don't like confrontations, arguing. I don't express my anger either. I think Caucasians, probably just Rodney, they carry it out. Chinese people will think about it and then bring it up later on.

Other things about Rodney, he is a hard-working person, very committed. The most important thing is he gets along with his parents. My father told me when you marry a person, you marry his whole family. His parents are very loving to him, he is respectful. I met his parents. They are wonderful people. So it seems I'm blessed with 2 mothers. I can never call my mother by her first name, but I can never tell her anything either because she will tell her relatives. My mother-in-law never interferes in our marriage. She never told me what to do with the kid. We get along right away.

I'm not sure whether respect for parents is an American tradition or not. I think it depends on the man.

But on the other hand, both Rodney and my parents will interfere when we are punishing Jack (Rodney and Sue's only son). So we will get him home to punish him.

If his parents didn't approve of our marriage, he would still have married me. He was raised as a man. He can stand up against his father although he respects them.

I want to do that to our son that he can come to ask us for help any time.

I won't.

In America, children are not so connected with their parents that they would feel obligated to take care of them when they get old, which is really a big shame.

III. Parents' and Social Attitude:

A lot of Chinese families want their daughter or son to marry within their Chinese race because they want to keep the Chinese money within the Chinese frame.

One of the difficulties is communication. Chinese people are not expressive of their feelings or emotions. To Chinese race, keeping face is the most important thing. If you shame someone or scold someone or show your anger, it means you are out of control. Just get away from them.

I never thought of dating another race until I got the job where Asian men were so far. My parents would ask me every week whether I had found a Chinese guy. I told them there were no nice guys in San Diego.

Rodney's difficulty with my family is because the language is one thing. They have hard time finding a topic for each other. He never wants to pick up any Chinese. When we go to the Chinese restaurant, he will make me order.

We dated for a short period. We were always together with a group of people. Our friends were happy we were together, but my parents were flipped off. They went crazy when I told them. One of the reasons is I always introduced him as my sister's neighbor because they bought a condo very close to each other.

When I said "yes" to Rodney, it was a terrible life decision. I knew there would be a lot of pressure coming with it.

When I told them, they didn't believe it. They tried to talk me out of it. They tried to control the situation. But I had to stand my ground. During the wedding, my mother was crying all the time and my father refused to give me away but my brother told him he had to do it because I was the oldest daughter. My mother kept saying sth like if your oldest daughter married an outsider, you give the permission to the other kids. My sisters dated other races. They simply didn't tell mom and dad.

My parents asked me to keep my marriage from other relatives. I couldn't invite my relatives. My favorite cousin married a non-Chinese, but her mother was very encouraging and told her she didn't need to feel ashamed. They invited all the relatives to the wedding. I should've done the same thing. My parents were so afraid what the other relatives would say.

I told my relatives after getting married through my cousin. They accepted it. Now each of my relative's family has someone married to outsiders.

Rodney's family is perfectly fine with my ethnicity.

I never feel being treated differently except in Canada. We were walking across the pool area. All the people started to look at us all of sudden. I'm sure the picture is very different now over there.

（注：由于与本文无关，此处略去婚姻生活、子女部分的内容。）

Rodney

R：I am 59，a Caucasian and Jewish.

I'm a manager at … hospital. I have two degrees，bachelor in and master's in public administration. I have been a manager for 5 years.

I was born and raised in Chicago，Ill. I moved out to California in 1970s. Now all my family is here in California.

In 1983，our（Sue and Rodney's）combined income was 60,000 a year. Now it's about 120,000 a year，almost doubles that time. We were both on the same income level at the time when we got married. We both had our own condos. We sold our condos and bought a house.

I've been married for 27 years. This is my first and only marriage.

I. Childhood Experiences：

The neighborhood where I was born and raised was built for ex – GIs. I was born in 1950. We moved into another neighborhood when the family could afford a bigger house and lived there until 1964. At that time，the ethnicity of the neighborhood was changed with a lot of African Americans moving in. Caucasians moved out and we started living in an almost all white neighborhood. But my school started before that and I went to a mixed school where I was exposed to all different kinds of ethnicities before we moved into the white middle – class neighborhood. The south of Chicago was resided with ex – GI's who were really mixed with ethnicity. The north of Chicago was another picture.

(Compared with my brother,) I got a broader ethnical horizon. Back in high school, I was involved in a band which was a melting pot then. We were the people who tried to find a way to express themselves and music was a common language. The band was a big deal for kids because we would be invited to the football half – time show or sometimes went marching in big parades through downtown areas. So to join a band was a really big deal for kids. I was receptive and open to different ethnicity and cultures because my parents are liberal in that way. My father was a GI. He got to travel overseas a lot and made friends with a German and an Armanian. My mother was born in Scotland and moved here as immigrant, so she had to be comfortable with different cultures. She joined American Navy and got her education. Back in 1982 when I told them I was dating a Chinese girl, they were completely cool.

There weren't a lot of Chinese people but I was exposed to a large variety of ethnicities. There was a mixture because of the war.

I might be the only Jew Sue and her family ever got to know.

My parents are from very large families. I have more cousins than I can count. We spend time together talking with each other.

Sue went to church for 9 years. which I got to know years after our marriage, even after Geoff was about 13. The church was very strict. Kids were not allowed to wear makeup, dance, or date. She went there and practiced the religion. that explained everything. It was a very anti – social environment. She didn't go there any more.

II. Parents' and Social Attitude:

When Sue and I were dating, she didn't want to tell her parents about it and only introduced me as her sister's neighbor (as Rodney bought a condo across from Sue's sister's place). When she finally decided to tell her parents, her mother was very surprised and asked her "You are marrying Francis' neighbor. Why?" They had no idea because *she never told them we were dating*.

My friends in Chicago thought Sue is a good match for me. I am very emotional and talk a lot whereas Sue is very quiet and reserved. I was surprised to find out several years after our marriage that Sue's father felt I was too loud. Sue never told me about it because she didn't think she was the right one to tell me. But I felt she should be first one to tell me about it.

Sue's personality is different from her sisters. She is more quiet and reserved whereas her sisters are more Americanized.

Sue's mother speaks Chinglish, I have always had hard time understanding her. She grew up speaking Chinglish with her mother, so I feel her English is not really good English. But she doesn't speak Chinese at all although she could make out something.

One time when we were on a date and ate in a restaurant, the waiter saw Sue and started to speak fluent Chinese to her. Sue had no idea about what he said. We were joking that we'd better pray the food was good. It turned out okay.

They were resistant to our relationship not because I am a Jew but because I am Caucasian.

Sue is from a typical Chinese family which is quiet, non - expressive in terms of feelings whereas I'm from a typical Caucasian family which is more open and loud to talk about our feelings.

She was very reluctant to tell her parents about our plan to get married. But she had to because I bought her the ring and she had to explain the ring. She mentioned to her mother, but her mother kinda ignored her. She told me the other day that her mother wanted her to go out, with a Chinese .... I asked her whether she told her she was engaged. She said she did. She basically set up a blind date. I didn't know what to say at that moment when Sue told me on the phone. I said "okay, just go out." I guess I was shocked. The date of course didn't go well. Sue got turned off and she said to her mother that she wouldn't go out with anybody else.

At our wedding, Sue's father refused to walk her down the isle. It was her brother who walked her down the isle.

They were against me probably they had very strong sense of ethnicity. Her father thought I was too loud and emotional and her mother felt I didn't know Chinese so she couldn't communicate well. I was the first Caucasian in her family.

Sue doesn't speak very good English. For example, she used "up" instead of "down" to mean "go to the south". Sometimes I have hard time understanding what she says.

Now Geoff sometimes even corrects her mom's English. I think it's partly because how she was brought up by the family.

Her mother is not assimilated in America. She is very peasant - like. She has very different mentality, not very Americanized. Besides, she is not educated. She is not into shopping, not into garage sale. Even her daughters can't understand her very much.

Her father was very well educated. He came here as a young man and went back to get married with help of a match - maker. Sue was born here in California.

In another way, she is Americanized because she is very much into spending and shopping. She is very much into this consumer economy, a total materialist.

She seldom cooks Chinese food. Sometimes she cooks "Chinese" food which is not.

I don't think we are treated differently as an interracial couple here. Interracial marriages between Asians and Caucasians are lot more accepted in California. Somewhere in Illinois there might not be so. When we were there, there was a woman who looked at us very astonished. I guess she had never seen an interracial couple. Here we have never had an issue.

III. Romance:

Sue and I got to know each other as colleagues. We used to work in the same group. When we started dating, we once went a jazz club together because Sue likes Jazz. We sat there and she ordered a half glass of wine. She said she liked it but then she fell asleep. I didn't know what to do. I asked her whether she drank before, she went not so often. I asked "ever?" she said "not really". I said you should have mentioned that.

She didn't date very much at high school. Her parents put her in a Church which was a very strict and didn't allow them to date until 18. I suspect I might be the 3rd or 4th guy Sue went out with whereas I dated a lot. She didn't discuss sex or girl stuff with any of her family. She didn't have much social interaction with men. So I had to be the one who carried out the sex education to her.

When I dated women of different ethnicities. Before Sue, I actually dated a filipino girl. When I met Sue, I was surprised to know that she held very strong prejudice against Filipino because she thought they usually had very low social status. I didn't even notice it. I wasn't very particular about my dates' ethnicity esp after I started college.

I feel when you meet someone who is from the opposite of your culture, nature, you have two choices: you could either try to look at who you are or adapt to what they are. You could either overpower them with what you are, meaning I can be really loud and open with Sue or try to adapt to them. My friends said Sue is good for me because she could calm you down. Sue slowed my speech down, be less emotional. I realized that I have adapted to her after I met her.

In my dates, I looked for those with strong family background, wanted to have children and decent education background. I think good education makes people understand things better. Probably it's because I am Jewish. Education broadens one's horizon.

What I mean by strong family background is a strong family tie.

I decided to marry her because I feel so comfortable with her. I thought it was our nature. My friends said we complemented each other very well. When we were visiting one of Sue's cousins, Sue cooked and then I cleaned up the kitchen after dinner. We were so natural that her cousin got amazed. I do this all the time because this is the way I was brought up. My father was a Victorian kinda guy who never did any housework. So my brother and I would help my mom with the work. That is not common among my generation. Sue's cousin's husband never helped in the kitchen.

I am direct whereas Sue is very indirect. After we dated for a while, I suggested to her that we should talk about our relationship seriously, about marriage, she said "I don't know." She didn't say anything. I thought we were done. But one day before we left a party with a bunch of friends, Sue suddenly told a couple of her friends who were moving to another city that "hopefully you could come to my wedding next year." I didn't know we were getting married until that moment because she didn't say anything or showed any interest in that topic before when I asked her. I asked her "are your sure?" She said "Yes.". She was not excited.

I am more emotional whereas Sue is more apathetic. She can become very cold and sensible. So I feel I am the man from Venus and she is a woman from Mars.

Her social upbringing is so different from mine that… sometimes I assumed she would understand, but … she never dated. She might have dated a little bit in college. But after she went into her profession, she …

I like Chinese like jade. So on our first wedding anniversary, I bought her jade. Sue wasn't happy and told me that jade is for older people.

She gets my jokes. But sometimes I have to explain to her. She is very naive. I am not sure whether it is Sue's way or the Asian way. Sue's sister (Gale) is polar different. She never dates Asians. She understands me better.

There are common jokes Sue simply doesn't understand. You would assume she does, but …. For example, there is an actress named Angelia Jolie. She was in a couple of movies called Tomb Raider. The movie is pretty shallow, but it hightlights Jolie's ass and superb body. Sue didn't understand why the movie was worth watching. I tried to explain to her that Jolie was charming and made the movie fun to watch. She was always wearing tights in the movie. She was hot. We call it a T & A (tits and ass) movie. When Sue finished the movie, she seemed to be lost and asked me "what is the movie all about?" I told her to look at Jolie, her body, she went like "Arh! Is that the movie all about?" I asked her "Didn't you notice that when watching the movie?" She said, "No!" - This is Sue. She is very naive and worldly innocent, oblivious of many common things.

(Another example of Sue's naivety): when talked about religion, Sue said she was not into any religion. During the planning of our wedding, she mentioned a minister she knew. When I asked her how to get to know him, she said he was the minister in her church! I was surprised.

She didn't mind having an Abby to marry us although there were very few rabbis who wanted marry non-Jews. We had to invited one from LA.

In Judaism, men get circumcised 7 days after birth, which is usually performed by an abby. It's a very big deal because you have a rabbi, the whole family and it means that you are devoted to the religion for the whole life. Sue told me one day all of a sudden that she would like Geoff to be circumcised. My mom was astounded because we didn't plan to raise him in a Jewish way. But I did what Sue wanted and had Geoff circumcised. So in the first 13 years we raised Geoff in a Jewish way until one day Sue told me that she was thinking about taking Geoff to a CHURCH! Because she went to church from 9 Which she never told me before. She suddenly felt Geoff should go because she went there as a teenager, so he probably should go too.

My marriage counselor told me my wife was raised in a very conservative family in a small farm, so it is impossible to change her. It's not part of her making.

Sue works mostly with computer. I guess to people like her, face – to – face communication is harder. So her career suits her background. I'm a student of Philosophy, more vocal and expressive.

We talked about our child's religion. We decided not to raise Geoff in a Judaism way. But Sue …

When we got married, I was not very religious, she said she wasn't.

To summarize, cultural (可能是种族的，也可能是个别家庭的文化) differences came as the major cause of conflicts in the initial years of our marriage. We came from very different families. I had no way to understand everything would've happened this way until after I got to know her family background and her religious experiences, which was 20 years after we got married.

She and her sisters never talked about women and men at home because her parents are both very conservative.

I had to buy her a book. There are certain things she should've know yet didn't know. I can't tell her because I'm a man. She didn't have any resources to get those knowledge. She didn't know her own body. There was none about woman's stuff in the family.

I got her a research book about women, but it was very difficult in the first place because she didn't have knowledge, no experience in this way. As a man, I couldn't describe how a woman felt when … she might have some communication with her sister Gale, but she is 15 years younger than her. Their communication is not on the same level. There is no such models in her family; due to the school she attended, there was no outside resources that could inform her of that. That blew me away.

I can have more open and easier conversations with her sister who is about 10 years (in her 40s) younger than Sue.

Sue always wants to know where Geoff is, but to me Geoff is a man. He wants to live his own life and do his own things. I don't call him. He is one of this text generation, so I will text him, asking him where he is, if he is okay and whether he eats dinner. I'm more hands – off. So when Sue went away on vacation, he felt freed.

In another way, she is Americanized because she is very much into spending and shopping. She is very much into this consumer economy, a total materialist.

She seldom cooks Chinese food. Sometimes she cooks "Chinese" food which is not. When we first got married, whatever she made, every dish had rice on the plate. Potatoes, salad and rice. I told her she could have it but I didn't like rice on the plate. She is still doing it. Geoff will eat it but he will ask why.

Sue doesn't do any sports and doesn't understand why Geoff does skateboarding with friends and sometimes they would go to Tacco Bell or somewhere else to hang out. Sue didn't understand why he needed to do that. It's very hard for me to explain why to her. She wanted to call him all the time. Now he has his own car and own cell phone. I guess he is very much out of her control now.

When there was once Geoff's girl friend stayed in our house over night, Sue was very nervous. She wasn't comfortable to put them in the same bedroom and kept an eye on them. I felt Geoff was technically an adult and he should have more freedom this way, so I was much more laid - back.

She didn't even have a clue about high school kids' proms. I'm still educating her about these common American social rituals.

She has never been very easy with Geoff's independence.

I am a very liberal dad. I feel when kids grow up to 18, you can't track him down any more. He should be given the chance to live his own life. I am liberal for several reasons; 1) my parents raised me this way; 2) I am a philosophy major.

She wants Geoff to get A's because she and her sisters got A's all the time at school but I'm happy with B's.

She even will choose school for Geoff. Geoff wanted once to transfer to UCI (University of California Irvine, also known jokingly as University of Chinese Immigrants). There are a lot of Chinese there.

She didn't date at all. I dated at least 3 girls seriously. So when it comes to Geoff, she didn't understand why Geoff would have a girlfriend in his teen age. She asked why and I told her that is a social phenomenon and everybody participated in it.

Her father was alcoholic. They never told me because they considered it as a family shame which is not supposed to be discussed outside the family.

I thought we had a lot of common values to share with but didn't know her family backgrounds are so different from mine. She never talked about them, including her father's problem, her church. I'm not sure why it never comes up.

(Our concepts of family are different): My parents' family is considered as part of our family whereas her family is just her family. What she means by "her family" is her parents and sisters' family. I expected to be included in her family, but she or they don't think so. So fine, I am okay with it. She feels very comfortable with my family.

I tried to get along with her family but not successfully. Her brother was not respectful and not worth my time and effort. I guess they have too many issues to open up and that's their style. And I guess I have to accept the reality and move on.

To summarize, interracial couples do face more challenges than traditional couples but it's worth the try. It's good for the nation's development. You have to learn to adapt to different cultures and people. Bravo!

（注：由于与本文无关，此处略去婚姻生活、子女部分的内容。）

访谈（19）

对象：Tina and West

时间：2010 年 1 月 25 日 13 时

地点：加州圣地亚哥

方式：私人访谈

I. Childhood Experiences:

Tina：出生在黑龙江省，2008 年 7 月到美国。与前夫育有一个女儿（16 周岁），与 West 育一个女儿（2 周岁）。

West: She has never felt anybody treating her badly because of her ethnicity. She has never complained about any mistreatment.

I was born in a small town in Iowa (Midwest), a farming town, dominantly white. When I was 5, we moved to Chicago, which is a mixed community. There were a lot of blacks and Asians. I did hang out with different groups of people.

My parents are color blind.

At school, I had friends from different ethnic groups. The place where I grew up and went to school was pretty open to different cultures.

Compared with California, the Midwest doesn't have as many Asians. But prejudice might be there, but never was a part of my life.

I was fascinated with how fast China is developing.

There are always stereotypes of different people, including Chinese: Chinese people are short; they all wear glasses; they all know karate;

As a child, I was told that Chinese didn't have food to eat because my mom would always say "Finish your food on your plate. There are starving people in China."

There isn't enough rain in China... .

There are stereotypes of Americans too. In China, I was always offered a fork in the restaurant because people assumed that Laowai don't know how to use chopsticks.

My analysis is the height is determined by food nutrition. I saw in China that you have very small iceboxes which are not large enough to store a lot of food. The milk is sold in small packs as well.

(Stereotypes of Chinese women)

Chinese women are submissive. I don't think so. When in China, I often saw a woman in a restaurant telling her husband to do this or that. I wasn't looking for a submissive woman to marry. Even Ayi's in China are not submissive. They might be polite, but by no means submissive. They would say "yes" or "no" in front of you, but as soon as you turn around, they do what they think is right.

II. Romance:

West: When I was looking for a wife, I wasn't looking for a submissive wife or woman to live with, but a woman who likes what I am instead of intending to change me all the time.

Tina: 以前我不了解外国人。媒体宣传给大家的印象是，外国人很开放，尤其是在性方面。他们不忠诚于家庭，在感情方面不专一，不认真。北方人比较保守和闭塞，当我的大学同学知道我交往了一个老外，就对我说："你小心，不要给人卖了。"另外一个同学问我："你怎么了，离了婚就想玩了？对感情不认真了吗？"

来美国后，我接触的人当中，其实外国人比中国人要传统、保守，家庭观念也强得多。

他们比较擅长和愿意表达自己的情感。West 常常在家里说："Make you happy is my job."我开始以为他只是说着玩的，逗我开心而已，慢慢地才发现他说到就真可以做到。他还常常表扬我。以前我们在上海的时候，他经常把衣服烘干后折得整整齐齐，等我表扬他，我一旦表扬他了，他就高兴得像孩子一样。我觉得他挺单纯，挺天真的。美国人比中国人简单。在美国呆久了，对国内的人情世故不怎么搞得懂了。

我爸妈开始对我们的交往不太赞同。第一因为不了解他，第二是因为我们之间年龄相差很大，第三是因为以前那些错误的认识，当然还有就是对我的大女儿的担心。

West：We went to a tea house. We had a discussion about her daughter.

Tina：我和前夫有个女儿。在上海的时候，他每天开车送女儿上学，我从来不用操心，他对她很好。我觉得像我这样的，在中国可能找不到（或者很难）找到能够对我和女儿这么好的人。

我的父母到上海来跟我们住了一段时间，他对他们非常尊重。从来不会说他们的不好。有的时候，我爸爸洗碗没洗干净，他（不会直接告诉我爸爸，而是）叫我看他怎么洗碗，还说："如果我洗碗的话，我会这么这么洗。"

有趣的是，他既直接又不伤人。

我哥哥对 West 也很好。

West 对我很关心，对我尊重，想要让我做什么总会说"谢谢"，"请"。不像我前夫那样。比如有一次我们经过一个食品店，我顺口说我喜欢吃什么什么，他居然一直就记在心里，后来悄悄买来给我吃了，令我大为感动。另外，他会经常说"I love you!"但是我们中国人说得很少。

West 也很善良。我们听说这个访谈的时候，我心里面有点担心，不愿意接受，但是他一直劝我，说这个学生从中国大老远地来，如果她找不到足够的人访谈，就无法完成论文。既然我们没有什么可隐瞒的，为什么不可以帮助她呢？他在上海应用技术学院做过 director，那时候和学生，领导相处得都很好，就是因为他特别愿意帮助别人。

我觉得美国人都比较有礼貌，对人很尊重。给我印象最深的是我有一次在牙科诊所里的所见所闻。给我检查牙齿的牙医有一个助手，每次（我特别注意到这一点）他需要助手帮他做或拿什么东西，他都会用"Please"和"Thanks"两个字。

West：We didn't meet each other in the first place. We started as webpals, just communicating with each other via email or msn (yahoo messenger) for several months. I prayed to God and asked him to find a woman who loves me for what I am instead of wanting to change me.

In the first place, I had no idea she was in China because the email account didn't tell me anything. We just started communicating this way for a while until I bought some very cheap IP cards and called her. After nine months, we both bought a webcam to see each other.

Tina：老外在外貌上跟我们中国人不一样；东西方食物的不一样；宗教对于人们生活、社会的影响和改变：教堂教会的活动，钱币上都是宗教的图案，美国的总统宣誓就职都把手放在圣经上；道德观，信用制度。

The more I communicated with her, the more we found in common with each other. I think our talks threw many stereotypes out of the window. To my surprise, there supposed to be many differences between us, but the fact is there aren't. It's probably because of the family I was brought up in had very similar values such as, politeness, diligence, respectfulness for people.

III. Parents' and Social Attitude:

West: When we were in Shanghai, we got some stares in some parts of the town. Same thing happened when we went to small villages. People were just surprised esp. when I started speaking some Chinese. But I never felt any bad feelings or hostility towards us.

Tina：别人议论我们的婚姻很正常。在上海的时候也有人会说闲话。有一次我们在南京路上，有几个男的喝醉了，跑来对我说："老外有什么好的？"

别人议论，因为有些留美的中国学生找了老外就很得意，这让人很不舒服。

Tina：我跟West的年龄相差很大，所以刚开始聊天的时候我没想过要跟他好。当时想，反正两个人那么远，聊聊天没什么关系。但是后来了解多了，就觉得他很有安全感。

我们共同的东西很多，甚至比我跟前夫之间的共同点还要多。我记得以前有个人拿挤牙膏的方式来测试夫妻关系，结论是如果夫妻俩从不同的部位挤牙膏，那么往往在性格上不合。我和前夫就是这个样子的，挤牙膏的方式完全不同。而我和West就是一样的。

（当笔者一再追问差异的时候，Tina思考良久才想到几点。）

我们中国人接待客人很殷勤，但是外国人不会那么主动，也不是会特别热情。比如在饭桌上，他们不会劝你多吃。West 第一次去我爸妈家的时候，我爸妈劝他吃，他也不知道那只是客气，所以就不停地吃。但是我到他们家，他们家里的人也不会特别招呼我吃这吃那。我要是想吃，就自己到冰箱里去拿。有的时候他们也会问，你也不用客气，要就要，不要就不要。如果我没吃饱，我就直接跟 West 说。现在慢慢习惯了。

有一次，我在家里请朋友吃饭，只准备了饺子，我父母看到就很不高兴，说我们不礼貌，准备得太少，客人会生气的。

美国不像中国那么热闹，我过来的时候觉得有点不习惯。我有一个同学从成都到了新墨西哥州，觉得那边很冷清，邻居之间相隔得太远。

West 的父亲（母亲去世了）很好相处。他的哥哥和弟弟都是爸妈收养的，但是一家人都很亲，不分彼此，他们对我也很好。我跟他们的交流还有一定的困难。

West：To me, race is much less of an issue than one's religious belief. For example, I don't like Catholic practices very much.

（注：由于与本文无关，此处略去婚姻生活、子女部分的内容。）

访谈（20）
对象：Willa and Joe
时间：2010 年 4 月 25 日
地点：加州圣地亚哥
方式：电邮问卷

Willa 的电邮问卷：

I. Childhood Experiences：

1. Where did you grow up? What kind of neighborhood did you grow up?

I grew up where I was born, in San Francisco, California. First I grew up in Chinatown and then I moved out to the Richmond District, which is more like the suburbs of San Francisco. In Chinatown, there were mainly Chinese people. In the Richmond District, there was definitely a mixture of people. Not many African Americans or Hispanics though. The Richmond District has a second Chinatown called Clement Street, so there were a lot of Chinese people living in the neighborhood.

2. How do you describe it: all white, all Chinese, mixed, friendly/unfriendly, racist (Were you treated differently because of your ethnicity?) or else?

See above for some answers. I did not feel mistreated in any of the neighborhoods that I grew up in. People kept to themselves except for your immediate neighbors. In Chinatown, I grew up in a 6 – unit apartment building, so I did get to know my neighbors well. They were all Chinese people. In the Richmond District, we lived in a single – family home, so you don't really know your neighbors. There are lots of apartments around so new people come and go.

3. Can you describe the school you attended? What kind of people did you go to school with? Their ethnicities? Do you think you had a preference over one another when making friends?

I went to Jean Parker School in Chinatown and it was predominately Chinese. My friends were Chinese. I didn't have a preference over what type of friends to make, but probably preferred Chinese. Although my best friend, Bonnie, in the 7th grade was a mix of Japanese and Caucasian.

4. Which one of your parents is an immigrant? What did/do your parents do? What language did/do they speak at home?

Both of my parent's were/are from Canton (now Guangzhou), China. My father was a sea merchant, cook and steward (at sea) and my mother was a seamstress. They spoke ToiSon, which is the Chinese dialect from their village in China. My dad ended up learning English and my mother did not learn a word, so we spoke mainly ToiSon. I spoke English to my dad.

5. Was it hard for your parents to fit in the culture? How much did they try? What did they do to help with your assimilation process? Can you give me examples to explain this: e. g., language, dressing, manners, emotional expression, friends, residence, school ...?

I think it was easier for my dad since he learned to speak English. When my mother finally came over to the States, she got a job as a seamstress. Everyone in the sewing factory spoke Chinese, so she didn't need to learn any English. They visited Chinese relatives and there were cousins that took us around. I believe I saw most of San Francisco just by hanging around with them. I'm sure my mom made most of my clothes. She probably took me to her work sometimes and other times I was at school.

I went to Sunday school for a while and met some Chinese people. I attended San Francisco Public Schools that were assigned to me. I also went to Chinese School and learned to speak and write Chinese, but since have forgotten how to write any Chinese.

6. Do you think you fit pretty easy as a child in this culture? Do you consider you a Chinese American or simply an American? Do you identify with those foreign born Chinese?

Since I think when I was young, I felt I was an American. But as I got older, I feel I am a Chinese American. I am more in tune with my roots now than when I was younger. I have relatives that have immigrated here and I get along with most of them. Their language skills aren't that great, but I feel like I identify with them. I think more with the ones that are my age. Because my parents were elderly and my mom did not have any command of English, I was taught mainly in Chinese. I feel very comfortable with my Chinese relatives that have immigrated here. Some are more successful than I am. They are hardworking, honest and nice people.

7. Did they tell you a lot about Chinese culture? /How much has the culture influenced you? / How much does it weigh to you or them? Do you think of them as more Chinese or American or a combination? How do you sum up your exposure to Chinese culture in one word?

My relatives taught me a lot. I started speaking Cantonese instead of ToiShon because of them. When they immigrated here, they exposed to new experiences, so I hung out with them a lot and naturally started speaking Cantonese. When I visited Hong Kong, I stayed with my relatives and learned more Cantonese. I really look forward to spending time with them and hearing their stories. I think of them as more Chinese. Most of them have married Chinese. The one word I would use to sum up my exposure is: perseverance. They are the hardest workers I have ever known. These are terrific traits to have and that's why some of them are so successful.

8. Were you conscious of your own ethnicity in your growth? Why or why not? Be specific please.

Sure. My parents had a huge influence in that I was the only child of elderly parents. My dad was at sea most of the time I was growing up. I grew up in the surroundings, which my mom lived (sewing factory, Chinatown, relative visits).

9. Have you ever personally felt that being a Chinese was a handicap to fully participating in American society? Did you experience any racism or discrimination? Can you specify them?

Living in such a cosmopolitan city with so many different ethnic groups, I did not feel being Chinese was a handicap. I don't recall experiencing any racism or discrimination for being Chinese. Maybe I got teased when I was a kid, but mainly from Chinese people for being too tall.

10. Do you know any stereotypes of Chinese or Chinese – Americans here?

Definitely.

11. What are they? How did you know them?

Chinese people are known for being hard working, but they are also known for "volume, volume, volume". That means quantity versus quality. The more the better, but not necessary the quality is better. They work their children very hard and some Chinese only want to hang out and marry Chinese. Perhaps, that is what they are most comfortable. In my cousin's case, she would not dare marry outside Chinese. This is because of her overbearing mother. She also did not dare defy her mother, but that doesn't mean she didn't do things behind her mother's back. I asked her to be my matron of honor and she declined because she was worried about the repercussions from her mother. Another stereotype would be that they could be rude and don't have any manners in public. Also most people think that Asians all become boring Engineers and Accountants.

II. Romance:

1. How did you get to know your husband/wife? Where did you meet him/her? On a blind date or else?

I met him through a classified ad 23 years ago that my friend decided to place. Her sister met a long term boyfriend and a husband from the ads she had placed, so she tried talking my friends and me into doing the same. We did not want to meet men this way, but her sister ended up putting the ad in. We put in one generic ad in a free newspaper and my husband responded to it. He used to travel so it was hard for him to meet women.

2. What was your first impression of her/him in terms of e. g., physical

appearance, manners...?

That he was a nice good looking wholesome guy who had a lot of potential.

3. How did your friends or family react when they knew you were dating a non - Chinese? Is it common among your friends?

My friends liked him and felt that he was a nice guy. I don't think they had a problem with it. Some of my friends are not Chinese. Some of my friends were definitely dating non - Chinese.

4. What were your previous dates like before him/her? What was his or her ethnicity?

Most of my previous dates were with Caucasians. In High School, I definitely dated a couple of Asian men. After High School, I didn't feel like I was a good match for the Asian men. I attended art school which was not something most Chinese people did back then.

5. When you were dating, were you particular about your dates' ethnicity?

I was definitely drawn to Caucasians and not to your typical Chinese guy. I found I couldn't get "good conversation" with the Chinese men. I felt very comfortable with Caucasian men. Maybe it was because I was in the art field and liked alternative music (unlike Asian men). I liked going to different clubs than the regular Asian crowd. Although my best friend then was an Asian guy, there were no physical affection, but we had lots of things in common, and he wasn't the typical Asian guy.

6. What were you looking for in a boyfriend/girlfriend? What were the most important qualities he/she should have/possess?

I was looking for someone to have a family and a person who was motivated to do well in their job. I wanted the dream of owning an American home and having kids.

7. Why did you want to marry him/her? Why were you attracted to him/her? Besides the common ground, were you ever fascinated with the ethnic and cultural differences between you, e.g., physical appearance, communicative styles, life styles, religion, socioeconomic status, immigration status etc.

I married him because he treated me special. He loved me for me and never tried to change me. He also seemed like a devoted man. We had a lot of things in common. We didn't have strong religious, political beliefs that would have us at crossroads. We liked doing the same things and had the same goals.

8. In your opinion, are intermarried couples any different from couples that are not intermarried?

I think that intermarried couples take a little more risk. You get a different aspect of another ethnicity. This means you see how other cultures live versus just your own. Caucasians are known to spend money and not save, like Chinese people. My husband is a sensible man, but he has made some mistakes in the financial area that I do not agree with.

III. Parents' and Social Attitude:

1. Did your parents have any preference for your dates or marriage partner?

My mom probably would prefer that I have married a Chinese man. This is because of the language barrier. My dad loved West so I don't believe it mattered.

2. In what stage of your relationship did your boy/girlfriend meet your parents?

A few months into our relationship when I knew we were getting serious.

3. How was the meeting? How did your parents respond to the news about your marriage? Was it an issue for the respective family?

West just started listening to my dad tell his stories and they got along well. My mother just served food.

4. Did you care how your parents would look at your boy/girlfriend?

Yes and no. I was going to do what was right for me and I knew they would like West.

5. Would you not date or marry him/her if they disapprove of it?

I don't think so. I most likely would have rebelled and talked them into it.

6. Do you get along with your parents – in – law? Does your spouse get along with your parents? If yes, how do they manage it? Do you think it's mainly because of his/her ethnicity?

I got along with his parents. They were elderly as well. I think in the beginning it was a bit weird. I met the whole family at a family event and we were late. One of his cousins at age 8 teased, "West's got a Hawaiian girlfriend". My mother in – law was sweet as can be. It might have taken my father in – law a few times after meeting me to adjust, but he ended up liking me. I did not cause waves and was very respectful every time I met them.

7. How did your or your spouse's friends look at your marriage?

Positive. Most of them were dating women of other ethnicity as well.

8. Do you have any difficulty communicating with them, e. g. , in getting jokes, and understanding their pop cultural references or cues? How do you get over them?

No, I got along with them. Most of them went to Stanford, but all of them were cool. I think they liked me as well.

This is the end of the questionnaire.

Thank you for your time and patience.

Joe 的电邮问卷：

I. Childhood Experiences：

1. Where did you grow up? What kind of neighborhood did you grow up? How do you describe it：all white, all Chinese, mixed, friendly/unfriendly, racist (Were you treated differently because of your ethnicity?) or else? From 0 to 10 years old, in Richardson, Texas. From 10 to 18 years old, in Farmersville, Texas. Richardson, Texas – Middle – class, blue collar suburb of Dallas, Texas. Farmersville, Texas – Grew up in the countryside surrounded by farmland and cow pastures. Richardson was almost all white, friendly, and safe. Farmersville was a small, friendly country town (2000 people) where everyone knew everyone else. Farmersville was mostly white with a substantial black population and some Hispanics. There were almost no Asians.

2. Can you describe the school you attended? What kind of people did you go to school with? Their ethnicities? Do you think you had a preference over one another when making friends? Richardson—Attended a large elementary school from 1st through 3rd grades. All of my classmates where white. I do not remember even seeing a racial minority in the school. Farmersville—The town had one elementary school (grades 1 – 6), one junior high school (grades 7 – 8), and one high school (grades 9 – 12). The number of students in my grade was small, about 50 students. Every student knew every other student well. In elementary school, students of all races were friends. As we got older, there were peer pressures to hang out with only.

3. When was your earliest exposure to Chinese culture? My first exposure was

when I turned 18 and attended Stanford University. One of my best friends in my dorm was Chinese, and I had other Chinese dorm mates and classmates.

4. Do you know any stereotypes of Chinese or Chinese – Americans here? What are they? How did you know them? I know of two Chinese stereotypes: (1) Chinese children study hard and do well in school. (2) Chinese are bad drivers. I learned these stereotypes from Caucasian friends in San Francisco when I was about 25 years old.

II. Romance:

1. How did you get to know your husband/wife? Where did you meet him/her? On a blind date or else? I met my wife by answering a personal ad in a newspaper that she had placed. Our first date was a meeting for breakfast in a cafe in the neighborhood where we both lived in San Francisco. My wife and I were both 26 years old.

2. What was your first impression of her/him, e. g. , physical appearance, manners...? I thought she was very pretty, with a nice figure, a fun personality, and someone I' d like to date again.

3. What were your previous dates like before him/her? Describe a bit. In the previous 10 years of dating before I met my wife, I had probably dated 20 women, almost all of them were Caucasian. I had dated a Japanese woman and a Korean woman for short periods of time. Previous dates were doing things together like going to dinner, going to watch a movie, or going to watch live music. Before my wife, I had never dated any other woman for more than 6 weeks. In all previous relationships, there were imbalances in the relationship. Either I was more interested in the girl than she was in me or she was more interested in me than I was in her.

4. When you were dating, were you particular about your dates' ethnicity?

No. My wife was very Americanized and hardly seemed different from the Caucasian women I had dated. Her ethnicity did not really strike me until I met her parents, who had immigrated from China.

5. What were you looking for in a boyfriend/girlfriend? What were the most important qualities he/she should have/possess? I was looking for someone who was happy and wanted to have fun exploring the San Francisco night life (restaurants,

bars, comedy clubs, parties). I wanted to date someone who was pretty, sweet, and who wanted to hang out with me.

6. Why did you want to marry him/her? Why were you attracted to him/her? Besides the common ground, were you ever fascinated with the ethnic and cultural differences between you, e. g. , physical appearance, communicative styles, life styles, religion, socioeconomic status, immigration status etc. I enjoyed being with my girlfriend and wanted to be with her all the time because I always had fun with her. We had many common interests and always had things to talk about. I never once considered breaking up with her and would have been crushed if she ever wanted to end the relationship. After we dated for about two months of dating, I knew I was in love and thought I had met the woman I would eventually marry. We grew even closer over time as we helped each other through hard times. For example, after the San Francisco earthquake in 1989, I was very worried about my girlfriend and her parents and rushed back from my vacation in Yosemite to check on them. In that same year, both of my parents were badly injured in a car accident, both almost died. I was in Texas for about 4 weeks to be with them while they recovered, and my girlfriend and I both missed each other.

7. Was there any struggle or hindrance before you decided to go steady with/marry him/her? Why would that be? I had no hindrance. My girlfriend was concerned about what her parents would think, particularly her mother. She did not want her daughter to marry a Caucasian because she had Caucasians stereotyped as being unreliable and would cheat on their wives. My girlfriend's mother was also not happy that she could not communicate with me because she spoke no English and I spoke no Chinese.

8. Do you think your spouse is comfortable with American culture? Yes, very much so. She was comfortable before I met her.

9. In you opinion, are intermarried couples any different from couples who are not intermarried? I don't think my wife and I are that different from other couples who are not intermarried, but I wouldn't generalize that across all intermarried couples. I suspect there may be a difference if one of the couple was born and raised in a different culture, but my wife was very americanized.

III. Parents' and Social Attitude:

1. Did your parents have any preference for your dates or marriage partner? My parents would have preferred that I marry someone who was from Texas, so I would raise my family closer to their home. My father would have been very unhappy if I wanted to marry a black girl, but he had no prejudice against Chinese. My parents liked my girlfriend when they met her and grew to love her when she became my wife.

2. In what stage of your relationship did your boy/girlfriend meet your parents? We had been dating for about 1 year. We had not yet decided to get married.

3. How was the meeting? Did you make special preparations for the meeting? The meeting was awkward for my wife and me (more so for my wife) because I had never brought a girlfriend home to meet my parents. I made no special preparations. My girlfriend and I had been staying at my brother's apartment in Dallas. We drove out to Farmersville to meet my parents. It was very casual.

4. How did your parents respond to the news about your marriage? Was it an issue for the respective family? My fiancée and I went to Texas to tell my parents, and their reaction was, "What took you so long?" We had been dating for 4 years.

5. Did you care how your parents would look at your boy/girlfriend? Yes, I was worried that my dad would not approve.

6. Would you not date or marry him/her if they disapprove of it? If my parents had disapproved, I would have still married my wife.

7. Do you get along with your parents - in - law? Does your spouse get along with your parents? If yes, how do they manage it? Do you think it's mainly because of his/her ethnicity? Yes, my wife has always gotten along well with my parents. They love her, and she loves them. Her ethnicity plays little role in their relationship. My relationship with my wife's parents was more difficult because there is a serious language barrier with her mother. She speaks almost no English, and I do not speak Chinese. My father - in - law passed away many years ago, and now I get a long fine with my mother - in - law. Our family visits her almost every weekend, and we have dinner. I help her fix things at her house, and I always accept food when she offers it. She seems to like that.

8. Do you have any difficulty communicating with them, e.g., in getting jokes,

understanding their pop cultural references or cues? How do you get over them? Yes, I have difficulty. I do not try to hold conversations with my mother-in-law.

9. How did your friends or family react when they knew you were dating a non-Caucasian? Is it common among your friends? My girlfriend's race was not an issue. My family and friends were happy that I had found a great girlfriend.

This is the end of the questionnaire.

Thank you for your time and patience.

致　谢

四年寒窗苦读，此书文稿终于暂告一段落。回首往事，那些辛勤笔耕和彷徨孤独的日夜依然历历在目，令我百感交集。科研之路艰辛，除需自身不懈的努力，还仰仗了众人的关心和扶助。在此，我向他们表示衷心的感谢。

首先要感谢的是恩师王恩铭先生。先生治学严谨，严于律己，亦不能容忍学生论文中存在的丝毫错失。几年的读博生涯中，我心无旁骛，潜心治学，从先生处习得若干为人治学之道，并努力将他的教诲贯彻于写作中，一遍遍的修改无疑使此书得到了阶梯式的提升。但由于我天资驽钝，常常不能准确把握先生的点拨之精意，令他烦恼伤神，因而修改过程变成一个漫长而繁杂的过程。所幸的是，今日呈献的成品终于获得先生的首肯，我的感激之情亦难以用言语来表达。

此书得以成形，还需感念厦门大学历史学系王日根先生。在加州大学圣地亚哥分校做访问学者期间，我幸得王先生的启发，才在万般迷惘中确定了研究方向。然先生的帮助不止于此。在搜集素材和写作过程中，无论我遭遇何种困难，先生总能循循善诱、耐心疏导，使我最终能够冷静和理智地应对它们。没有先生的鼓励，我绝无信心独立开展调查，并如期完成。

由于我的研究领域比较特殊，所以一直向往有赴美学习的机会。幸而于2009年得到加州大学圣地亚哥分校民族学系系主任 Yen Le Espiritu 女士的热情邀请，我才终于得偿所愿。在美期间，她不仅在生活上嘘寒问暖，而且及时为我答疑解惑，并用心推介书籍，以帮助我整理思路，获得研究的灵感。

在美期间，我还有幸得到一对华裔美国夫妇 Curtis 与 Mae Chan 的悉心照顾。他们给予我的无微不至的关怀和家庭温暖令身在异乡的我从未感到孤独寂寞，我将终生珍藏这份宝贵的情谊。

我还要向所有不愿透露姓名的被访谈人表示真挚的谢意。他们无偿参与我的研究，并不吝向我这个陌生人敞开心扉、分享隐私。这份勇气、豁达和无私助人的精神是激励我不懈努力的最大动力。不得不提及的还有圣地亚哥的诸多朋友。他们包括加州大学圣地亚哥分校的 Bryan Phillips、Clare Klein、Susan Odelson、李芊、胡伟、李成思，厦门大学的童峰、龙飞、华东师范大学的李凌以及旧金山、圣地亚哥两地的老同学陆滢、岑莉、秦嗣元、田华和陈岗等。他们给予的精神、物质以及电脑技术支持无一不是我完成此书的重要条件。这其中，我尤其要向旧金山的陆滢和岑莉致谢。当日在旧金山调研，俩人待我如家人，衣食住行悉心呵护，令我感激涕零。

最后，我要感谢我的同事。他们对我的学业表示了最大程度的理解。若非他们协调时间，我无法从繁忙的工作中抽身学习，更无力赴美留学。

感谢所有关注和帮助过我的师长、朋友、同学、同事及亲人。此刻，万千话语皆不足以表达我的心情，希望它们都化作动力，鞭策我不断前行。

于二〇一四年六月